职业教育·铁道运输类专业教材

Tielu Keyun Fuwu Liyi

铁路客运服务礼仪

杜卫芳　黄乐艳　主　编
苏　培　副主编
熊　华　李　刚　主　审

人民交通出版社股份有限公司
北京

内 容 提 要

本书为职业教育铁道运输类专业教材。全书由基础礼仪和铁路职业礼仪两部分构成。基础礼仪主要内容包括礼仪认知、个人形象礼仪、日常交往礼仪；铁路职业礼仪主要内容包括铁路客运服务礼仪概述、铁路客运服务技能、车站客运服务礼仪、列车乘务服务礼仪等。

本书紧密结合企业岗位需求，教、学、做紧密结合，遵循标准、内容精练、结构合理，对提高学生专业服务技能和职业素养及树立铁路客运服务的良好形象有所帮助。

本书可以作为职业院校铁道运输类专业及相关专业教学用书，也可作为铁路客运服务人员业务培训用书。

＊本教材配套多媒体课件，任课教师可通过加入“职教铁路教学研讨群”（教师专用 QQ 群号：211163250）索取。

图书在版编目（CIP）数据

铁路客运服务礼仪／杜卫芳，黄乐艳主编. — 北京：人民交通出版社股份有限公司，2020.9（2025.8重印）

ISBN 978-7-114-16706-5

Ⅰ. ①铁… Ⅱ. ①杜… ②黄… Ⅲ. ①铁路运输—旅客运输—礼仪 Ⅳ. ①U293.3

中国版本图书馆 CIP 数据核字(2020)第 142886 号

职业教育·铁道运输类专业教材

书　　名：铁路客运服务礼仪
著 作 者：杜卫芳　黄乐艳
责任编辑：司昌静
责任校对：刘　芹
责任印制：张　凯
出版发行：人民交通出版社股份有限公司
地　　址：（100011）北京市朝阳区安定门外外馆斜街 3 号
网　　址：http://www.ccpcl.com.cn
销售电话：（010）85285911
总 经 销：人民交通出版社股份有限公司发行部
经　　销：各地新华书店
印　　刷：北京市密东印刷有限公司
开　　本：787 × 1092　1/16
印　　张：16.75
字　　数：383 千
版　　次：2020 年 9 月　第 1 版
印　　次：2025 年 8 月　第 4 次印刷
书　　号：ISBN 978-7-114-16706-5
定　　价：49.00 元

前　　言

【课程定位】

铁路客运服务礼仪是职业教育铁道交通运营管理专业、高速铁路客运乘务专业的核心课程,在培养高素质的铁路客运服务人才方面有重要作用。

【编写背景】

随着我国国民经济的快速发展和地域之间政治、经济、文化交流的不断加深,旅客运输量呈全面快速增长的趋势,公路、铁路、航空对旅客运输市场的争夺越发激烈。为了提升铁路运输企业的竞争力,抢占市场份额,就必须提升铁路运输企业的服务水平,以满足旅客日益增长的服务需求。只有这样,才能提高旅客的满意度及忠诚度,树立良好的铁路运输企业形象,也才能在竞争中立于不败之地。而服务礼仪正是提高铁路客运服务水平和服务质量的重要手段。

【编写思路】

本书从礼仪的基础理论知识出发,系统介绍了个人形象礼仪与社交礼仪等基本知识和规范,并结合铁路旅客运输作业过程中车站和列车的服务质量规范要求,按业务流程、作业规范,分别构建岗位工种情境,通过大量礼仪图片展示铁路客运服务礼仪。

【编写特点】

(1)针对性。本书依据《铁路旅客运输服务质量规范》,结合铁路现场服务环境与服务特点编写,具有针对性,符合铁路客运服务人才培养要求。

(2)实用性。本书内容包括基础礼仪和铁路职业礼仪两部分,强调了铁路客运服务标准和规范,注重铁路客运服务人员实际工作能力的培养。

(3)操作性。本书除了服务礼仪理论知识的梳理外,还增加了很多实训项目,可培养学生的实操能力。

【编写团队】

本书由中国铁路武汉局集团有限公司运输部熊华、中国铁路武汉局集团有限公司汉口车站职教科李刚担任主审。武汉铁路职业技术学院杜卫芳老师担任第一主编,负责全书统稿并编写模块1、模块3的单元3.1至单元3.3;湖南高速铁路职业技术学院黄乐艳老师担任第二主编,负责编写模块2、模块5、模块7的单元7.1和单元7.2;武汉铁路职业技术学院苏培老师担任副主编,负责编写模块4、模块6;武汉铁路职业技术学院王淑娇老师负责编写模块3的单元3.4和单元3.5;武汉铁路职业技术学院王帅老师负责编写模块3的单元3.6;

湖南高速铁路职业技术学院钱芳老师负责编写模块7的单元7.3和单元7.4。

本书在编写过程中，参考了国内外专家的相关著作和文献，在此向他们表示诚挚的谢意。由于编写时间仓促、编写水平有限，书中难免存在疏漏和不足之处，恳请读者批评指正。

作　者

2020年3月

目　　录

基础礼仪篇

铁路职业礼仪篇

基础礼仪篇

模块1 礼 仪 认 知

课前导读

人类的一切活动不仅受自然规律的影响和制约,同时也受社会规律以及由社会规律所决定的各种社会规范的影响和制约。而社会规范,除了道德规范和法律规范之外,还有一个很重要的规范就是礼仪规范。礼仪是指人们在社会交往活动中形成的行为规范与准则,是礼节、礼貌、仪表、仪式等的总称。它是社会道德、习俗、宗教等方面人们行为的规范,是文明道德修养程度的一种外在表现形式。礼仪不是随便制定的,是以约定俗成的程序、方式表现的律己、敬人的过程,涉及穿着、交往、沟通、情商等方面。铁路客运服务人员作为铁路部门对外窗口的“第一人”“第一张脸”“第一形象”,其服务水平直接影响旅客对客运服务的满意度,其礼仪素养的培养和锤炼至关重要。铁路客运服务人员不仅要做礼仪形象的代言人,还要成为礼仪文化的宣传员。

单元1.1 礼仪的含义、功能及作用

知识目标

1. 掌握礼仪的含义;
2. 了解礼仪的社会功能;
3. 掌握礼仪的各种作用。

能力目标

1. 能够依据礼仪的各种规范,提高自身的礼仪素养,赢得旅客的认可;
2. 能够依据礼仪的各种规范,更好地与旅客沟通,提供更优质的服务;
3. 能够担当起铁路企业对外形象的“第一人”。

素质目标

1. 具有良好的服务态度意识;
2. 具有良好的礼仪修养,善于与旅客沟通交流。

案例导学

战国时期的思想家、政治家和教育家孟子，是继孔子之后儒家学派的代表人物，被后世尊奉为仅次于孔子的圣人——“亚圣”。

孟子一生的成就与他母亲从小对他的教育是分不开的。孟母是一位集慈爱、严格、智慧于一身的伟大的母亲，流传于世的“孟母三迁”“孟母断织”等富有深刻教育意义的故事，反映了她对幼年孟子教育的重视。孟子成年娶妻后，孟母仍不断利用处理家庭生活琐事等的机会去启发、教育他，帮助他从各方面进一步完善人格。

有一次，孟子的妻子在房间里休息，因为是独自一人，便无所顾忌地将两腿叉开坐着。这时孟子推门进来，一见妻子这样坐着十分生气。原来，古人称这种双腿向前叉开坐为“箕踞”，箕踞向人是十分不礼貌的。孟子一声不吭地走出去，见到孟母，便对孟母说：“我要将妻子休回娘家去。”孟母问他：“这是为什么？”孟子说：“她既不懂礼貌，又没有仪态。”孟母又问：“因为什么而认为她没有礼貌呢？”“她箕踞向人，所以要休了她。”“那你又是怎么知道的呢？”孟母问。孟子便把刚才的一幕说给孟母听，孟母听完后说：“那么没有礼貌的人应该是你，而不是你的妻子。”

[想一想]

上述案例中，孟母为何不责怪儿媳不懂礼貌，反而说是孟子没有礼貌？这是何缘由呢？孟子因此事想要休妻究竟是对是错？

必备知识

一、礼仪的含义

礼仪是礼和仪的统称，是指在人际交往过程中，人们为了表示尊重与友好而共同遵守的行为规范和准则。

在现代社会里，礼仪是人们在平等互敬的基础上进行交往时用以规范行为、沟通思想、交流情感、促进了解的重要形式，是人的道德修养和文明程度的外在表现，是建立和谐有序社会的重要保障。具体来讲，礼仪是社会组织或个人在人际、社会乃至国际交往中以一定的约定俗成的程序、方式来表现律己、敬人的行为规范。这种律己、敬人的行为规范，从个人修养角度来看，是一个人内在素质和修养的外在表现；从道德的角度来看，是为人处世的行为规范和行为准则；从交际的角度来看，是一种交往的方法和技巧；从民俗的角度来看，是沿袭下来的待人接物的习惯做法；从审美的角度来看，是人的心灵美的外化。现代礼仪是通过礼貌、礼节、仪式体现出来的，三者既相互联系又有各自特定的内容和要求。

礼貌是礼仪的基础，主要是指在人际交往和社交过程中，表现出来的敬意、友善和得体的气度与风范。通常所说的礼貌修养，主要表现在个人对仪表、仪容的适度修饰，较高的涵养，待人接物的彬彬有礼，言谈举止的端庄、优雅等方面。礼貌的思想核心和首要内容就是一种敬人的态度。例如，金融企业员工在为客户服务时，要求“来有迎声，问有答声，走有送声”;在服务中要求使用“请”“您好”“对不起”“谢谢”“再见”等文明用语。这些都是礼貌在服务过程中的体现。

礼节是礼仪的基本组成部分,是礼貌在语言、行为、仪态等方面的具体表现形式,主要是指在工作和交际场合中,相互表现出来的尊敬、祝颂、迎来、送往、问候、致意之类的惯用规则和形式。礼貌与礼节之间是互为表里的关系。没有礼节,无所谓礼貌;有了礼貌,则必然伴有相应的礼节。礼节的应用强调的是得体,即根据不同的交际对象和交际场合施以恰当的礼节。

仪式通常是指围绕一定主题所举行的具有某种专门规定的程序化行为规范的活动,场合一般较大且较隆重,以表示重视、尊重和敬意,如升旗仪式、开业典礼、庆祝典礼、迎宾仪式、签字仪式等。仪式是由一系列的具体表现礼貌的礼节构成的。礼节与仪式相比,礼节只是表示礼貌的一种做法,而仪式则是表示礼貌的系统完整的过程。

由此可见,礼貌、礼节、仪式三者是互相渗透、相辅相成的,但又有一定的区别。礼貌的核心是尊重他人的一种态度,从社会学的角度讲,是人的行为的一种道德规范,它决定了一个人待人处世的基本行为倾向,较之礼节更为根本。但礼貌只是大致指出人的行为的方向和轮廓,并不具体规定和说明人的行为方式和方法,从这个角度来讲,礼貌还是比较抽象的。礼节则体现礼貌的行为细节,尊敬他人的态度要以相应的礼节配合才能体现出来,二者之间的关系实为内容与形式的关系。礼节是礼貌的外在表现形式,礼貌则是礼节实施的内容基础。礼貌与礼节的关系,正如古人所言的文与质的关系。仪式主要是作为一种集体性的社交活动形式来说的,在仪式中对礼貌、礼节又有不同的要求。

二、礼仪的功能

当前,礼仪之所以被提倡和重视,主要是因为它具有多重重要的功能,既有利于个人,又有利于社会。

(一)从个人角度讲,礼仪对个人有重要意义

从个人角度讲,礼仪的功能首先在于提高人们的自身修养,使人们在社会中得到尊重。其次,礼仪可以增强个人的自信和魅力,促进人们的社会交往,改善人际关系,是个人社交的身份牌。

在人际交往中,你不尊重他人,也就得不到他人的尊重。没有良好的礼仪教养,生活及事业都不可能成功。礼仪是个人文化与道德修养的体现,是我们生活交往中不可缺少的润滑剂,是事业成功的敲门砖。没有人会喜欢一个出言不逊、举止粗俗、行为猥琐或者小气无礼的人。

(二)从社会角度讲,礼仪在社会中也发挥着不可缺少的作用

(1)协调维护社会秩序,体现和谐社会,展示社会文明。社会有很多规范,它们发生作用的方式及渠道不同。没有什么比礼仪规范更多地渗透在生活的方方面面。可以说,缺少礼仪规范的社会是不和谐、不稳定的社会。社会上人人讲礼、习礼、用礼,能够净化与提升社会风气,也是和谐社会的直接体现。

一个社会进步还是落后,文明还是野蛮,通过礼仪这个窗口就能够判断出来。越进步越文明的社会,就越讲究礼仪,社会成员的礼仪教养也就越好。

(2)沟通、协调人际关系。礼仪对于协调人际关系、沟通人与人之间的情感非常重要。人与人之间要和谐相处,需要讲求沟通、理解、合作。西方一位礼仪专家曾说:“礼仪看上去有无数的清规戒律,但其根本目的却在于让世界成为充满生活乐趣的地方,使人们变得和蔼亲近。”总之,礼仪可看作是人际交往的润滑剂和生活艺术。

三、礼仪的作用

(一)沟通作用

礼仪行为是一种信息性很强的行为,每一种礼仪行为都表达了一种甚至多种信息。在人际交往中,交往双方只有按照礼仪的要求,才能更有效地向交往对象表达自己的尊敬、敬佩、善意和友好,人际交往才可以顺利进行和延续。热情的问候、友善的目光、亲切的微笑、文雅的谈吐、得体的举止等,不仅能唤起人们的沟通欲望,彼此建立起好感和信任,而且可以促成交流的成功,进而有助于事业的发展。

(二)协调作用

人际关系是一切社会关系的核心,人际关系的协调是社会交往进步的前提。人们受教育程度不同,成长环境亦不尽相同,加上人与人之间在个性、职业、年龄、性别等方面的差异,导致人们价值取向的不同。在人际交往中,人们为了维护自身利益,就会发生不同程度的矛盾和冲突。这势必会使交往双方产生不同程度的矛盾和冲突。这时礼仪的原则和规范就会约束人们的动机,指导人们立身处世的行为方式,从而很好地协调人与人之间的关系、人与社会的关系,使人们在相互理解、相互尊重的前提下友好相处,使社会生活井然有序。

(三)教育作用

礼仪作为一种社会规范,会潜移默化地影响和教育人们按照要求去做,同时通过社会舆论纠正人们不良的行为习惯和失礼行为。人们对礼仪的孜孜以求会使社会形成良好的文明风气,良好的文明风气进而会倡导人们尊礼行礼,同时社会上的礼仪之士也在客观上起着榜样的作用,无形中也会使礼仪之花盛开。有的现代国家把礼仪教育列入国民素质教育的主要内容,在短时间内提高全体国民的综合素质,取得了举世瞩目的成就。日本、新加坡可谓这方面的典范。

(四)塑造作用

礼仪讲究和谐,重视内在美和外在美的统一。礼仪在行为美学方面指导人们不断地充实和完善自我,并潜移默化地熏陶着人们的心灵:人们的谈吐变得越来越文明,举止仪态越来越优雅,人们的装饰打扮变得越来越富有个性,并符合大众的审美标准,体现出时代的特色和精神风貌。

(五)维护作用

礼仪作为社会行为规范,对人们的行为有很强的约束力。在维护社会秩序方面,礼仪起着法律所起不到的作用。社会的发展与稳定、家庭的和谐与安宁、邻里的和睦与友好、同事之间的信任与合作,都依赖于人们共同遵守礼仪的规范与要求。社会上遵守礼仪的人越多,社会便越和谐稳定。

单元1.2 礼仪的归属、特征及原则

知识目标

1. 了解礼仪的学科归属;
2. 掌握礼仪的基本特征;
3. 掌握礼仪的基本原则。

素质目标

1. 能够在礼仪所属学科范围内借鉴更多理论知识;
2. 能够把握礼仪的各项特征,更好地学习礼仪相关知识;
3. 能够严格遵守礼仪的各项原则,更好地实施礼仪。

素质目标

1. 具有良好的服务态度意识;
2. 具有良好的礼仪修养,善于与旅客沟通交流。

案例导学

2013年6月初,法国总统奥朗德对日本进行国事访问。这是自1996年以来,法国总统第一次对日本进行国事访问,因此法国方面格外重视,进行了精心安排。

法国外交部负责此次出行的专家称,日本是一个十分注重礼仪的国家。因此,奥朗德总统不仅有一个关于礼仪提示的小册子,还有一位专门负责礼仪的官员陪同在侧,为他时时进行指导。

最大危险——鞠躬过度

法国总统的日本之行要躲开的最大危险是什么?欧洲电视一台称,要避免在日本天皇面前"鞠躬过度"。

奥朗德在其他国家访问时陷入无穷无尽的握手环节,但是在日本,人们见面时并不喜欢过多的身体接触。法国外交部的日本专家帕斯卡尔·戈贝尔说:"在日本,通常人们见面互不接触,不握手,也不会行贴面礼。"当奥朗德见日本首相安倍晋三时可以直接握手,但是如果见日本天皇,应当鞠躬致敬。即使这样,也要分清鞠躬的角度:15度、30度还是45度。

用餐规矩——一粒不剩

在日本用餐时,要避免把筷子插到米饭上,那会让人联想起葬礼上的骨灰盒。此外,要吃到碗里一粒米也不剩，这是日本用餐近乎“神圣”的礼节。

礼品选择——不要送“4”

此次奥朗德访日，在国礼的选择上也有颇多忌讳。通常在总统外访时会赠送一些半身像或半身画。“总统会选择具有个人风格的礼物，一般是带有法国风情和民族特征的产品。但送给日本的礼物，要避免数字‘4’，也要避免某些部位的雕塑作品，因为那会引发截肢等猜想。”

[案例启示]

启示一：礼仪具有普遍性，虽然不同的民族对于礼仪内容的理解不同，但是礼仪是全人类共同需要的，不分国别、民族、性别、年龄和阶层。

启示二：礼仪具有规范性，所以即使是一国总统，在出访他国时，也需遵守当地的礼仪规范及要求。

启示三：礼仪具有差异性。西方国家见面时通常行握手礼或贴面礼，而在日本，人们见面多行鞠躬礼。

必备知识

一、礼仪的学科归属

探讨礼仪的归属、特征以及应遵循的原则问题，实际上就是要求人们明确现代礼仪学究竟属于什么学科，它与其他学科相比究竟具有哪些特征，它的实施与执行应遵循什么原则。而这正是我们学习和应用礼仪学必须解决的首要的、基本的理论问题，因为只有弄清楚了这些问题，我们才能在礼仪所属的学科范围内借鉴更多知识，把握好礼仪的突出特征，并在不断的学习和实践中提高自身的礼仪知识水平，更好地实施礼仪。

我国作为人类文明的发源地之一，礼仪文化的历史十分悠久。从渊源上看，我国的“礼”先于“仪”产生，因此，探讨礼仪的学科归属问题，就必须从古代礼学研究开始。

在中国，礼学研究古已有之，正如杨志刚先生在《礼学研究刍议》一文中指出，“中国古代的礼学可以划分为四类：礼经学、礼仪学、礼论、泛礼学”。

礼仪的研究对象是礼经，即《周礼》《仪礼》《礼记》以及其他儒家经典中记载的礼，属于经学的范畴。“礼仪学”的侧重点在于“仪”，包括仪制撰作和仪制研究。仪制撰作无论是官修（代表作如《唐开元礼》《政和五礼新仪》《明集礼》等），还是私纂（代表作如（宋）司马光《书仪》、（宋）朱熹《家礼》、（明）黄佐《泰泉乡礼》等），主观意图都是想借此确立仪制的规范，指导现实生活中的礼仪活动。仪制研究，意于搜辑考订，对于烦琐的名物、制度、礼节，或述或考，或明其沿革，或究其礼意，却并不图用于实施。

礼论是对礼的本质、价值、功能和历史作用等问题进行理论性的论证和阐述（如载录于《论语》和《礼记》诸篇的孔子礼学，基本就属于礼论；荀子以及北宋李觏的礼学，可谓典型的礼论）。礼论常散见于经、史、子、集各种著作及篇章，不似礼经学、礼仪学等专著。

泛礼学即泛化的礼学，是对“礼”这一古代中国几乎无所不包的社会生活的总规范，影响渗透到制度、器物、行为、观念心态等各个层面的研究,比如,称谓尊谦、姓氏等级、避讳习俗等就曾经是一门不可或缺的“礼学”。

值得注意的是,礼经学、礼仪学、礼论以及泛礼学这四者之间的划分不是绝对的,它们有时会交错杂糅地并存。例如,朱熹的礼学就包括了礼经学、礼仪学、礼论三方面的内容,他所撰的《仪礼经传通解》就具有礼经学和礼仪学的双重特点。又如,礼仪学的开山之作——《仪礼》,在汉代,从整个礼学史发展角度看,它归于“经”;而在先秦,其特点又表现为“仪”。因此,人们在研究中国古代礼学史时,通常将礼经学研究视为狭义的礼学;把以泛礼学为基础,集合礼经学、礼仪学、礼论这三类礼学的研究扩展为广义的礼学。

当前,我们所学习的现代礼仪学,由于其研究对象涵盖了礼仪的渊源与概念、特性与构成、功能与作用、规律与原则、规范与技巧等内容,因此,它实际上是超越了古代礼仪学的研究范围,并在扬弃古代广义礼学的基础上,将礼仪的理论探讨与实践检验有机地结合在一起的一门新兴的人文应用学科。

二、礼仪的特征

从哲学上来讲,礼仪属于上层建筑。西塞罗曾说:“心灵的真正药物是哲学”。尽管各个国家的政治制度不同,意识形态各有差异,但共同生活在一个“地球村”,期待和平发展是共同的心愿,因而会产生了许多不可避免的交往。因此,对礼仪的一般属性和基本特征做一番探讨完全有必要。

礼仪有些什么特征呢?

(一)普遍性

礼仪是调整社会成员在社会生活中相互关系的行为准则,是全人类共同需要的。它可以跨越国界,部分国家、地区、民族、宗教和政治信仰的界限,不论年龄、性别、阶层、贫富,只要存在交往活动,人们就需要通过礼仪来沟通和表达相互的情感。礼仪还可以在两个对立的国家、民族、宗教、集团、个人之见的交往接触中起到制约的作用。

礼仪无处不有,无处不在。它运用于各种场合、各个领域:大到国家的政治、经济、文化领域,小到个人的衣、食、住、行;无论城市乡村还是企业机关;不论干部群众,还是集体个人;不管国家大事,还是家庭琐事;不分场合大小、人数多少,只要有人际交往的活动,就需要人们去遵守约束行为的礼仪规范。

礼仪的普遍性还反映在它的丰富多样性上,它与每个人都有密切的联系。它涉及个体学习、生活、工作等不同的方面;同时也影响到不同的个体,与其在不同领域的不同礼仪要求等。

(二)实践性

礼仪是一门实用性很强的行为科学,它不同于纯粹的理论演绎、逻辑抽象和概念探讨,是理论与实践紧密结合的产物。它源于社会实践,直接服务于社会实践。礼仪应用于交际场合,是人类进行交往和应酬的实践活动。

礼仪活动注重一切从实际出发,拒绝夸夸其谈,坚持实事求是。其原则和规范简单易懂,便于理解操作,其方式、方法仔细周详。“言之有物”“行之有礼”,便于贯彻落实。因此,对于学习者来说,遵守礼仪的基本原则,制定简便易行的操作方案并加以实践是至关重要的;否则,只学不练就丧失了礼仪的实践特性,达不到学习礼仪的目的。

(三)差异性

礼仪是各个国家、地区、民族的人们在社会交往中,由于受到历史传统、民族文化、宗教信仰、风俗习惯、时代潮流等因素的影响而形成的,所以不同的国家、地区的礼仪存在着差异,如中国和美国、四川和广东、汉族和土家族的礼仪规范均有区别。

同一礼仪的形成,可以因国家、地域的不同而使其表达的意思大相径庭。例如点头礼,在大多数国家用点头表示“是”“同意”,但是在保加利亚等国家的礼仪习惯是“点头不算摇头算”;再例如向上伸出大拇指,其余四指相握的手势,在中国、日本、斯里兰卡、法国和美国等国家,都有不同的含义。

在不同的场合、针对不同对象,用同一种礼仪形式也会有差异。例如同样是握手,新老朋友之间、男士与女士之间、长辈与小辈之间是有区别的;又比如打招呼,在不同的区域、不同的民族也不尽相同。

不同的行业、不同的职业、不同的场合,也有不同的礼仪要求,如校园礼仪、商务礼仪、宾馆礼仪、办公礼仪、生产礼仪、求职礼仪、谈判礼仪、就餐礼仪等。

差异性是礼仪的重要特征,所以,礼仪必须与其实施礼仪的时间、场所和对象相适宜,否则就会造成适得其反的结果。对此,《礼记·曲礼上》就曾说过“入(竞)竟而问禁,入国而问俗,入门而问讳”,这就是在强调我们在实施礼仪的时候要考虑礼仪的差异性。

(四)传承性

今天我们在人际交往中的一切礼仪都是在人类长期共同生活中逐渐积累而形成的。在漫漫的历史长河中,人们在人际交往中把习惯、规则沿袭传承固定下来,形成了礼仪的规范。“人之性情,莫不由习”,可见礼仪具有极强的继承性。虽然由于社会的进步和人类文明的发展,礼仪的某些内容和形式会产生变革和改变,增添了一些博采众长的时尚元素,但基本内容和形式会保存和承袭下来。

中国是个礼仪之邦,尽管在长期的封建社会,礼仪是为当时的统治阶级服务的,不可能因循守旧、全盘肯定与继承,但是,其中绝大部分的内容和形式却充分反映了中华民族的文明水平、道德风貌、大智大勇、勤劳诚挚。这些高尚健康的礼仪,代表着我们祖先待人接物的本质和主流,因而也就很自然地被现代所肯定和继承。

(五)发展性

礼仪规范是随着社会的发展而不断发展的,不可能一成不变。道理很简单,首先,由于礼仪本身就是人类文明的产物,需要随着社会的进步与时俱进地不断完善和发展,取其精华去其糟粕。其次,礼仪作为上层建筑,必然在经济基础发生变化时相适应地随之变化。随着时代的要求、人们生活习俗的改变而产生礼仪的变化,是极其自然的事情。

一方面,一个时期被公认的礼仪规范随着历史的发展,有的被肯定、继承,有的被否定、摈弃。同时,一些符合历史发展和时代特征的新内容又会被补充吸纳,不断推陈出新。另一方面,随着国与国之间的交往、对外文化交流的扩大、经济全球化和信息化时代的到来,各国、各地区、各民族之间的交往日益密切，各自的礼仪也会互相渗透、互相影响、互相取长补短，并使之在传承历史的基础上，不断地被注入新的内涵。

（六）规范性

礼仪的规范性，是指人们在交际场合待人接物时必须遵守的行为规范。这种规范性，不仅约束着人们在一切交际场合的言谈话语、行为举止，使之合乎礼仪；而且也是人们在一切交际场合必须采用的一种“通用语言”，是衡量他人，判断自己是否自律、敬人的一种尺度。

三、礼仪的基本原则

现代礼仪应该遵循平等、尊重、真诚、守信、适度、自律的原则。

（一）平等

在现代礼仪中，平等原则是基础，也是最重要的。所谓平等就是指以礼貌待人，礼尚往来，既不盛气凌人，也不卑躬屈膝。它要求人们在人际交往中对任何交往对象都一视同仁，不论对方在年龄、性别、种族、文化、职业、身份、地位、财富等方面与自己有何不同，也不论与自己的关系亲疏远近，都不能厚此薄彼、区别对待。

从心理学的角度看，人都有友爱和受人尊重的心理要求。人人都渴望平等，成为家庭和社会中真正的一员。任何抬高和贬低自己的语言和行为，都不利于建立和谐的人际关系。平等原则要求我们在处理人际关系时，尤其在服务工作中，对服务对象不管是外宾，还是国内宾客或侨胞，都要满腔热情、一视同仁地对待，绝不能有任何看客施礼的意识，更不能以貌取人，应本着“来者都是客”的真诚态度，以优质服务取得宾客的信任，使他们乘兴而来，满意而去。

（二）尊重

在现代礼仪中，尊重原则是指在礼仪行为实施的过程中，要体现出对他人真诚的尊重，而不能藐视他人。礼仪本身从内容到形式都是尊重他人的具体体现。在交往中，任何不尊重他人的言行，都会引来他人的反感，更不会赢得他人对自己的尊重。心理学认为，人们对尊重的需要分两类，即自尊和来自他人的尊重。自尊包括对获得信心、能力、本领、成就、独立和自由的愿望，来自他人的尊重包括威望、承认、接受、关心、赏识等。自尊往往是人们容易做到的，但要获得来自他人的尊重，首先要学会尊重他人。尊重他人是礼仪的重要原则。与人交往，不论对方的地位高低、身份如何、相貌怎样，都要尊重他的人格，使他人感到他在你的心目中是受欢迎的，从而得到一种心理上的满足，进而使心情愉悦。古人说过，敬人者，人恒敬之。俗话说得好：你敬我一尺，我敬你一丈。

在人际交往中如何做才是尊重他人呢？首先，要热情、真诚。热情的态度会使人产生受重视、受尊重的感觉。相反，对人冷若冰霜，会伤害别人。当然，热情要有度，如果过分热情，会使人感到虚伪、缺乏诚意。其次，要给人留面子。所谓面子，就是自尊心。每个人都有自尊心，失去自尊心对一个来说是件非常痛苦的事。伤害别人的自尊是严重的失礼行为。维护自尊，希望得到他人的尊重，是人的基本需要。最后，允许他人表达思想，表现自己。当别人和自己的意见不同时，不要把自己的意见强加给对方。当你和与自己性格不同的人交往时，也应尊重对方的人格和自由。

(三)真诚

真诚是一个人外在行为与内在道德的有机统一。在社交生活中,用礼仪表达对他人的尊敬,必须出于真诚,表里如一,不能虚情假意、口是心非。因此,在社交活动中,施礼者与受礼者都应彼此真诚相待。英国作家乔叟不止一次地在他的文集中提及一句话:“诚实是人能保持的最为高尚的品性。交往双方只有彼此真诚相待,才能体现自己的文明素质,创造良好的交往氛围,增进了解和感情。”

(四)守信

守信是真诚的外在表现,在社交活动中要讲真话,遵守诺言,实践诺言。诚为体,信为用,以诚为本,才能谈得上有信用和信誉。在现代人际交往中,都需要讲信用。企业家讲质量诚信,服务者讲服务诚信,管理者讲管理诚信,教育者讲教育诚信。言必行,行必果。承诺是一种沉重的付出,对待任何已经做出的承诺都应该竭尽全力地去做到;因此在必要的时候,如果你实在无法帮助他人做到时,应该学会拒绝,并掌握好拒绝的艺术。

(五)适度

在社会交往中,需要准确把握在特定的环境和时间里与特定对象的感情尺度,在礼仪方面善于体现理性。为什么在社会交往的感情运行之中要提及理性的学问呢?希腊学者毕达哥拉斯曾说过,“人的精神由三部分构成:智力、理性和热情。其他动物也具备智力和热情,理性只有人类才有……理性不灭”。

所谓适度与理性,就是要注意施礼与受礼双方在时间、环境、身份以及双方关系的亲密程度相适应。如在与人交往时,既要彬彬有礼,又不能低三下四;既要热情大方,又不能轻浮谄媚。要自尊,不要自负,要坦诚,不能粗鲁;要信任人,但不要轻信;要活泼,但不能轻浮。这是因为凡事过犹不及,运用礼仪时,假如做得过了头,或者做得不到位,都不能正确地表达自己的自律、尊敬他人之意。当然,运用礼仪要真正做到恰到好处、恰如其分,只有勤学多练,积极实践。

(六)自律

礼仪作为行为的规范、处事的准则,反映了人们共同的利益。每个人都有责任、义务去维护它、遵守它。各种类型的人际交往都应当自觉遵守现代社会早已达成共识的道德规范,如社会公德、守时重信、真诚友善、谦虚随和等。在人际交往中,交往双方都希望得到对方的尊重。在这种情况下,我们应该首先检查自己的行为是否符合礼仪的规范要求,主动做到严于律己、宽以待人,“得理也让人”。只有这样,才能在人际交往中塑造自身良好的形象,掌握交往的主动权,得到别人的尊重。

单元1.3 礼仪的内容与形式

知识目标

1. 掌握礼仪的内容;

2. 熟悉礼仪的形式分类。

能力目标

1. 能够分析清楚礼仪实施时的各项基本要素；
2. 能够根据不同性质的交往区分各种礼仪。

素质目标

1. 具有良好的服务态度意识；
2. 具有良好的礼仪修养，善于与旅客沟通交流。

案例导学

2019 年恰逢中俄、中蒙建交 70 周年，在这个重要的机遇期，中国铁路呼和浩特局集团有限公司策划组织内蒙古至蒙古国、俄罗斯方向的旅游专列，积极推广中国铁路旅游服务品牌、全力服务内蒙古旅游业转型升级、推进“铁路 + 旅游”融合发展。

“草原之星号”中俄蒙旅游专列从包头始发，途经乌兰察布、二连浩特，穿越蒙古国扎门乌德，抵达俄罗斯贝加尔湖，横穿 3 个国家、8 个城市，游览 26 处景点，让旅客可以乘火车走出国门，了解蒙古国、俄罗斯的风土人情。

为了让游客体验更美好，呼和浩特局集团公司对中俄蒙旅游专列实行小编组，旅客可以感受具有蒙古族风情的车厢，体验列车酒吧、休闲多媒体、洗浴间等设施带来的优质服务，列车服务周到细致，精心挑选导游和乘务员，旅客初上列车，便有身着蒙古族服装的旅游专列工作人员向旅客敬献哈达，旅行过程中时刻关注并满足旅客需求。

[想一想]

在这一案例中，铁路客运服务人员注重服务礼仪，带给旅客良好的乘车体验。在实施礼仪的过程中，礼仪的主体、客体、媒体与环境分别指的是什么呢？请大家根据接下来的学习内容回答问题。

必备知识

一、礼仪的内容

通常人们在实施礼仪行为和礼仪活动的时候，肯定是有某种意愿需要表达，而表达这些无形的东西所应具备的基本要素就是礼仪的内容。根据礼仪内容所选定的诉诸人们感官的物理表现，则是礼仪的形式。礼仪的内容和形式统一于礼仪的实践活动之中，并相互作用共同推进礼仪活动朝着既定的目标顺利进行。

（一）依据礼仪构成的基本要素分

依据礼仪构成的基本要素分，礼仪的内容有礼仪的主体、礼仪的客体、礼仪的媒体和礼仪的环境几个方面。

1. 礼仪的主体

礼仪的主体指的是礼仪活动的操作者和实施者。它既可以是个人,也可以是组织,甚至可以是国家。当礼仪活动规模较小、较为简单时,其主体通常是个人。例如,军训时,学员向教官汇报前要先敬礼,那么这个学员就是行礼这个礼仪行为的主体。当礼仪活动规模较大、较为复杂时,其主体通常是组织,甚至是国家。例如,在汶川地震发生后,当地居民遭受了巨大的损失,美国政府致电中国政府表示了诚挚的慰问。那么,美国政府就是慰问这一礼仪行为的主体。没有礼仪主体,礼仪活动就不可能进行,礼仪也就无从谈起。

2. 礼仪的客体

礼仪的客体又叫礼仪的对象,它指的是礼仪活动的指向者和承受者。从外延上讲,它可以是人,也可以是物;可以是物质的,也可以是精神的;可以是具体的,也可以是抽象的;可以是有形的,也可以是无形的。例如,当学生在路上遇见老师,向老师行礼时,老师就是礼仪的对象。学校升旗仪式上,所有学生及教职员工对国旗凝神注目行礼,国旗就是他们的行礼对象。没有礼仪客体,礼仪就失去了对象,就不能称其为礼仪。礼仪的客体与礼仪的主体二者之间既对立又依存,而且在一定条件下可以相互转化。所以,礼仪主体与礼仪对象之间的关系不是一成不变的。很多时候,随着礼仪过程的转换,主体和客体的地位也会发生变化。例如,铁路员工使用礼貌用语接待旅客,铁路职工是礼仪主体,旅客是礼仪对象;如果旅客也用礼貌语言回应铁路职工,则旅客是礼仪主体,而铁路职工则是礼仪对象。为了建立、维护和发展更融洽的人际关系,往往需要人们自觉地、主动地、及时地促成这种转换和变化。

3. 礼仪的媒体

礼仪的媒体指的是礼仪活动所依托的一定的媒介。任何礼仪都必须使用礼仪媒体,不使用礼仪媒体的礼仪不可能存在。现实生活中,礼仪媒体的种类是多种多样、千变万化的,为了更好地运用它,我们必须找出其中最主要的几种类型加以认识和把握。大量的礼仪实践说明,生活中的人、物、事在一定的环境条件下,都可以作为礼仪媒体发挥作用。所以我们可以将礼仪的媒体划分为人体礼仪媒体、物体礼仪媒体、事体礼仪媒体三大基本类型。在具体操作礼仪时,这些不同的礼仪媒体往往是交叉、配合使用的。

(1)人体礼仪媒体,是指通过人体自身来传达礼仪信息的媒体,如讲究敬语相待、文书规整、手势准确、体态优雅、表情自然等言谈举止礼仪。

(2)物体礼仪媒体,是指通过各种物体的各种状态来传达礼仪信息的媒体,如讲究鲜花寓意、物品形态、礼品特色等的馈赠礼仪。

(3)事体礼仪媒体,是指通过各种有关的事体来传达礼仪信息的媒体,如讲究谈判的艺术、迎宾规格、诚实守信、宣传适度等的商务礼仪。

任何形式的礼仪行为和礼仪活动,都不可能凭空进行,必须依托一定的媒介或媒体来实现礼仪内容和形式的统一。

4. 礼仪的环境

礼仪的环境指的是礼仪活动得以进行的特定的时空条件。大体说来,它可以分为礼仪的自然环境(如天气情况、地理位置、自然灾害等)与礼仪的社会环境(如世事变迁、战争胜负、风俗更易、人际关系等)。礼仪环境不论怎样变化,都体现于时间和空间的变化之中,随着时间和空间的不断变化,礼仪环境也相应地有所改变,并经常对礼仪的实施起着制约的作用,主要表现为以下两个方面:

(1)实施何种礼仪要由礼仪环境决定。这一点是指具体的礼仪环境(时空场合)总是千差万别、千变万化的,一般的礼仪规范不可能也没有必要对每一种特定时空条件下的礼仪都规定得整齐划一。因此,我们必须根据礼仪环境的变化去适应和遵从各种不同的礼仪。

(2)具体礼仪如何实施也要由礼仪环境决定。这主要是指礼仪类型确定后,要根据礼仪环境对实施礼仪的规模大小、程序繁简、规格高低等做通盘考虑和妥善处置。

(二)依据礼仪的适用对象、适用范围分

依据礼仪的适用对象、适用范围分,礼仪大致有以下几种:

(1)政务礼仪,亦称国家公务员礼仪,它所指的是国家公务员在执行国家公务时所应当遵守的礼仪。

(2)商务礼仪,它所指的主要是公司、企业的从业人员以及其他一切从事经济活动的人士,在经济往来中所应当遵守的礼仪。

(3)服务礼仪,它所指的是各类服务行业的从业人员,在自己的工作岗位上所应当遵守的礼仪。

(4)社交礼仪,亦称交际礼仪,它所指的是社会各界人士,在一般性的交际应酬中所应当遵守的礼仪。

(5)涉外礼仪,亦称国家礼仪,它所指的是人们在国际交往中,在同外国人打交道时所应当遵守的礼仪。

在上述礼仪的五个主要分支中,政务礼仪、商务礼仪、服务礼仪主要是按照行业划分的,并且是人们在工作岗位上所应遵守的,故可称之为行业礼仪或职业礼仪。而社交礼仪、涉外礼仪的划分,则主要以交往范围为依据,所以二者均可以交往礼仪相称。

二、礼仪的形式分类

礼仪既然是社会交往中表示尊重和友好的行为规范,那么在人们交往的时候就一定有礼仪在其中。人们的社会交往行为是复杂多样的,为了便于认识与学习,我们可以根据不同交往的性质区分各种礼仪。如根据行业的不同,可以分为铁路客运礼仪、航空客运礼仪、医院礼仪、学校礼仪、酒店礼仪、商业礼仪等;从交往的程序和过程来看,可以分为欢迎礼仪、交谈礼仪、宴请礼仪、送客礼仪等;从行为主体来分,又可以分为个人礼仪、家庭礼仪、团体礼仪等。

不同的社会交往要求不同类型的礼仪行为,不同种类的礼仪行为不能相互混淆,也不能不顾自身的特点照搬一般的礼仪。例如,同样是服务行业,商业服务与铁路客运服务在服务过程中有很大差异,有的餐车照搬酒店服务员端托盘的方法培训餐车服务人员,实际上忽略了列车服务自身的特点,显得不伦不类。

从内容上说，现代礼仪至少应该包括四大类：家庭生活礼仪（一般日常生活、节日生活、家庭祭祀）、社会交往礼仪、职业工作礼仪、政治生活礼仪。具体而言，家庭生活礼仪应当包括一切与生老病死相关的礼仪，如出生礼、成年礼以及婚丧食节喜祭诸礼；社会交往礼仪应该包括往来迎送诸礼仪；职业工作礼仪包括求职礼、辞职礼，与各类同事相处礼等；政治生活礼仪包括与开会、选举、谈判、外交、军队等相关的礼仪；另外还有一些杂礼。

有些礼仪需要一定的载体，包括礼具、礼所、礼人。例如，在特定的场合要穿特定的服装，特定的礼仪必须在特定的地点举行，需特定的人来主持，等等。

三、礼仪内容与礼仪形式的关系

礼仪内容和礼仪形式作为矛盾的两个方面相互依存，统一于礼仪或礼仪媒体之中，它们之间的关系主要表现为以下两个方面。

（一）礼仪内容与礼仪形式之间的关系通常是主从关系

礼仪内容和礼仪形式作为矛盾的两个方面，虽然在礼仪或礼仪的媒体中都是不可缺少的，但是，它们的地位却不是完全一样的。

通常，礼仪内容是矛盾的主要方面，处于决定地位；而礼仪形式是矛盾的次要方面，处于服从地位。礼仪内容决定礼仪形式，礼仪形式服从礼仪内容。

对于礼仪内容与礼仪形式之间的这一主从关系，孔子早就有了比较清晰的认识。据《礼记·檀弓上》中孔子的学生子路回忆，孔子曾说："丧礼，与其哀不足而礼有余也，不若礼不足而哀有余也；祭礼，与其敬不足而礼有余也，不若礼不足而敬有余也。"意思是说：举行丧礼，与其悲哀不足而送葬的礼物有余，不如礼物不足而悲哀有余；举行祭礼，与其敬意不足而祭祀的礼物有余，不如礼物不足而敬意有余。在这里，悲哀和敬意是丧礼和祭礼这两种礼仪所要表达的精神和情感，属于礼仪的内容；而送葬的礼物和祭礼的礼物则是这些精神和情感的表现方式或物理体现，属于礼仪的外在形式。孔子的意思实际上也就是说：与其礼仪的内容不足而礼仪形式有余，不如礼仪形式不足而礼仪内容有余。可见，其中以礼仪内容为主的思想是非常明确的。

然而，在礼仪实践中，许多人不明白礼仪内容与礼仪形式之间的这种主次关系，"斤斤计较"于礼仪形式而完全忽略了礼仪内容，以致做了许多错事、蠢事。

（二）礼仪内容和礼仪形式在一定条件下可以互相转化

礼仪内容和礼仪形式的主、次地位也不是绝对不变的。在一定条件下，这两个方面又是可以互相转化的：礼仪形式这个处于服从地位的次要方面，也可以成为处于决定地位的主要方面。礼仪行为或活动过程中一旦出现这种情况，就应该采取适当的办法，及时进行调整，以避免出现礼仪失误。

综上可见，礼仪是礼仪内容和礼仪形式的矛盾统一体，而矛盾的双方又是可以在一定条件下互相转化的，这就是事物发展的辩证法。因此，我们的责任就是在礼仪实践中创造条件，促进矛盾的转化朝着有利于实现礼仪目标的方向发展。

单元1.4 礼仪素质的培养方法

知识目标

掌握礼仪素质的培养方法,努力提高铁路客运服务人员的礼仪素质。

能力目标

能够依据礼仪素质的培养方法,恰当地指导铁路客运服务人员的服务意识、服务技巧的提升。

素质目标

主动学习礼仪基础知识与实践技能,切实提高铁路客运人员的服务水平。

案例导学

礼仪培训塑造良好形象

为做好乘务人员的标准化作业培训工作,乌鲁木齐客运段特邀请北京车队干事刘丽和动车队列车长杜雨担当礼仪培训老师,从标准的站姿、坐姿、蹲姿、走姿等一一进行示范演示,让大家直观地认识到仪容、仪态、仪表的重要性,一言一行不仅代表个人的形象,更代表铁路服务的形象。此外,还把列车始发站自我介绍、乘务间汇报、卧铺车站前换票、业务提问、站前通告、各类安全提示作为重点分场景进行培训,详细讲解服务旅客的注意事项与服务技巧,并现场模拟服务用语、引导手势和旅客互动等,对参加培训人员进行现场辅导与纠正。

[案例启示]

通过以上案例,我们可以知晓,要想具备良好的礼仪素养,离不开专业的培训与指导。只有通过不断的学习,不断地总结经验,在实践中不断提升,才能具备作为一名优秀的铁路客运人员应有的礼仪素质。

必备知识

随着经济社会的发展和对外交往的增多,礼仪问题越来越受到党政机关、企事业单位等各类社会组织的重视。对于直接为铁路旅客服务、代表着单位和组织形象的铁路工作人员来说,增强礼仪观念、提高礼仪素养尤为重要。

一、勤于练习，贵在实践

礼仪的学习更重要的是实践能力的训练，而不是知识的学习。如果不将礼仪知识运用到实践中，单纯的知识学习是没有更多意义的。我们要善于在礼仪的实践中发现自己的缺点，找出不足，将学习、运用礼仪真正变为个人的自觉行为和习惯做法。通过学习、训练、实践、养成，做到学以致用，提高自己的素质和修养。

二、善于观察，反思纠正

纸上得来终觉浅，觉知此事要躬行。生活就是最好的老师，我们可以向生活中彬彬有礼的人学习、模仿，也可以观察有哪些行为举止是不符合礼仪规范的，要善于总结，这样就能在以后的社会生活中避免犯错误。当我们看到生活中非常不礼貌的行为举止时，要学会进行自我反省，反观自己是否能够表现出礼貌的举止和行为。当我们在生活中，由于不懂礼貌而四面碰壁时，也可以以一种直接经验的方式对自我进行教育。

三、利用资源，系统学习

从课本上、课堂上学习一定的礼仪知识，在学习的过程中要善于利用多种学习资源，如图书馆的图书资源、网络上的相关礼仪网站、广播电视中的相关教育节目，系统、全面地了解和学习礼仪知识。在学习礼仪时，应当将这种学习与其他科学文化知识的学习结合起来，这样能够更好地掌握和理解礼仪。

在学习礼仪的过程中，我们要注意“过犹不及”的问题，要做到“恰如其分”。以下几个方面的表现要尽量避免：在不需要有太多礼仪的地方太注重礼节，让人觉得似乎在卖弄、炫耀；与人交往时，只注重礼节，而忽视相互间的情感交流，让人觉得你只是在做技术性操作，而不是用心交往；无论是私人交往，还是业务交往，礼仪都只是使交往顺利的辅助手段，而不能完全替代交往本身；一个人的外在礼仪表现与自身的实际修养不相符；喜欢用礼仪的尺度去衡量他人的行为；恰当的礼仪要求我们不能把礼仪当作资本在人前炫耀，更不能把礼仪当作评判他人行为的“尺度”，拿自己的礼仪知识对别人的行为吹毛求疵，需要待人以宽，责己从严。

模块小结

本模块主要介绍了礼仪的基本概念与主要内容，包括：对礼仪的含义进行了介绍；讲解了礼仪的基本功能与作用，使我们了解了学习礼仪、掌握礼仪实施技巧的重大意义；详细介绍了礼仪的学科归属以及礼仪的一些基本特征和实施原则，让我们能够更好地去学习、掌握礼仪知识；描述了礼仪的内容与形式，分析了它们之间的相互关系；讲解了礼仪素养的培养方法，让我们可以更好地提升个人礼仪素养。

通过本模块的学习，广大铁路客运职工可以对礼仪的一些基本概念有细致的了解。熟悉礼仪的社会功能及作用，不仅针对个人，也有面向整个社会；掌握礼仪的特点及实施原则，更好地学习礼仪相关知识。这些对提升个人的礼仪修养，拉近与旅客之间的距离有一定的帮助，同时，也可以对内融洽关系，对外树立企业形象，营造和谐的工作和生活环境。

达标检测

一、填空题

1. ____________________是礼仪的基础，____________________是礼仪的基本组成部分。

2. 现代礼仪应该遵循__________、__________、__________、__________、__________、__________的原则。

3. 礼仪的环境，指的是礼仪活动得以进行的特定的时空条件。它可以分为礼仪的____________________自然环境与礼仪的____________________。

二、判断题

1. 不同的社会交往要求不同类型的礼仪行为，不同种类的礼仪行为不能相互混淆，也不能不顾自身的特点照搬一般的礼仪。（　　）

2. 礼仪内容与礼仪形式之间的关系通常是主从关系。（　　）

3. 礼仪内容和礼仪形式在一定条件下可以互相转化。（　　）

三、简答题

1. 礼仪的含义是什么？

2. 简述礼仪的功能与作用。

3. 现代礼仪学的研究对象和特征是什么？

4. 礼仪内容主要是由哪些要素构成的？

5. 依据礼仪的适用对象、适用范围，礼仪大致可以分为哪几种？

6. 礼仪素养有哪些培养方法？

模块2　个人形象礼仪

课前导读

你会为谁停车？

国外的一位心理学家曾做过一个实验：分别让一位身着笔挺漂亮军服的海军军官、一位戴金丝眼镜并手持文件夹的青年学者、一位衣着入时的漂亮女郎、一位挎着菜篮子脸色疲惫的中年妇女、一位头发怪异且衣着邋遢的男青年在公路边搭车。结果发现，漂亮女郎、海军军官、青年学者的搭车成功率很高，中年妇女搭车稍微有些困难，那个男青年就很难搭到车。

点评：不同的仪表使人的际遇不同。这与第一印象管理有很大关系。

单元2.1　个人形象简述

知识目标

1. 掌握个人形象的内涵；
2. 掌握塑造良好形象的重要性；
3. 掌握个人形象的六要素。

能力目标

1. 能根据工作的性质，正确修饰自己的仪容、仪态；
2. 学会化职业妆；
3. 能运用个人形象的相关知识在不同的场合打理好个人的形象。

素质目标

1. 具有良好的礼仪素养，打造出彩的个人形象；
2. 认识到塑造良好形象的重要性；
3. 切实掌握个人形象的六要素，为自己的形象装扮添砖加瓦。

案例导学

某公司招聘文秘人员，由于待遇优厚，应聘者很多。中文系毕业的小张同学前往面试,她的背景材料可能是最棒的:大学四年,在各类刊物上发表了3万字的作品,内容有小说、诗歌、散文、评论、政论等,还为六家公司策划过周年庆典,英语表达也极为流利,书法也堪称佳作。小张五官端正,身材高挑、匀称。面试时,招聘者拿着她的材料等她进来。随后小张穿着迷你裙,露出大腿,上身穿露脐装,嘴唇涂着鲜红的唇膏,轻盈地走到一位考官面前,不请自坐,随后跷起了二郎腿,笑眯眯地等着问话。孰料,三位招聘者互相交换了一下眼色,主考官说:"张小姐,请回去等通知吧。"她喜形于色:"好!"挎起小包飞跑出门。

[想一想]

小张能等到录用通知吗?为什么?假如你是小张你打算怎样准备这次面试?

必备知识

一个人的形象直接决定了他人对你的第一印象的好坏,也直接决定着你人际交往的成败。塑造一个良好的个人形象并不是一朝一夕可以完成的,而是通过自己不断地充实和提高自己的一言一行不断改善。所以个人形象礼仪对个人来说是非常重要的,那么个人形象内容都有哪些呢?该如何提升自己的个人形象呢?

一、个人形象的内涵

个人形象主要指一个人的外表或容貌,是一个人内在品质的外部反映,它是反映一个人内在修养的窗口。社会学者普遍认为一个人的形象在人格发展及社会关系中扮演着举足轻重的角色。个人形象既是个人发展的需求,也是社会发展对于个人的要求。

相比其他物种,人类对于自身外表的变化显得更加敏感和在意,较热衷于修饰自己的外表和容貌,但不同的文化对美和丑的定义有较大的差异。

个人形象的感知其实体现出个人的社会认知感,形象不仅体现在衣食住行等方面,而且体现在社会活动以及社会交流过程中的自我认同以及认知自我的过程,因此,这种个人形象自然和心理活动有着密切的联系。

二、塑造良好形象的重要性

在人际交往中,第一印象非常重要。人们通常会对交往对象的个人形象倍加关注,并且都十分重视遵照规范的、得体的方式塑造、维护自己的个人形象。因为个人形象的重要性体现为:个人形象可以真实地体现自己的个人教养和品位;可以客观地反映个人的精神风貌与生活态度;可以如实地展现个人对待交往对象所重视的程度。个人形象是其所在单位的整体形象的有机组成部分。

当人们不知道某一个人的归属单位时,他个人形象方面所存在的缺陷,顶多被视为个人的问题。但是,当人们确知他属于某一单位,甚至代表着某一单位时,则往往将其个人形象与所在单位的形象等量齐观。因此在人际交往、涉外交往中个人形象往往代表着其所属的单位、国家或所属民族的形象。

基于此，在人际交往、涉外交往中，每个人都必须时时刻刻注意维护自身形象，特别是要注意维护自己在正式场合留给他人初次见面的第一印象。

三、把握好个人形象

把握好个人形象，要注意以下六个要素。

（一）仪容

仪容指的就是我们的外观。其中外观重点是我们的头部和手部，因为其他部位有衣服的遮掩我们看不到，头部和手部很重要，其中鼻毛不能过长，头发不能有发屑、一般要先梳理后穿衣服，身上不能有怪味。男人的头发也有要求，不要太长。而手部要保持干净清洁，指甲要注意定期修剪，不能过脏过长。在人际交往中，每个人的仪容都会引起交往对象的特别关注，并将影响对方对自己的整体评价。一个好的外观形象会让他人对我们有一个好的印象及看法。

（二）表情

表情可以传达人的思想，可以说是人的第二语言。在人际交往中，表情要真实自然，不要做作；表情要友善，不要有敌意；友善是一种自信，也是有教养的表现；表情要良性互动。

（三）举止动作

人的举止动作在个人形象构成中也很重要。在与人交往的过程中，行为举止要有风度。风度就是优雅的举止。优雅的举止，实际上是在充满了自信，有良好文化内涵的基础上的一种习惯的、自然的举止动作。举止要文明，尤其是在大庭广众之下。我们必须要树立个体代表集体这样一种理念。比如不能够当众随意整理我们的服饰。简而言之，举止要优雅规范。所谓的站有站相、坐有坐相，就是手不要乱放，脚不要乱蹬。

（四）服饰

观人除了外貌就是服饰打扮了。因此服饰也影响着个人形象。在日常交往中，服饰最关键的一个问题就是要搭配到位。首先要适合你的身份，适合你的地位。其次把不同的服装搭配在一起时，要给人和谐的美感。

（五）谈吐

与人交往必不可少的就是交谈，好的谈吐会给人留下一个好的印象。第一，要压低声量，打电话和谈话不能声音过大，声音过大显得没有修养，受教育程度不高。说话的声音低一点有两个好处：一是符合规范，二是比较悦耳动听。第二，慎选内容，言为心声。你所讨论的问题，首先是你的所思所想，要知道该谈什么不该谈什么。第三，在人际交往中礼貌用语的使用也是很重要的，要以礼待人以诚待人。

（六）待人接物

待人接物表现在与人的实际接触中，影响着他人今后要不要继续与你交往。它有三个基本事项：第一，诚信为本；第二，遵法守纪；第三，遵时守约。时间就是生命，时间就是效益，人际交往中必须要遵守时间，这关系到三点：一是你是否尊重别人，二是你是否尊重自己，尊重别人就是尊重自己；三是你有没有现代意识，不遵守时间就是没有现代意识的表现。

课堂随练

一、填空题

1. 个人形象是一个人的__________或容貌，也是一个人内在品质的外部反映，它是反映一个人__________的窗口。

2. 把握好个人形象，要注意仪容、表情、__________、__________、__________和待人接物六个要素。

3. 仪容指的是我们的外观，其中外观的重点是我们的__________和__________。

4. 待人接物有三个基本事项：第一__________；第二遵法守纪；第三__________。

5. 在日常交往中，__________最关键的一个问题，就是要选择搭配到位。

二、判断题

1. 个人形象直接决定了他人对你的第一印象，也直接决定着人际交往的成败。（　　）

2. 个人形象既是个人发展的需求，也是社会发展对于个人的要求。（　　）

3. 当人们不知道某一个人的归属时，他个人形象方面所存在的缺陷，不会被视为个人方面存在着某些问题。（　　）

4. 表情可以传达人的思想，可以说是人的第一语言。（　　）

5. 优雅的举止，实际上是在充满自信的、有良好文化内涵的基础上建立起来的一种习惯的、自然的举止动作。（　　）

三、实操题

六人一组进行个人形象礼仪的问卷调查。要求每组设计一份职业形象的调查问卷（科学设计问卷内容，题目自定），以网络调查或者现场问卷调查的形式展开，并进行数据分析，写出一份完整的调查报告。

单元2.2 仪表礼仪

知识目标

1. 掌握仪表礼仪的内涵；
2. 掌握着装的三原则；
3. 掌握女士服饰礼仪；
4. 掌握男士服饰礼仪。

能力目标

1. 能根据不同的场合选择服装；
2. 学会职业装的搭配；
3. 学会打领带。

素质目标

1. 认真学习服装的搭配问题；
2. 切实把握好自己的服装形象，为自己的职业形象加分。

案例导学

小刘和几个外国朋友相约周末一起聚会。为了表示对朋友的尊重，星期天一大早，小刘就西服革履地打扮好，对着镜子摆正漂亮的领结后前去赴约。北京的8月天气酷热，他们来到一家酒店就餐，边吃边聊，大家好不开心快乐！可是不一会儿，小刘已是汗流浃背，不住地用手帕擦汗。饭后，大家到娱乐厅打保龄球，在球场上，小刘不断为朋友鼓掌叫好，在朋友的强烈要求下，小刘勉强站起来整理好服装，拿起球做好投球准备。当他摆好姿势用力把球投出去时，只听到“嚓”的一声，上衣的袖子扯开了一个大口子，弄得小刘十分尴尬。

[想一想]

你认为小刘的着装有什么问题吗？这种场合应该如何穿着才是得体的？

必备知识

仪表，即人的外表，包括人的形体、容貌、举止、姿态、风度等。在生活和工作中，每个人都希望自己仪表堂堂而让别人赏心悦目。尽管人们相貌不同，但是如果仪表修饰得体，那么我们会发现，美，唾手可得。本节主要从服饰礼仪出发，因为服装是我们的第一形象代言人，影响着他人对我们职业能力的评估；得体的、符合身份地位的服装，是职场加分的重要因素。

得体的服装，也是对自己、对工作的尊重，是修养的呈现。即便是对衣着要求越来越宽容的现在，我们依然会对服装与个人形象、气质、职业的匹配有着固有的心理暗示。比如，我们认为财务从业人员的职业气质应该是认真、严谨、寡语，他们不适合穿过于时尚的服装；行政人员的职业气质是端装、大方、利落，仙女裙类的拖遢款并不适合他们；人力资源从业人员的职业气质是亲和、专业，洞察力强，暴露面积过大的服装和可爱系服装，显然不适合他们；工程人员的职业气质是认真、沉稳，一身工装，立即建立起初步信任感。

所以我们身处于哪一个位置，便要让自己的外在符合哪一种行业气质、职业定位，让自己在最短时间得到接纳和认可。而服装则是实现这一目标最快速有效的工具。

一、着装的原则

有数据显示,服装虽然不能造出完美形象,但是第一印象的80%来自着装。世界知名的服装心理学家高莱说:“着装是自我的镜子。”

着装反映了一个人的社会地位、身份、职业、收入、爱好甚至一个人的文化素养、个性和审美品位。

(一)TOP原则

一般情况下,职业形象要体现庄重、大方的职业气质。职业人士都应当尊重企业文化,服装与工作环境、身份、职务要达到和谐统一的状态。因此,职场着装要遵循着装礼仪的TOP原则。TOP是三个英语单词的缩写,它们分别代表时间(Time)、场合(Occasion)和地点(Place),即着装应该与当时的时间、所处的场合和地点相协调。

1. 时间原则

时间包括每年春夏秋冬四个季节的交替,也包括每一天的早间、日间和晚间三个时间段,以及不同时期、时代,其对服装的要求各不相同,需要人们着装时做到“随时更衣”。一般,男士有一套质地上乘的深色西装或中山装足以“打天下”,而女士的着装则要随时间而变换。女士在白天工作时,应穿正式套装,以体现专业性;晚上出席鸡尾酒会就须多加一些修饰,要穿得华丽一些,如换一双高跟鞋,戴上有光泽的佩饰,围一条漂亮的丝巾。服装的选择还要适合季节气候特点,并保持与潮流趋势同步。

2. 地点原则

在不同的地点进行的活动内容不一,着装也要有所变化。在自己家里接待客人,可以穿着舒适但整洁的休闲服;如果去公司或单位拜访客户,穿职业套装会显得专业;外出时要顾及当地的传统和风俗习惯;去教堂或寺庙等场所,不能穿过露或过短的服装。

3. 场合原则

衣着要与场合相协调、相适应,可获得视觉与心理上的和谐感。与顾客会谈、参加正式会议等,衣着应庄重考究;听音乐会或看芭蕾舞,则应按惯例着正装;出席正式宴会时,则应穿中国的传统旗袍或西方的长裙晚礼服;而在朋友聚会、郊游等场合,着装应轻便舒适。试想一下,如果大家都穿便装,你却穿礼服就有欠轻松;同样地,如果以便装出席正式宴会,不但是对宴会主人的不尊重,也会令自己颇感尴尬。

(1)公务场合。

公务场合着装的基本要求是四个字,即“庄重保守”。适合的服装包括制服、套装,男性可穿西服套装,女性可穿西服套裙。职业装方面,半正装,男性可穿长裤长衫,女性可穿长衫和中、长裙,一般以一步裙或其他裙摆较小的裙装为宜,不宜穿大摆裙、拖地裙等。

不适合的服装包括非职业装和时装,如公务场合女性不能穿吊带装、露脐装、一字领、无袖装等,男性不能穿休闲装。

(2)社交场合。

社交场合着装规范同样可以概括为四个字,即“大方得体”。社交场合包括以宴会友的宴会,以舞会友的舞会,赏心悦目的音乐会和欢快热烈的文艺晚会、以文和以酒会友的聚会,以增进友谊、加深感情为目的的寻朋找友的拜会,应邀出席的各种庆典会,等等。通常,在这些场合可穿的服装主要有三种:①时装,指当时流行的服装和时尚的服装;②礼服,特指礼仪场合的着装,如举行婚礼时的着装,即婚礼服,男士应着西服正装,女性一般着白色婚纱;③民族服装——中式礼服,一般在盛大场合,如参加全国代表大会、参加各类庆典活动、代表本民族去拜会重要人物等场合时可以穿着本民族传统服装。

需要注意的是,在社交场合不能穿的服装主要也有三种。制服,譬如警察下班后与朋友聚会,以酒会友,吃饭时穿一身警服,必然会给人一种不好的感觉。又譬如在给老人祝寿时,医护人员穿工作服前往,在这种喜庆的场合,真有种煞风景的感觉。譬如去拜会一位重要人物,如果穿一身休闲服装去,就难免给人不尊重对方的感觉。比如在一些比较庄重或隆重的场合,女性穿得太露太透太薄也是不协调的。如果是去拜会重要人物,且重要人物又是异性,那就更不妥当了。

(3)休闲场合。

休闲场合着装要求不是很高,基本的规范还是可以概括为四个字,即"舒适自然"。可穿的服装主要是休闲系列,包括休闲装、牛仔装等,也包括各色时装。

(二)三色原则

三色原则是选择正装色彩的基本原则。它的含义是要求正装的色彩在总体上以少为宜,最好将其控制在三种色彩之内。这样做有助于保持正装庄重、保守的总体风格,并使正装在色彩上显得规范、简洁、和谐。正装的色彩若超出三种,一般都会给人以繁杂、低俗之感。

对于女士在正式场合着装的评价,人们往往关注一个细节,即她是否了解不应该使自己的袜口暴露在外。不仅在站立时袜口外露不合适,而且在行走或就座时袜口外露也不合适。穿裙装的女士,最好穿连裤袜或长筒袜。

对于讲究的男士,鞋子、腰带、公文包最好是一个颜色,而且首选黑色。另外,在比较重要的场合,要注意袜子的颜色,以深色为佳。内行看门道,两种袜子不能穿:一是尼龙袜,二是白袜子,除非穿白皮鞋。

二、女士服饰

(一)套裙礼仪

女性职业装以套装为主,所以职场服装礼仪首先从套裙讲起。

1. 面料选择

面料选择有两个关键词:质地上乘、纯天然。上衣、裙子和背心等必须是同种面料。要用不起皱、不起毛、不起球的匀称平整、柔软丰厚、悬垂挺括、手感较好的面料。

2. 色彩

色彩应当以冷色调为主,借以体现着装者的典雅、端庄与稳重。还须使之与正在风行一时的各种流行色保持一定距离,以示自己的传统与持重。一套套裙的全部色彩至多不要超过两种,不然就会显得杂乱无章。

3. 尺寸

套裙在整体造型上的变化,主要表现在它的长短与宽窄两个方面。

套裙上衣不宜过长,下裙不宜过短。通常套裙之中的上衣最短可以齐腰,而裙子最长则可以达到小腿的中部。裙子下摆恰好抵达着装者小腿最丰满处,乃是最为标准、最为理想的裙长。

以宽窄肥瘦而论,套裙之中的上衣分为紧身式与松身式两种。一般认为,紧身式上衣显得较为传统,松身式上衣则时髦一些。上衣的袖长以恰恰盖住着装者的手腕为好。上衣或裙子均不可过于肥大或包身。

4. 穿着到位

在正式场合穿套裙时,上衣的衣扣必须全部系上,不要将其部分或全部解开,更不要当着别人的面随便将上衣脱下,上衣的领子要完全翻好,有口袋的盖子要拉出来盖住衣袋。不要将上衣披在身上,或者搭在身上。裙子要穿得端端正正,上下对齐。应将衬衫下摆掖入衬裙裙腰与套裙裙腰之间,切不可将其掖入衬裙裙腰之内。

着装需要考虑年龄、体型、气质、职业等特点。年纪较大或较胖的女性可穿一般款式,颜色可略深些;肤色较深的人不适宜穿蓝色、绿色或黑色。

国际上通常认为袜子是内衣的一部分,因此,绝不可露出袜边。为避免这种尴尬,女士要么穿长到大腿的长筒袜,要么索性不穿袜,但是不能穿那种半长不短的丝袜。

5. 装饰

套裙上不宜添加过多的点缀。一般而言,以贴布、绣花、花边、金线、彩条、扣链、亮片、珍珠、皮革等点缀或装饰的套裙,都不适合白领女士。在穿套裙时,既不可以不化妆,也不可以化浓妆。不允许佩戴与个人身份有关的珠宝首饰,也不允许佩戴有可能过度张扬自己的耳环、手镯、脚链等首饰。

6. 搭配

衬衫应轻薄柔软,色彩与外套和谐。内衣的轮廓最好不要从外面显露出来。

衬裙应为白色或肉色,不宜有任何图案。裙腰不可高于套裙裙腰而暴露于外。

商界女士所穿的用以与套裙配套的鞋子,宜为皮鞋,并以棕色或黑色牛皮鞋为上品。

袜子不可随意乱穿。所穿的袜子可以是尼龙丝袜或羊毛袜。千万不要将健美裤、九分裤等裤装当成袜子来穿。

(二)职业装

穿着职业服装不仅是对服务对象的尊重,同时也使着装者有一种职业的自豪感、责任感,是敬业、乐业在服饰上的具体表现。规范穿着职业服装的要求是整齐、清洁、挺括、大方。

1. 整齐

服装必须合身,袖长至手腕,裤长至脚面,裙长过膝盖,尤其是内衣不能外露;衬衫的领围以插入一指大小为宜,裤裙的腰围以插入五指为宜。不挽袖,不卷裤,不漏扣,不掉扣;领带、领结、飘带与衬衫领口的吻合要紧凑且不系歪;如有工号牌或标志牌,要佩戴在左胸正上方,有的岗位还要戴好帽子与手套。

2. 清洁

衣裤无污垢、无油渍、无异味，领口与袖口处尤其要保持干净。

3. 挺括

衣裤不起皱，穿前要烫平，穿后要挂好，做到上衣平整、裤线笔挺。

4. 大方

款式简练、高雅，线条自然流畅，便于岗位接待服务。

（三）饰品

饰品的搭配不要多，一两件是精巧的装饰和点缀，而多于三件则庸俗不堪。记住饰品只起点缀作用，用于调节着装，使之与自己所要展现的气质更为合拍。

1. 项链

项链要与脸型相搭配。

脸部清瘦且颈部细长的女性，戴单串短项链，脸部就不会显得太瘦，颈部也不会显得太长了。脸圆而颈部粗短的女性，最好戴细长的项链，如果项链中间有一个显眼的大型吊坠，效果会更好。椭圆形脸的女性最好戴中等长度的项链，这种项链在颈部形成椭圆形状，能够更好地烘托脸部的优美轮廓。颈部漂亮的女性可以戴一条有坠的短项链，突出颈部的美丽。

就项链的选择而言，价格并不是主要的因素，不管是什么样的款式，与年龄、肤色、服装的搭配协调才是主要的。一般来说，上了年纪的人以选择质地上乘、工艺精细的黄金、白金的项链为好；而青年人应选用质地好、颜色好、款式新的项链为佳，如骨制、珍珠制项链等。

2. 耳环

身材短小的人，戴蝴蝶形、椭圆形、心形、圆珠形的耳环，显得娇小可爱。方形脸适宜佩戴圆形或卷曲线条吊式耳环，可以缓和脸部的棱角。圆形脸戴上“之”字形、叶片形的垂吊式耳环，在视觉上可以造成修长感，显得秀气。心形脸宜选择三角形、大圆形等纽扣式样的耳环。三角形脸最好戴上窄下宽的悬吊式耳环，使瘦尖的下颌显得丰满些。

戴眼镜的女性不宜戴大型悬吊式耳环，贴耳式耳环会令她们更加文雅漂亮。

耳环与肤色的配合不容忽视。肤色较白的人，可选用颜色鲜艳一些的耳环。若肤色为古铜色，则可选用颜色较淡的耳环。如果肤色较黑，选戴银色耳环效果最佳。若肤色较黄，以古铜色或银色的耳环为好。

3. 手镯与手链

手镯与手链是一种套在手腕上的环形装饰品，它在一定程度上可以使女性纤细的手臂与手指显得更加美丽。

选戴手镯时应注意，如果只戴一个手镯，应戴在左手上；戴两个时可每只手戴一个，也可都戴在左手上，这时不宜戴手表；戴三个时应都戴在左手上，不可一只手戴一个，另一只手戴两个。手链一般只戴一条。

手镯与手链不是必要的装饰品，因此职业女性在工作时无须佩戴，也最好不戴。出入写字楼，戴手镯，有点不伦不类，容易被人取笑。

4. 皮包

皮包是每一位职业女性在各种场合中都不可缺少的饰物，它既有装饰价值，又有实用价值。肩挂式皮包轻盈、便捷，为更多的女性所选用。平拿式皮包豪华、时尚，使用这种皮包能够充分体现出女性的职业、身份、社会地位及审美情趣。平提式皮包适合一般外出使用，比较考究的皮质皮包多为职业女性使用。注意皮包的款式、颜色要与服装相配。

5. 丝袜

一双漂亮的丝袜可以衬托出女性腿部的曲线美和神秘感，丝袜是现代女性必备的服饰。丝袜的色泽应讲究，职业女性在政务或商务场合只能穿肉色丝袜，休闲以及着便装时选择丝袜的颜色就应与所穿的服饰相协调。需要注意的是，穿着有明显破损或脱丝的丝袜是相当不雅的。另外，丝袜的袜口不应低于裙子的下缘，在穿迷你裙时，最好穿连裤袜，以免袜口外露。

丝袜还是一种身份象征，如果你是白领或者你不想让别人认为你是某种特殊的人，就千万不要穿黑色网格带点的那种丝袜。

6. 戒指

戒指应与指形相搭配。手指短小，应选用镶有单粒宝石的戒指，如橄榄形、梨形和椭圆形的宝石戒指，指环不宜过宽，这样才能使手指看来较为修长。手指纤细，宜配宽阔的戒指，如长方形的单粒宝石，会使玉指显得更加纤细圆润。手指丰满且指甲较长，可选取用圆形、梨形及心形的宝石戒指，也可选用大胆创新的几何图形。

戒指也应与体形肤色相搭配。身体苗条、皮肤细腻者，宜戴嵌有深色宝石、戒指圈较窄的戒指。身材偏胖、皮肤偏黑者，宜戴嵌有透明度好的浅色宝石、戒指圈较宽的戒指。

7. 胸针

胸针配上简洁服饰，就足以令人提升形象。

粉红色花形胸针，其形态或娇艳欲滴或清丽脱俗，代表着不同气质的妩媚。襟花扣在线条明朗的毛绒大衣或柔软的针织毛衣上，女性的温婉娇媚油然而生，令人心花怒放。镶彩石蝴蝶形胸针，闪亮的银白、娇俏的粉红及柔和的天蓝拼合成缤纷璀璨的光华，跃动于蝴蝶的一双翅膀上，充满活泼动感，搭配净色上衣，或为黑色连衣裙做点缀，倍显高贵大方。镶红色及透明钻石襟针，瑰丽浪漫的玫瑰红、晶莹剔透的透明构成典雅的贵族气质，其简约流利的设计，衬托出清秀的脱俗气质。

8. 丝巾

在寒风溯溯，大雪飘飘的严冬，一条新颖脱俗的丝巾会为女性平添几分风采。然而，现在人们生活水平在不断提高，生活环境也不断改善，丝巾也基本上不再是御寒之物，它更多的作用是作为服饰成为一种装饰品，并且使用它不分春夏秋冬。

面对色彩斑斓，质料各异的丝巾，如何选戴呢？从美学的角度讲，主要是根据服装的花色和风格来定。欲求文静雅致，则丝巾与服装取同一色系，比如服装若为鹅黄色，则丝巾宜用咖啡色；若表现热情奔放，则宜采用对比色，如藏青色套裙配鲜红色丝巾。丝巾还应与肤色相映才成其美。如肤色较黑，选乳白、粉红会显得妩媚；若肤色白皙，戴棕色或蓝色会显得端庄文雅。

9. 手表

手表过去是一种品位的象征。配合需要和自我风格来选择陪衬手腕的时尚饰物,已经成为一种生活的享受及喜悦,超薄系列手表配搭混合了不同布料、装饰、银及金属,质感、皮革及颜色等,变成意想不到的组合,完全迎合现今瞬息万变的生活模式需求。现在女性很少有人戴手表,职业女性如果一定要戴,请务必戴品位极高的名牌表。

10. 其他

办公室女性如果不想永远穿着死板的职业套装,可以在配饰上花些巧心思。比如将细长的项链一端别在衬衣领口上,另一端与有古典韵味的手链相连,别在西服的领口,很别致。小别针既精致又典雅,但不醒目,如拿来插在盘好的秀发上,在头发的映衬下会耀眼很多。自己手编或买来的手套,如看上去有点单调,不妨别上小巧的别针。

总之,首饰之类终究不过是个点缀,佩戴得好了,可以提升自己的品位,不恰当了便显庸俗,这里讲究的是精妙典雅。

像时装一样,饰品也有它自己的季节性。春夏可戴轻巧精致的饰品,以配合轻柔的衣裙。

不要将饰品戴在自己的短处。比如,耳部轮廓不太好看的,不要戴过于夸张耳坠;手指欠修长丰润的,不要戴大宝石或珍珠镶的戒指,以免夸大了自己的缺点。

脖子较长和皮肤较好的女性,适合用宽宽的颈圈进行修饰,甚至可以用好几条缠绕在一起,营造丰富而具层次的美感。脖子较短的人,如果脸形不是特别圆可以陪衬细细的项圈,也会很漂亮。

佩戴首饰一定要与身份、气质及场合、服装协调。比如,穿职业装时最宜佩戴珍珠或做工精良的黄金、白金首饰,穿晚装时可戴宝石或钻石首饰,穿休闲装时戴个性化或民族风格的首饰。颈饰最配的服装是V字领,其次是比较大的圆领,然后是合身的高领。

佩饰不但要与自己的脸形、气质等相配合,还要与自己的体形相配。记住,佩戴首饰是为了让自己显得更端庄美丽、更优雅大方。

三、男士服饰

在重要会议和会谈、庄重的仪式以及正式宴请等场合,男士一般以西装为正装。一套完整的西装包括上衣、西裤、衬衫、领带、腰带、袜子和皮鞋。

(一)西服与衬衫相配

面料:正装衬衫主要以高支精纺的纯棉、纯毛制品为主。化纤、真丝、纯麻不宜选择。

色彩:正装衬衫必须为单一色彩,白色较多,蓝、灰、棕也可考虑。

图案:正装衬衫无任何图案为佳。较细的竖条衬衫在一般性商务活动中可以穿着,但必须禁止同时穿竖条纹的西装。

衣袖:长袖衬衫袖子要露出1~2厘米。穿西装时衬衫袖口一定要扣上。

衣领:正装衬衫的领形多为方领、短领和长领。要根据本人的脸形、颈长、领带结的大小来选择。衬衫领应高出西装领1厘米左右。若不系领带,衬衫的领口应敞开。打领带,上面扣子要系上。

（二）内衣要单薄

衬衫里面一般不穿内衣，如果确实需要在衬衫里边穿其他衣物，数量最多一件，否则会显得很臃肿。款式要短于衬衫，领形要选 U 形或 V 形，不能露出来；色彩要与衬衫相仿，颜色不要透出来，否则非常不雅观。

（三）要系好领带

领带被称为“西装的灵魂”，可以起到“画龙点睛”的作用。

1. 领带的选择

领带一般要注意和西装、衬衫协调。领带的颜色，正式场合最好选单一颜色，不要有花纹的，可以选跟西装一个颜色，如蓝西装打蓝色的领带，灰西装打灰色的领带；此外，紫红色领带比较庄重而热情。如果有图案，要简洁。

2. 领带的打法

领带结要端正、挺括，呈倒三角形。

领带的长度：打好之后，外侧长于内侧，下端正好触及皮带扣的上端。下面主要介绍四种常见的领带打法。

(1)温莎结。

温莎结是因温莎公爵而得名的领带结，是最正统的领带打法，打出的结呈正三角形，饱满有力，适合搭配宽领衬衫，用于出席正式场合。切勿使用面料过厚的领带来打温莎结（见图 2-1）。

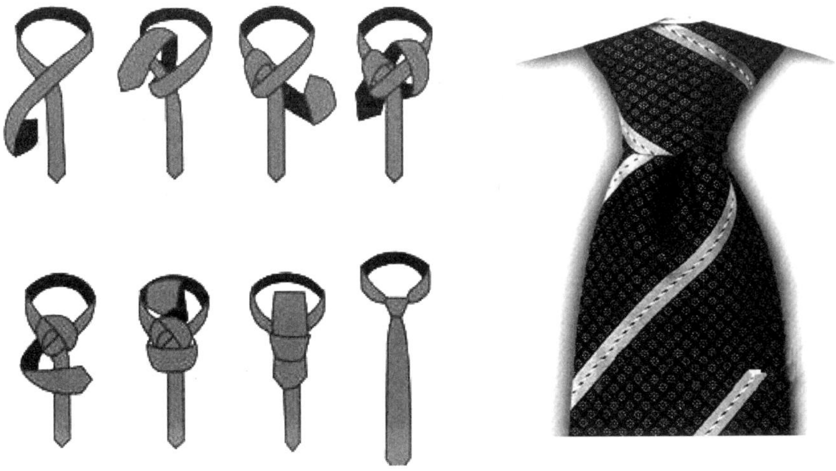

图 2-1　温莎结

(2)平结。

平结通过四个步骤就能完成打结，故名为“四手结”，它是最便捷的领带打法，适合宽度较窄的领带，搭配窄领衬衫，风格休闲，适用于普通场合，如图 2-2 所示。

图 2-2 平结

(3)半温莎结。

半温莎结,顾名思义,它是温莎结的改良版,较温莎结更为便捷,适合较细的领带以及搭配小尖领与标准领的衬衫,但同样不适用于质地厚的领带(见图 2-3)。

图 2-3 半温莎结

(4)双环结。

双环结又名亚伯特王子结。双环结适用于细领带,能营造时尚感,适合年轻的上班族。该领结的特色在于第一圈会稍露出于第二圈之外,切勿刻意将其掩盖,如图 2-4 所示。

3. 领带的配饰

领带的配饰比较常见的是领带夹,应在穿西装时使用,也就是说仅仅单穿长袖衬衫时没必要使用领带夹,更不要在穿夹克时使用领带夹。所以领带夹可用可不用,一般不用。如果要用,领带夹一般夹在衬衫的第四、五个纽扣之间。将领带夹别上,然后扣上西装上衣的扣子,从外面一般应当看不见领带夹。因为按照装饰礼仪的规定,领带夹这种饰物的主要用途是固定领带,如果稍许外露还说得过去,如果把它别得太靠上,甚至直逼衬衫领口,就会显得过分张扬。

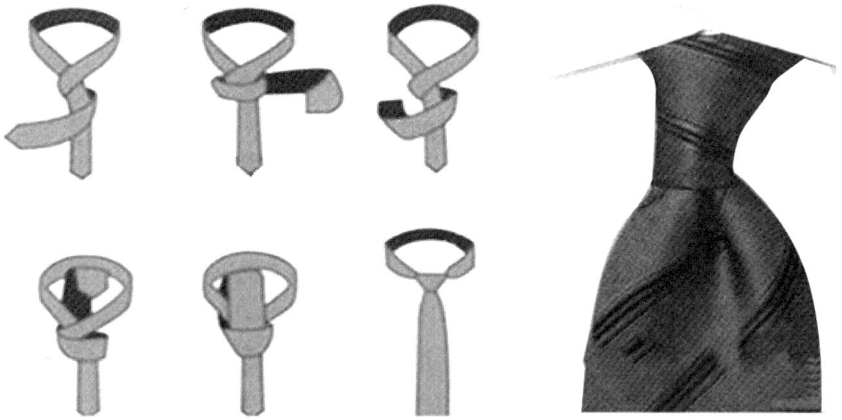

图 2-4　双环结

（四）扣子系法

男士西装最常见的款式是一粒扣子、两粒扣子和三粒扣子。按照国际正式礼仪，穿西装应“坐时解扣，站时系扣”。此外，西装纽扣，是区分款式、版型的重要标志。

根据西服款式的不同，西服上的扣子都有不同的称呼：“always”，意思就是无论何时都是需要扣上的；“optional”，意思是需要根据具体情况决定扣或者不扣，而“never”，意思是永远都不要扣上的，如图 2-5 所示为西服常见的款式。

图 2-5　西服款式

通常情况西装的款式分为以下几款。

1. 单排 1 粒扣西装

单排 1 粒扣西装纽扣扣与不扣均可，系上比较端庄，不系则显潇洒休闲，一般站立时需要系上，坐下时解开。本单元所说的所有系扣规则都是针对站立时的情况，依照目前国际西装着装礼仪，男士坐下时，必须解开纽扣，这样一是使服装不容易“扭曲”变形，二来也使人坐得舒服自然，不然再好的西装都有可能会被崩开的纽扣扯坏。如果单排扣上衣，里面穿了背心或羊毛衫，站的时候可以不系扣子，如图 2-6 所示。

2. 单排2粒扣西装

单排2粒扣西装纽扣不扣表示随意,扣上面一粒表示郑重,最好不全扣。对于较为高大的男士,有时候需要将最下面的纽扣扣上,以免露出太多的裤腰和皮带。如果西装的领部很长很低,这时可以系上下面的纽扣以显平衡,如图2-7所示。

3. 单排3粒扣西装

单排3粒扣西装纽扣不扣表示随意,扣中间一粒表示正宗,扣上面2粒表示郑重,也是最好别全扣。尤其要注意的一点是,无论解扣还是系扣,都不能低头看着西装,要以非常流畅、自然的手势来进行;同时要记得"由下到上"依次解扣,"由上到下"依次系扣,如图2-8所示。

图2-6　单排1粒扣西装

图2-7　单排2粒扣西装

图2-8　单排3粒扣西装

4. 双排扣西装

穿双排扣上装一般要将全部纽扣都扣好,有时可不扣下面一粒纽扣。一般双排扣西装会有6个纽扣,但只有4个扣眼,所以需要尽量把能扣的都扣上。双排扣的西装的设计风格略偏于稳重,所以纽扣的系法也要相对保守。但是现代绅士诠释双排扣西装更流行把右下角的纽扣松开,营造复古但时髦的感觉。

穿西装马甲,不论是将其单独穿着,还是与西装上衣配套,都要认真地系上纽扣。在一般情况下,马甲只能与单排扣西装上衣配套。马甲也分为单排扣式和双排扣式两种。根据着装惯例,单排扣式西装马甲的最下面那粒纽扣可以不系,而双排扣式西装马甲的纽扣则必须全部系上(见图2-9、图2-10)。

图2-9　双排扣西装

图2-10　双排扣着装示范

目前，西裤的裤门上有的是纽扣，有的是拉链。前者较为正统，后者使用起来更加方便。不管穿何种西裤，都要时刻提醒自己，将纽扣全部系上，或是将拉链认真拉好。

（五）西装的口袋

男士着西装时千万不要放太多的东西在口袋里，否则既不美观，又失礼仪，还会使西装变形。西装上衣口袋只做装饰，不放东西，必要时，也仅仅装好看的花式手帕（见图2-11），不应再放其他任何东西，尤其不应当放钢笔或挂眼镜。西装左胸内侧口袋，可以装记事本、信封式钱包、票夹、小计算器等。西装右胸内侧衣袋，可以装名片夹、香烟、打火机等。外侧下方的两个口袋，原则上不放任何东西。除此以外，西装马甲的口袋一般只起到装饰作用，除可以放怀表外，不宜再放其他东西。而西装裤子侧面的口袋只能放纸巾、钥匙包或者钱包。其后侧的口袋，一般不放任何东西。裤子口袋与上衣口袋一样，不能装物，以求裤形美观。

图2-11 男士西装口袋

（六）鞋袜的搭配

穿西装时必须穿皮鞋，黑色的皮鞋素雅大方，容易搭配，因此比较流行。不能穿旅游鞋、轻便鞋或布鞋、露脚趾的凉鞋。皮鞋一般选择牛皮鞋和羊皮鞋，至于鹿皮鞋、磨砂皮鞋、翻毛皮鞋等大都属于休闲皮鞋，不适合在正式场合穿着。男士在穿皮鞋时应做到鞋内无味、鞋面无尘、鞋底无泥。

男士在穿西装、皮鞋时所搭配的袜子，以深色和单色为宜，与西装同色系比较讨巧。最佳的做法是比西装颜色稍深一些，使袜子在皮鞋与西装之间显示一种过渡。绝对不能穿白色袜子和色彩鲜艳的花袜子。一般来说，男士宜着深色线织中筒袜，切忌穿半透明的尼龙或涤纶丝袜。同时注意袜子要干净，要做到一天一换，洗涤干净，以防止其有异味使自己难堪，令他人难受。袜子要完整、成双。穿袜之前，一定要检查它有无破洞、跳丝，不同色。如果发现有，应及时更换。袜子要合脚。在正式场合穿的袜子，其大小一定要合脚，不能穿太小、太短的袜子。袜子太小，不但易破，而且容易从脚跟上滑下去；袜子太短，则时常会使脚踝外露出来。一般而言，袜子的长度不宜低于自己的踝骨，袜口不要露在裤脚之外。

（七）公文包的搭配

公文包、皮鞋、皮带被称为“男士三宝”。穿西服套装时，鞋子、腰带、公文包应为同一颜色，而且首选黑色，这叫男士着装的“三一定律”（见图 2-12）。男士所选择的公文包，以黑色、棕色的牛皮、羊皮制品为最佳。在款式上，手提式的长方形公文包，是最适宜的选择。

a）黑色皮鞋　　b）黑色皮带　　c）黑色公文包

图 2-12　三一定律

课堂随练

一、单项选择题

1. 公司员工是（　　）的代表。

A. 企业形象　　B. 企业文化　　C. 企业资质

2. 饰物的佩戴应该（　　）。

A. 突出显眼　　B. 简洁大方　　C. 名贵鲜艳

3. 良好的仪容仪表可以缩短服务人员与宾客之间的（　　）。

A. 心理距离　　B. 思想距离　　C. 公众距离

4. 对服务业各类工作人员，按其工作性质，对穿着打扮、仪容仪表等均做出相应的规定，形成法则使大家有章可循。这说明仪容仪表具有（　　）。

A. 模式化　　B. 规范化、制度化　　C. 程序化

5. 前台服务人员应着（　　）服装。

A. 浅色　　B. 深色　　C. 鲜艳

二、填空题

1. 男士着装，按岗位规定着装，保持服装干净、熨烫平整，衣袋不乱放杂物，西装或衬衣（衬衣外穿时）口袋不插__________，衬衫袖口长出西服__________厘米为宜，保持皮鞋光

亮，领带、衬衣、西装、袜子、鞋子颜色__________。

2. 男士领带，长度齐__________、整洁，无污渍、无破损、无皱褶，领带节不宜太大或太小，定期更换。

3. 女士着装，按岗位规定着装，保持服装整洁，衣袋不乱放杂物，保持皮鞋光亮，衬衣、西装、袜子、裙子、鞋子颜色__________。

4. 佩饰不但与自己的脸型、气质等相配合，还要与自己的__________相配。

5. 佩戴工牌、胸卡符合岗位规范，佩戴符合岗位要求的饰品，腰带上不挂配手机盒和钥匙圈，以少为佳（不超过__________件）、不张扬。

三、实操题

1. 每位同学至少要学会两种领带的打法。

2. 现场挑选一位同学作为模特，让同学们指出其服装搭配的亮点及需要改进的地方。

单元2.3　仪 容 礼 仪

知识目标

1. 掌握发型发式的种类；
2. 掌握护肤的步骤；
3. 掌握化妆的基本要求。

能力目标

1. 能选择适合自己的发型；
2. 学会化职业妆；
3. 能根据自己的情况选择适合自己的护肤品。

素质目标

1. 具有良好的礼仪素养；
2. 认真分析自己的脸形，从而选择正确的发型；
3. 学会正确的护肤程序与化妆程序；
4. 每个同学都学会化职业妆。

案例导学

淡妆浓抹总相宜

王芳，某高校文秘专业毕业，毕业后就职于一家公司文员岗位。为适应工作需要，上班时，她毅然放弃了“清纯少女妆”，化起了整洁、漂亮、端庄的“白领丽人妆”：不脱色粉底液，修饰自然、稍带棱角的眉毛，与服装色系搭配的灰度、偏浅色的眼影，紧贴上睫毛根部描画的灰棕色眼线，黑色自然型睫毛，再加上自然的唇形和略显浓艳的唇色，虽化了妆，却好似没有化妆，整个妆容清爽自然，尽显自信、成熟、干练的气质。

但在公休日，她又给自己来了一个大变脸，化起了久违的“青春少女妆”：粉蓝或粉绿、粉红、粉黄、粉白等颜色的眼影，彩色系列的睫毛膏和眼线，粉红或粉橘的腮红，自然系的唇彩或唇油，看上去娇嫩欲滴，鲜亮淡雅，整个身心都倍感轻松。心情好，自然工作效率就高。一年来，王芳以自己得体的外在形象、勤奋的工作态度和骄人的业绩，赢得了公司同仁的好评。

[想一想]

王芳的妆容有什么可取之处？妆容应该注意什么问题？

必备知识

仪容即容貌，由发式、面容以及人体所有未被服饰遮掩的肌肤所构成，是个人仪表的基本要素。保持清洁是最基本、最简单、最普遍的美容。

一、发型发式

发型是仪容极为重要的部分。头发整洁、发型得体是美发的基本要求。整洁得体大方的发式易给人留下神清气爽的美感，而蓬头垢面难免使人联想起乞丐。

发型的选择要根据自然、大方、整洁、美观的原则，既要观察发型的流行趋势，又不能盲目追赶潮流，重要的是应该考虑到自己的年龄、性别、职业、性格、爱好和脸形特点。

（一）头发的护理

头发要常梳洗保持清洁。洗发时用十指按摩头皮，以促进血液循环，也有助于头发生长。常梳头可促进头部的血液循环，还应及时将枯黄、干燥的发梢剪掉，保持头发的美观。

烫发、染发要审慎，把握好分寸，否则会损伤头发，损害自己的形象。

（二）男士发型

发型对于男士来说非常重要，但可不是哪款发型最流行，我们就要跟风去剪哪款，还要根据自己的喜好尤其是脸形来决定。

脸形大概可以分为椭圆形脸、钻石脸、长方形脸、圆形脸、方形脸、三角形脸，这六种脸形。

1. 椭圆形脸

椭圆形脸特征在于脸较长，有一个长且圆润的下巴，整体会看起来呈现长方形。

椭圆形脸形男士适合的发型有：后梳刘海、蓬巴杜、鬓角渐变飞机头、底削遮秃等（见图2-13）。

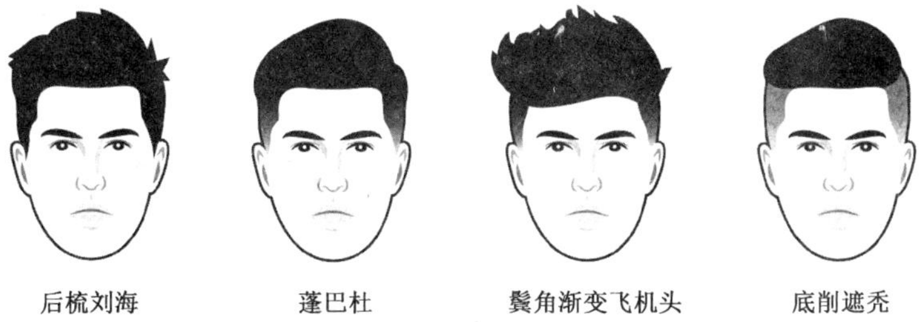

图2-13 椭圆形脸适合的发型

2. 钻石脸

颧骨凸出但额头和下巴较窄的是钻石脸(菱形脸),通常在脸部颧骨的位置比较宽,太阳穴凹陷,颧骨颧弓突出,额头窄,尖下巴。

这种脸型的男士应避免选择服帖、顺直的发型,可以选择烫发增强头发厚度和曲线感,中和过于锋利的感觉。

钻石脸男士适合的发型有:莫西干、纹理推剪、背头、高渐变刘海等(见图2-14)。

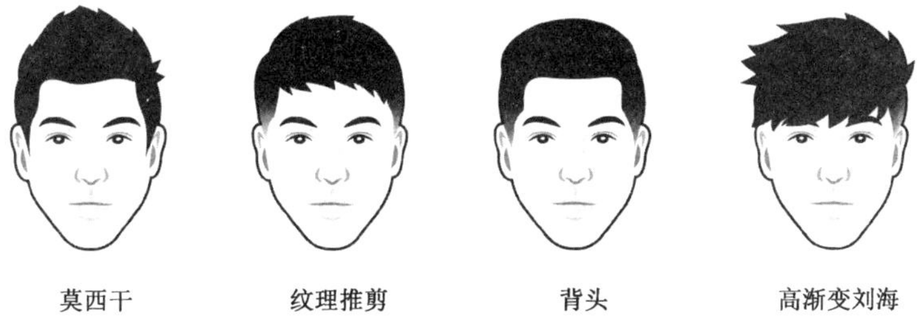

图2-14 钻石脸适合的发型

3. 长方形脸

脸较长的男性最好选择有层次的短发、两侧留一部分侧分碎发,或者带有刘海的发型可以遮盖掉一部分长度。

长方形脸的男士适合的发型有:斜偏分刘海、偏分油头、上梳刘海、刺头等(见图2-15)。

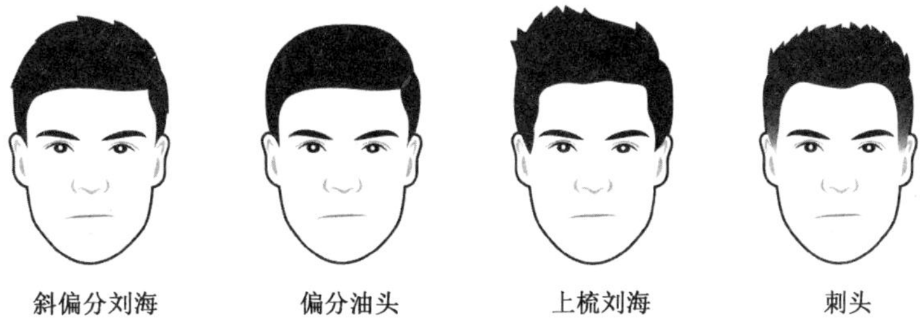

图2-15 长方形脸适合的发型

4. 圆形脸

圆形脸的脸颊宽阔、下巴浑圆。圆形脸的特征在于脸宽与脸长差距不大。

圆形脸的男士适合的发型有：底削后梳刘海、霍克蓬巴杜、铲光遮秃、底削背头等（见图2-16）。

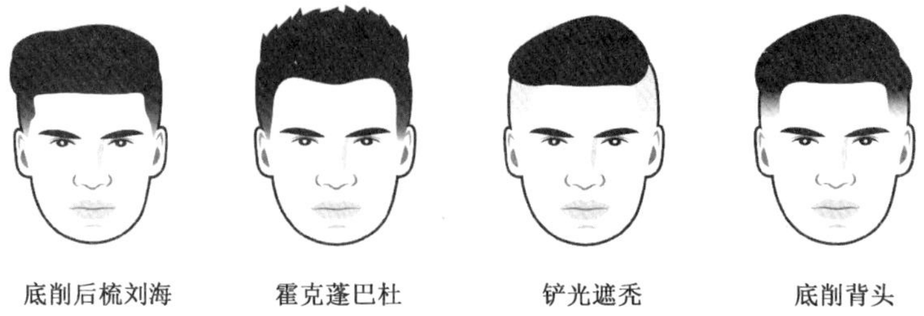

图2-16　圆形脸适合的发型

5. 方形脸

方形脸就是俗称的“国字脸”，方形脸的特征在于侧脸平直、下巴宽，颧骨和额头、下巴的宽度类似。

方形脸的男士适合的发型有：纹理侧梳刘海、卡尺、高渐变飞机头、平头等（见图2-17）。

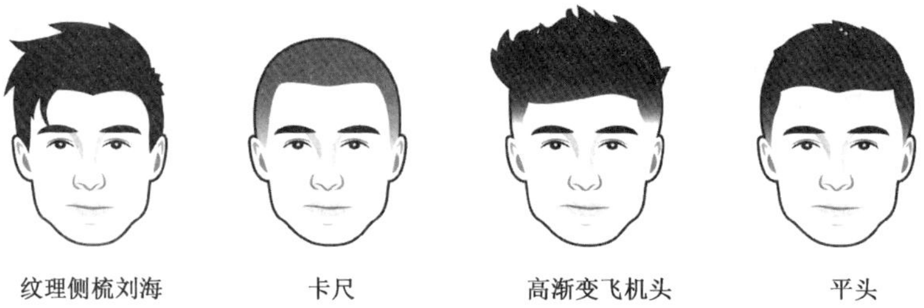

图2-17　方形脸适合的发型

6. 三角形脸

三角形脸的特征在于前额较窄，下颚骨较宽，脸颊有肉感，和心形脸相反，这种脸形的特点是上窄下宽，像三角形一样。这是最诡异、最奇葩、最难选发型的脸形。

三角形脸的男士适合的发型有：斜梳刘海、平头、纹理飞机头、中渐变层叠刘海等（见图2-18）。

图2-18　三角形脸适合的发型

（三）女士发型

1. 圆脸形

圆脸形合适的发型应该是把圆的部位盖住，显得脸长一些。比如头发侧分可以增加高度，用吹风机和圆齿梳将头顶吹高，两边的头发线条向前略盖住脸庞，这样能让脸看起来不至于太圆，头发宜稍长。或者两边的头发要紧贴耳际，不要露出耳朵，稍梳些短发盖住脸庞，头发倒分，长过下巴是最理想的。

圆脸脸型的女生适合的发型有：长分层刘海、偏分长波波头、偏分波浪马尾等（见图2-19）。

图2-19 适合圆脸的发型

不适合的发型有：齐刘海波波头。

2. 长脸形

长脸形的女士可以剪娃娃刘海，或者用娃娃刘海的发片来修饰脸部的长度比例。另外，因为长脸形的人通常都比较瘦，所以可以用丰厚的卷发造型，来修饰瘦脸的问题。

长脸形的女士适合的发型有：蓬松长卷+齐刘海发型、中长外翻发型、中长弹性卷发等（见图2-20）。

图2-20 适合长脸的发型

不适合的发型有：盘发。

3. 方形脸

方形脸的人头发搭配应该是顶部头发蓬松，使脸变得稍长，往一边梳刘海，会使前额变窄；头发宜长过腮帮，侧分头发显得蓬松，最好用卷发使脸变得柔和。另外还可用不平衡法来缓解。因为每个人脸长得并不匀称，某一边要比另一边漂亮，将头发尽量往一侧梳，通过不平衡感，可缓解方形脸的缺陷。

方形脸的女士适合的发型有：长卷发、A形月弧波波头、长斜刘海等（见图2-21）。

不适合的发型有：丸子头。

图 2-21　适合方脸的发型

4. 椭圆脸

椭圆脸是最完美的脸形。这种脸形采用长发和短发都可以,但应尽可能注意把脸显现出来,突出这种脸形的美感,而不宜把脸遮盖过多。

椭圆脸的女士适合的发型有:A 字波波头、齐肩内扣、长波浪卷等(见图 2-22)。

图 2-22　适合椭圆脸的发型

不适合的发型:无。

5. 钻石脸

建议钻石脸要留斜长的刘海,以修饰颧骨的位置,颧骨两侧的头发也不能厚与蓬松。

适合在前额创造宽度,在颊骨减少宽度。宽又有几撮发束的刘海,会柔和发缘使脸形更没有菱角。假如又高又窄的前额,可以在眉毛上剪高层次的刘海,使前额显得更短、更窄。一个下巴更丰厚的圆形造型会更有特色。

钻石脸的女士适合的发型有:齐下巴 A 字头、灵动短发、披肩长发等(见图 2-23)。

不适合的发型有:蓬松短发类。

图 2-23　适合钻石脸的发型

6. 心形脸

心形脸也就是倒三角形脸，它适合刘海边尽量剪短些，并做出参差不齐的效果，露出虚掩着的额头，转移宽额头的焦点。发长于下巴，让头发自然下垂内卷。侧分发型较长一边，做成波浪略过额侧，增加下颚轮廓的宽度。长发高度层次，在下巴以下的发烫成卷曲或微卷。

心形脸的女士适合的发型有：卷曲侧马尾、中长锯齿发型、修刘海卷发类（见图2-24）。

图2-24 适合心形脸的发型

不适合的发型有：齐刘海长马尾以及短发。

7. 三角形脸

三角形脸又名梨形脸，此脸形的特点为额头窄小，下巴宽大。为了掩盖其缺陷，应当增加头顶的高度和蓬松度，留侧分刘海，以改变额头窄小的视觉感。头发长度要超过下巴，避免短发型，如果烫一下更好，容易做出大波浪。发梢柔软地附在脸腮（见图2-25）。

图2-25 适合三角形脸的发型

梨形脸的女士适合的发型有：曲线和柔软顺滑的卷发，或大弧度的卷发。要斜刘海，带蓬松度，禁平刘海，重点在刘海上，刘海要蓬松有弧度增加颧骨两边的宽度；并且适合采用前夹耳的方式在下颌骨处留些头发，或长刘海垂下修饰脸形；要拉宽太阳穴的横向线条，增加宽度，因此刘海就非常重要。这样才能修饰过于宽的下巴。

（四）职业发型

对职业人士头发的基本要求是：时刻保持头发健康、秀美、清爽、卫生、整齐的状态。经过修饰之后的头发，必须庄重、简约、典雅、大方。

女员工应将头发梳理得整齐，同时不能将头发染成鲜艳的颜色，避免披头散发，在服务工作中最好避免在头发上佩戴复杂夸张的饰物。

男员工的发型以整洁、长短适中为宜,长度要求是前不及眉,后不及领,侧不遮耳;避免怪异、过于新潮的发型;不宜使用任何发饰;切记保持头发清洁、无头屑、颜色自然(见图 2-26、图 2-27)。

图 2-26 女士职业发型

图 2-27 男士职业发型

二、护肤

(一)男士日常护肤步骤

1. 洁面

洁面是皮肤保养最基础也是最重要的一个步骤。如果一个男士穿着光洁的衣服,但是却灰头土脸,这样的男士一定不会给人一个好的印象。

男士的皮肤生理特点与女性有所不同,所以男士洗脸方法不能跟女士一样。男士皮肤要略厚一点,而且一般油脂分泌较旺盛,男士毛孔一般来说都是比较多和粗大。所以男士在洗脸时,一定要选择 30 摄氏度至 40 摄氏度的温水,并且选择男士专用的、有深层洗净效果的洗面乳。男士们切记,洗脸的动作一定要轻柔,大力气地搓揉会伤害皮肤。时间应在 30 秒至 1 分钟才能达到清洁的效果。每周最好能用磨砂洗面乳洗脸 2 次,以去除角质。

2. 剃须

男士的胡须生长很快,一般男士可能 2 ~ 3 天就需要剃须,如此频繁的动作,对皮肤的伤害不能小看。男士们剃须之前必须洗脸,清洁干净能避免细菌的侵入,而且洗脸或用热毛巾敷脸后,皮肤的角质层会变得柔软,清除须根会更加容易,也更彻底,对皮肤产生的刮磨也更小,避免皮肤出现发红、疼痛等不良的现象。

3. 爽肤水

爽肤水也称收缩水。因为男士皮肤的皮脂腺分泌皮脂较旺盛,所以在洗脸及剃须后,一定要拍一些爽肤水,镇静皮肤。爽肤水可以收缩较粗大的毛孔,并可以平衡皮肤的酸碱度,还可以起到进一步清洁皮肤及补充皮肤水分、消炎等功效。把适量爽肤水倒入双手，然后双手指尖拍打面部，力量为不感到疼痛，舒适为宜。

4. 保湿乳

在拍完爽肤水后，涂一些保湿乳，可以防止皮肤干燥、粗糙及灰暗。保湿乳可以提供给皮肤足够的营养及水分。涂保湿乳的秘诀是：脸颊或较干燥的部位多涂一些；鼻子、额头等易出油的地方，涂得薄一点或只是略略带过就可以了。特别是冬季，天气寒冷的时候，男士们更加要注意保湿乳的涂擦，切记不能嫌麻烦。

5. 每周的特殊护理

男士们在平时做好基础的护肤之外，一周里应该进行一次深层的保养，如蒸面、按摩、敷面膜，可以帮助皮肤恢复活力，并且可以彻底地清洁及去掉皮肤上的老化角质。按摩能帮助皮肤减少皱纹的产生，有效延缓皮肤的衰老，可以改善男士皮肤的暗沉与粗糙。面膜能有效提供给皮肤足够的水分及营养，改善皮肤的状态。秘诀是：T 字部位一定要选择撕拉式面膜。

当然，无论选用什么样的护肤品，一定要选择专为男士设计的化妆品才能达到男士护肤的效果。

（二）女士日常护肤步骤

基础护肤步骤的顺序应该是：洗面奶—爽肤水—精华液—乳液或面霜保湿霜—防晒霜。一般来说，大多数人都只用到爽肤水和乳液，而用不到精华液，如果你有使用精华液，一定要用在乳液和面霜之前，而不是之后。乳液、面霜、保湿霜效果都一样，都是让皮肤保湿，可以根据皮肤类型选择使用其中一款，也可以同时都使用。

第一步，洁面乳或洗面奶。

清洁永远是护肤的首要步骤，清洁脸部污垢，若清洁的不彻底，皮肤容易变得干涩、粗糙，毛孔粗大。正确的洁面步骤：用温水打湿面部，取适量的洁面产品在手中，用手搓揉出丰富的泡沫；特别是容易出油的 T 字部位，不要直接揉搓，而是按摩；然后用清水冲洗干净；立刻用毛巾擦干脸上的水分，最后在面部喷上矿物质水喷雾，然后再一次用毛巾拭干。

第二步，爽肤水。

爽肤水（化妆水）起到了清洁和收缩毛孔的重要作用，化妆水不能替代润肤乳，化妆水的主要功能是调整肌肤，而不是润肤，所以化妆水要在清洁后使用。

第三步，精华液。

精华液要在乳液或面霜之前使用。

第四步，乳液或面霜。

使用完精华液后，就可以涂抹乳液或面霜（保湿霜）了，如果是油性肌肤就使用乳液，若是干性肌肤可以使用面霜。

第五步，防晒产品。

夏天外出时一般选用 SPF30 的，若是去海边，选用 SPF50 的。冬季选择防晒指数较低的物理防晒霜。SPF30 以下的防晒产品就可以把 90% 以上的紫外线有效隔离。

一定要注意，如果使用护肤品的顺序不正确，很可能导致肌肤无法吸收保养品的营养，既浪费时间又浪费金钱，所以，在护肤时顺序一定要正确。

三、化妆礼仪

（一）淡雅为主

从化妆自身的特点和规律来看，化妆者将所化的妆恰如其分地融入自己身体各部位，若有若无，自然而然，好像天生如此，才是化妆的最高境界。按照通行的审美心理来说，如果没有从事特殊的职业，出席特殊的场合，浓妆艳抹也难以让人接受。

（二）扬长避短

世界上没有人在仪表方面十全十美，任何人都或多或少、或大或小地有仪表缺陷。有很多人巧妙地通过化妆，突出优势、修饰平庸、弥补缺陷，美化了自身形象。

1. 认清自我

自身的年龄、身材、肤色、容颜等基本条件，是化妆的重要参考依据，当然应当心中有数。

2. 区别对待

化妆也要“具体问题具体分析”，根据自身各部位的特点，运用不同的化妆技巧进行美化。切忌千篇一律，或者盲目仿效时髦的化妆方法。

3. 弥补缺陷

化妆提倡扬长避短。在扬长和避短中，重点是避短。因为长即便不扬，也还过得去；而短不补，却看不过眼；如果只扬长不避短，缺点就更显突出了。

（三）协调整体

1. 协调部位

使各个部位所化的妆统一起来，形成格调、色调协调的整体，才能取得完美效果。否则，局部的妆化得再精彩，整个人也出不了“彩”。

2. 协调服饰

不同色调的服装往往需要不同色调的化妆品，不同款式搭配的服饰往往需要不同的化妆手法。服饰与化妆协调一致，才会取得整体美的效果。比如，身着素雅的连衣裙，就应选择清淡的妆相。

3. 协调环境

化妆需要“应景”，要与不同的环境、场合、社交气氛相协调、相适应。众所周知，参加舞会和参加追悼会所用的妆截然不同。

（四）遵守常规

1. 修饰避人

化妆属于个人隐私，原则上只能在家中进行。特殊情况下，需要在其他场合临时补妆，也应选择隐蔽之处。在许多国家，单身女子在饭店、舞厅、街头等公众场合当众化妆、补妆，往往会被视作风尘女子。

2. 运用技巧

不同的化妆品有不同的使用方法和技巧，化妆时，要合理运用。否则，不仅造成浪费，还会弄巧成拙。

课堂随练

一、单项选择题

1. 男士在洗脸时，一定要选择(　　)左右的温水，并且选择男士专用的、有深层洁净效果的洗面乳。

A. 30℃～40℃　　B. 35℃～40℃

C. 40℃～42℃　　D. 42℃～45℃

2. 以下哪种脸型适合这个说法：发型设计就要从视觉拉长脸形，让脸型显瘦、显长(　　)。

A. 长脸型　　B. 圆脸型　　C. 椭圆脸型　　D. 方脸型

3. 下列哪种脸型最不适合留刘海(　　)。

A. 长脸型　　B. 圆脸型　　C. 椭圆脸型　　D. 方脸型

4. 在出席重要活动时，可以吃的食品是(　　)。

A. 葱　　B. 西红柿　　C. 蒜　　D. 韭菜

5. 男士应养成(　　)修面剃须的好习惯。

A. 每天　　B. 1～2天　　C. 2～3天　　D. 每星期

6. 在正式场合，女士不化妆会被认为是不礼貌的，要是活动时间长，应适当补妆，但在(　　)不能补妆。

A. 化妆间　　B. 洗手间　　C. 换衣间　　D. 公共场所

7. 正式交往场合，我们的仪表、仪容要给人(　　)的感觉。

A. 随意、整齐　　B. 漂亮、另类　　C. 端庄、大方　　D. 时髦、性感

8. 夏天外出时一般选用防晒指数SPF30的防晒霜，若是去海边，选用(　　)的防晒霜。

A. SPF35　　B. SPF40　　C. SPF45　　D. SPF50

9. 从事服务行业的女士不宜留披肩发，其头发最长不应长于(　　)。

A. 耳部　　B. 颈部　　C. 腰部　　D. 肩部

10. 以下关于化妆的做法，错误的是(　　)。

A. 化妆要自然　　B. 化妆要协调　　C. 化妆要避人　　D. 化妆要频繁

二、填空题

1. 男士发型应朴素大方，以前不__________、侧不__________、后不__________为原则。

2. 男士面容整洁，耳毛鼻毛不外露，眼睛没有__________，不留__________，牙齿清洁、口腔无异味。

3. 男士手部清洁、不留__________指甲。

4. 女士头发不彩染、不怪异、无头屑、无气味，不遮盖面部，刘海切忌 ________，以干练利落为佳。

5. 女士面容整洁，淡妆上岗，牙齿清洁、口腔无异味，香水 ________，不留长指甲、不染 ________ 指甲油。

三、实操题

现场挑选一男一女两位同学作为模特，让其他同学先判断其脸型，再说出适合他们的发型。

单元2.4 仪态礼仪

知识目标

1. 掌握正确的站姿与坐姿；
2. 掌握正确的走姿与蹲姿；
3. 掌握每种姿态的训练方法。

能力目标

1. 能以正确的仪态展现自己的风采；
2. 能在不同的场合正确运用各种姿态。

素质目标

1. 具有良好的礼仪素养；
2. 认真分析自己的仪态，改正错误姿势；
3. 每个同学务必认真练习，能够随时随地保持好的仪态。

案例导学

一次，有位老师带着三个毕业生同时应聘一家公司的业务员，面试前老师怕学生面试时紧张，同人事部主任商量让三个学生一起面试。三个学生进入人事部主任办公室时，主任上前请三个学生入座。当主任回到办公桌前，抬头一看，欲言又止，只见两个学生坐在沙发上，一个架起二郎腿，而且两腿不停地颤抖，另一个身子松懈地斜靠在沙发一角，两手紧握使得手指咯咯作响，只有一个学生端坐在椅子上等候面试，人事部主任起身非常客气地对两个坐在沙发上的学生说："对不起，你们二位的面试已经结束了，请退出。"两个学生四目相对，不知何故，面试怎么什么都没问，就结束了。

[想一想]

你知道其中的缘故吗？能够成功面试的关键在哪里？

必备知识

一、站姿

站姿是生活静态造型的动作，优美、典雅的站姿是发展人的不同质感美、动态美的起点和基础，能衬托一个人美好的气质和风度。

（一）标准站姿的动作要领

身体舒展直立，重心线穿过脊柱，落在两腿中间，足弓稍偏前处，并尽量上提。精神饱满，面带微笑，双目平视，目光柔和有神，自然亲切。脖子伸直，头向上顶，下颚略回收。挺胸收腹，略为收臀。双肩后张下沉，两臂于裤缝两侧自然下垂，手指自然弯曲，或双手轻松自然地在体前交叉相握。

两腿肌肉收紧直立，膝部放松。女士站立时，脚跟相靠，脚尖分开约 45 度，呈“V”形；男士站立时，双脚可略为分开，但不能超过肩宽（见图 2-28、图 2-29）。

站累时，脚可向后撤半步，身体重心移至后脚，但上体必须保持正直。

由于日常活动的不同需要，我们也可采用其他一些站立姿势。这些姿势与标准站姿的区别主要通过手和腿脚的动作变化体现出来。例如，女士单独在公众面前或登台亮相时，双手可自然重叠于腹部（脐下三指处），右手在上，四指并拢交叉，手指伸直但不要外翘，大拇指内收，双腿并拢，两脚成“V”字形或“丁”字形，禁止叉开双腿。两脚呈丁字步站立，显得更加苗条、优雅，如图 2-30 所示。男士双脚平行不超过肩宽，以 20 厘米为宜，左手在腹前握住右手手腕或右手握住左手手腕。需要注意的是，这些站立姿势必须以标准站姿为基础，与具体环境相配合，才会显得美观大方（见图 2-31）。

图 2-28　女士基本站姿

图 2-29　男士基本站姿

图 2-30　女士迎宾站姿

图 2-31　男士迎宾站姿

(二)站姿训练方法

五点靠墙:背墙站立,脚跟、小腿、臀部、双肩和头部靠着墙壁,以训练整个身体的控制能力(见图2-32)。

双腿夹纸:站立者在两大腿间夹一张纸,保持纸不松、不掉,以训练腿部的控制能力(见图2-33)。

头上顶书:站立者按要领站好后,在头上顶一本书,努力保持书在头上的稳定性,以训练头部的控制能力(见图2-34)。

效果检测:轻松地摆动身体后,瞬间以标准站姿站立,若姿势不够标准,则应加强练习,直至无误为止。

图2-32　贴墙练习

图2-33　夹纸练习

图2-34　顶书练习

二、坐姿

正确规范的礼仪坐姿要求端庄而优美,给人以文雅、稳重、自然大方的美感。坐,作为一种举止,有着美与丑、优雅与粗俗之分。正确的礼仪坐姿要求“坐如钟”,指人的坐姿像座钟一样端直,当然这里的端直指上体的端直。

(一)标准坐姿的总体要求

1. 入座时要轻、稳、缓

上身正直,人体重心垂直向下,腰部挺起,脊柱向上伸直,胸部向前挺;走到座位前,转身后轻稳地坐下。如果椅子位置不合适,需要挪动椅子的位置,应当先把椅子移至欲就座处,然后入座。而坐在椅子上移动位置,是有违社交礼仪的。

2. 神态

神态应从容自如(嘴唇微闭,下颌微收,面容平和自然)。

入座时遵循“左进左出”原则。坐时不要把椅子坐满(应坐椅子的三分之二或二分之一),但不可坐在边沿上;不可坐在椅子上前俯后仰,摇腿跷脚;男士两腿略微分开,女士两腿并拢。

3. 双肩平、手臂曲

双肩平正放松，两臂自然弯曲放在腿上，以自然得体为宜，掌心向下。

4. 立腰、挺胸

坐在椅子上，要立腰、挺胸，上体自然挺直。

（二）各式坐姿标准

1. 标准式坐姿

身体的重心垂直向下，双腿并拢，大腿和小腿成90度角，放于体前（见图2-35、图2-36）。

图2-35 标准式（女）

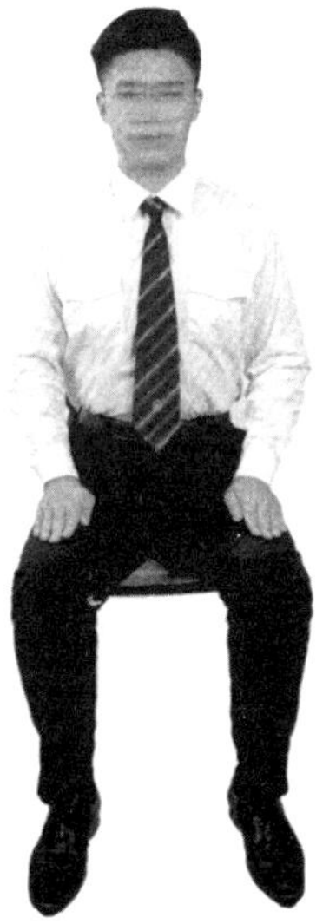

图2-36 标准式（男）

2. 斜放式坐姿

身体的重心垂直向下，双腿并拢，大腿和小腿成90度角，平行斜放于一侧，左手放于左腿上，右手搭在左手手背上，两手呈“八”字形放于腿上，更换方向时手可不必更换。女士适用（见图2-37）。

3. 侧挂式坐姿

身体的重心垂直向下，左（右）腿斜放，右（左）腿叠放于另一腿上，注意脚腕绷直，脚尖外展，双手虎口相交轻握呈“八”字形放于腿上。女士适用（见图2-38）。

4. 前伸式坐姿

稍自由场合，男女都适用。以女士为例，在标准坐姿的基础上，两小腿向前伸出，两脚并拢，脚尖不能翘起，见图2-39。男士前伸式坐姿见图2-40、图2-41。

图 2-37　斜放式

图 2-38　侧挂式

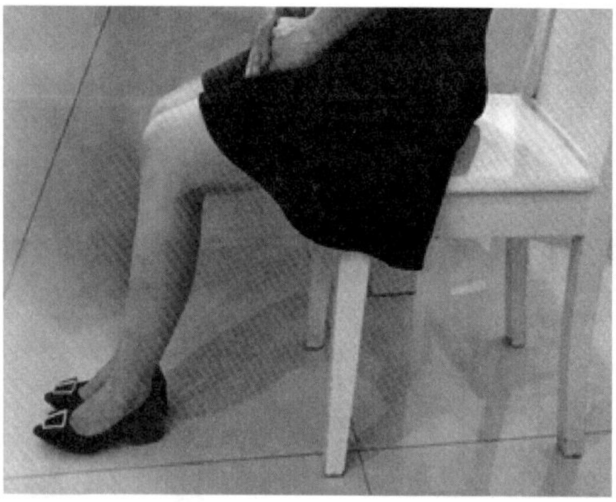

图 2-39　前伸式(女)

图 2-40　前伸式(男)

图 2-41　侧身前伸式

5. 交叉式坐姿

正式及非正式场合,男女都适用。在前伸式坐姿的基础上,右脚后缩,与左脚交叉,两踝关节重叠,两脚尖着地(见图2-42)。男士则可以交叉后两小腿后屈,脚尖着地(见图2-43)。

6. 屈直式坐姿

正式和非正式场合,男女都适用。右脚前伸,左小腿屈回,也可以左脚前伸,右小腿屈回。大腿紧靠,两脚前脚掌着地,并在一条直线上(见图2-44、图2-45)。

7. 后点式坐姿

较正式场合,女士使用较多。两小腿后屈,脚尖着地,双膝并拢(见图2-46)。

图2-42 前交叉式

图2-43 交叉后点式

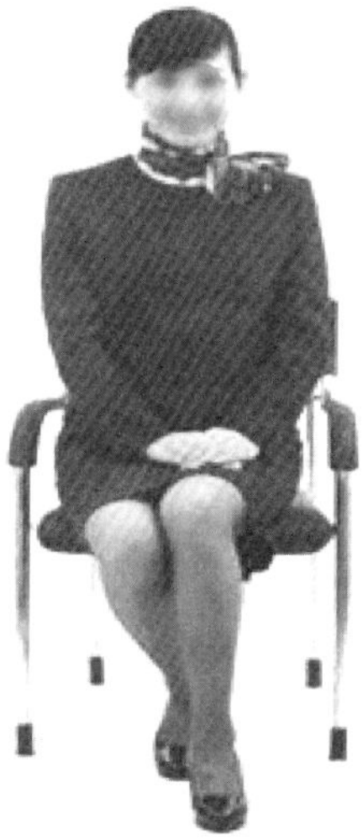

图2-44 屈直式(女)

图2-45 屈直式(男)

图2-46 后点式

8. 重叠式

重叠式也叫二郎腿或标准式架腿。二郎腿通常被认为是一种不庄重的坐姿,尤其有损女性形象，其实二郎腿也可以跷得优雅，要点是上边小腿往回收，脚尖向下（见图2-47、图2-48）。

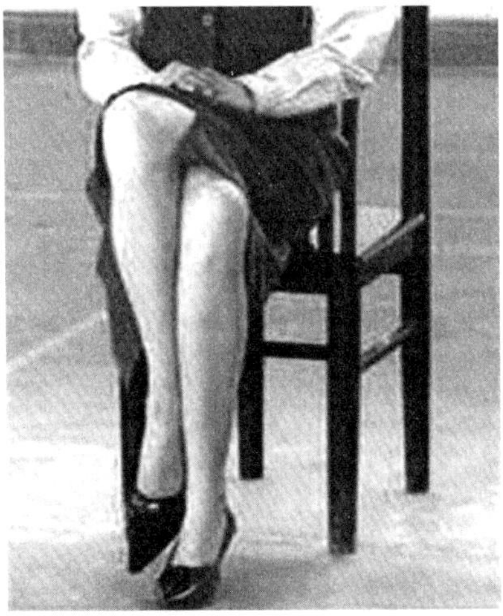

图2-47　重叠式（女）

图2-48　重叠式（男）

三、走姿

行走是人的基本动作之一，最能体现出一个人的精神面貌。行走姿态的好坏可反映人的内心境界和文化素养的高下，能够展现出一个人的风度、风采和韵味。

（一）标准走姿要领

走姿是站姿的延续动作，行走时，必须保持站姿中除手和脚以外的各种要领。

走路使用腰力，身体重心宜稍向前倾。跨步均匀，步幅约一只脚到一只半脚。迈步时，两腿间距离要小。女士穿裙子或旗袍时要走成一条直线，使裙子或旗袍的下摆与脚的动作协调，呈现优美的韵律感；穿裤装时，宜走成两条平行的直线。出脚和落脚时，脚尖、脚跟应与前进方向近乎一条直线，避免“内八字”或“外八字”。

两手前后自然协调摆动，手臂与身体的夹角一般在10度至15度之间，由大臂带动小臂摆动，肘关节只可微曲（见图2-49）。

上下楼梯，应保持上体正直，脚步轻盈平稳，尽量少用眼睛看楼梯，最好不要手扶栏杆。

（二）走姿训练方法

1. 行走辅助训练

（1）摆臂

人直立，保持基本站姿。在距离小腹两拳处确定一个点，两手呈半握拳状，斜前方均向此点摆动，由大臂带动小臂。

（2）展膝

保持基本站姿，左脚跟起踵，脚尖不离地面，左脚跟落下时，右脚跟同时起踵，两脚交替进行，脚跟提起的腿屈膝，另一条腿膝部内侧用力绷直。做此动作时，两膝靠拢，内侧摩擦运动。

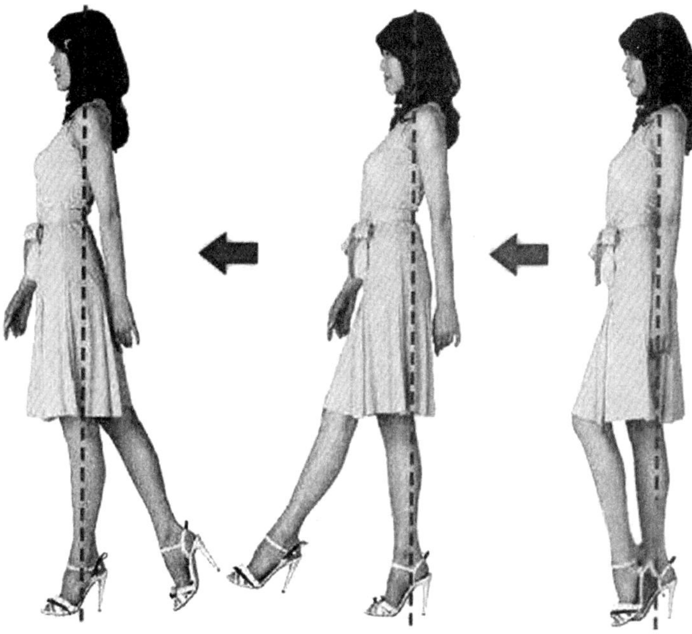

图2-49 正确的走姿

(3)平衡

行走时,在头上放个小垫子或书本,用左右手轮流扶住,在能够掌握平衡之后,再放下手进行练习,注意保持物品不掉下来。通过训练,使背脊、脖子竖直,上半身不随便摇晃。

2. 迈步分解动作练习

第一种:保持基本站姿,双手叉腰,左腿擦地前点地,与右脚相距一个脚长,右腿直腿蹬地,髋关节迅速前移重心,呈右后点地,然后换方向练习。

第二种:保持基本站姿,两臂体侧自然下垂。左腿前点地时,右臂移至小腹前的指定点位置,左臂向后斜摆,右腿蹬地,重心前移成右后点地时,手臂位置不变,然后换方向练习。

3. 行走连续动作训练

第一步:左腿屈膝,向上抬起,提腿向正前方迈出,脚跟先落地,经脚心、前脚掌至全脚落地,同时右脚后跟向上慢慢垫起,身体重心移向左腿。

第二步:换右腿屈膝,经过与左腿膝盖内侧摩擦向上抬起,勾脚迈出,脚跟先着地,落在左脚前方,两脚间相隔一脚距离。

第三步:迈左腿时,右臂在前;迈右腿时,左臂在前。

第四步:将以上动作连贯运用,反复练习。

四、蹲姿

在日常生活和工作中,捡拾掉在地上的东西或者整理位置较低的物品时,习惯弯腰或随意蹲下将其捡起的姿势是不合适的。

蹲姿三要点：迅速、美观、大方。若用右手捡东西，可以先走到东西的左边，右脚向后退半步后再蹲下来。脊背保持挺直，臀部一定要蹲下来，避免弯腰翘臀的姿势。男士两腿间可留有适当的缝隙，女士则要两腿并紧，穿旗袍或短裙时需更加留意，以免尴尬。

（一）蹲姿拾物基本要求

下蹲拾物时，应自然、得体、大方，不遮遮掩掩。下蹲时，两腿合力支撑身体，避免滑倒。下蹲时，应使头、胸、膝关节在一个角度上，使蹲姿优美。女士无论采用哪种蹲姿，都要将腿靠紧，臀部向下。

（二）各式蹲姿标准

1. 高低式蹲姿

下蹲时一般左脚在前，右脚稍后。左脚应完全着地，小腿基本上垂直于地面；右脚则应脚掌着地，脚跟提起。右膝须低于左膝，右膝内侧可靠于左小腿的内侧，形成左膝高、右膝低的姿势。女士应靠紧两腿，男士则可以适度分开（见图2-50、图2-51）。

2. 交叉式蹲姿

在实际生活中常常会用到蹲姿，如集体合影前排需要蹲下时，女士可采用交叉式蹲姿：下蹲时右脚在前，左脚在后，右小腿垂直于地面，全脚着地。左膝由后面伸向右侧，左脚跟抬起，脚掌着地。两腿靠紧，合力支撑身体。臀部向下，上身稍前倾（见图2-52）。

图2-50　女士高低式蹲姿

图2-51　男士高低式蹲姿

图2-52　女士交叉式蹲姿

课堂随练

一、单项选择题

1. 符合仪态美学的基本站姿要求为（　　）。

A. 头颈放正、挺胸抬头　　B. 臀部后翘、腹部紧缩
C. 双腿分开、双脚向前　　D. 膝盖微弯、手肘放松

2. 当一个人的站姿表现出含胸驼背时,他的手垂下来会放在(　　)。
A. 裤子或裙子侧面的中缝　　B. 一手在前,一手在后
C. 双腿的前面　　D. 双腿的后面

3. 测试一个人的站姿是否正确,可以查看的部位有(　　)。
A. 头、胸、臀　　B. 肩、胸、臀
C. 胸、臀、脚　　D. 头、肩、脚

4. 正面丁字步的两脚应该呈现的度数是(　　)。
A. 60°　　B. 90°　　C. 135°　　D. 45°

5. 要想保持优雅的坐姿,不能做的行为是(　　)。
A. 将手肘张开置于扶手上　　B. 脚尖与小腿同向
C. 身体垂直于地面　　D. 身体面向前方

二、填空题

1. 男士站姿,面带微笑、双目平视前方,头正、颈直、胸展、臂垂、腹收,重心垂直在两脚之间,两脚分开与肩＿＿＿＿＿或呈立正姿势,右手自然握拳,左手握住右手手腕,自然放于＿＿＿＿＿前。

2. 女士站姿,面带微笑、双目平视前方,头正、颈直、胸展、臂垂、腹收,重心在＿＿＿＿＿前端,双脚呈＿＿＿＿＿字形或＿＿＿＿＿字形站立,右手握住左手手指自然放于＿＿＿＿＿前。

3. 走姿,面带＿＿＿＿＿,目视前方,步伐从容,步态平稳,步幅适中,步速均匀,走成＿＿＿＿＿。

4. 男士坐姿,头部端正,双目平视,腰背部直立,双腿垂直,双膝分开,不超过＿＿＿＿＿,坐在座椅＿＿＿＿＿。

5. 女士坐姿 ,双膝＿＿＿＿＿,双脚向左或向右侧斜放,腿部与地面成侧倾角,两腿之间没有任何＿＿＿＿＿。

三、实操题

现场挑选两位同学展示站姿与坐姿,让其他同学点评站姿与坐姿是否正确。

模块小结

本模块主要从仪表、仪容、仪态三个方面来着重描述个人形象,让我们认识到个人形象是通过自己的努力,不断地充实和提高自身的道德修养,通过他人而反映出来的。个人形象的塑造并非一日之功,良好的个人形象是通过自己的日积月累,把好的方面不断展现给他人,把不好的地方逐渐改善的一个过程。想要树立一个良好的个人形象,就必须注意自己的一言一行。

达标检测

一、单项选择题

1. 男员工衬衫口袋(　　)填装任何物品。

A. 不得　　B. 可以　　C. 适当

2. 女员工上岗可以(　　)。

A. 浓妆艳抹　　B. 略施粉黛　　C. 前两项都可以

3. 不论男、女西装制服的(　　)纽扣和衬衣的(　　)纽扣必须扣上。

A. 第一粒、第二粒　　B. 第二粒、第三粒　　C. 第三粒、第二粒

4. 未发工作服的员工,工作时间着装应(　　)。

A. 端庄、大方　　B. 前卫、潮流　　C. 开放、豪迈

5. 以下哪种服饰是允许穿戴的?(　　)

A. 背心　　B. 露脐装　　C. 西裤

6. 在正式场合,男士穿的鞋子最好为黑色,面料为牛皮或羊皮,穿着时应注意鞋子的保洁和完好。袜子应选择深色的,切忌黑皮鞋配什么色袜子?(　　)

A. 白色　　B. 黑色

C. 蓝色　　D. 灰色

7. 哪种工牌的戴法是正确的?(　　)

A. 上衣左胸上方居中位置

B. 上衣右胸上方居中位置

C. 上衣口袋正下方约 2 厘米处

8. 下面对参加舞会的要求哪项是错误的?(　　)

A. 如果请柬上没有对服装做特别要求,可以穿运动鞋参加

B. 男士最好穿晚礼服或西服,颜色以深色系为主

C. 跳舞时不可以吸烟

D. 如身体不适,可以跟主人讲明原因,谢绝参加

9. 对女性穿丝袜的说法不正确的是(　　)。

A. 穿裙服时着丝袜,不仅是礼仪的需要,而且还能掩饰腿部的缺陷,增加腿部的美感

B. 袜子的颜色原则上与裙子的颜色相协调,腿较粗的人适合穿深色的袜子,腿较细的人适合穿浅色的袜子

C. 应该选择鲜艳,带有网格或有明显花纹的丝袜

D. 穿丝袜时,袜子口不能露在裙子外面

10. 以下哪种坐姿不适合身材偏胖的人?(　　)

A. 优雅的坐姿　　B. 膝盖叠起来的坐姿

C. 规规矩矩的坐姿　　D. 交叉双脚的坐姿

11. 正确的走姿符合下列哪项要求?(　　)

A. 脚尖先落地　　B. 脚尖朝向正前方

C. 步伐大小一致　　　　　D. 膝盖无须伸直

12. 下列走姿正确的是(　　)。

A. "走自己的路,让别人说去吧",选择好适当的行走路线,不必顾及别人的存在

B. 靠左侧、右侧走路都行

C. 太激动了,走路可以上窜下跳,蹦来蹦去

D. 为了让你的行走不妨碍别人,要有意识地悄然无声

13. 西装袖口外的商标及纯羊毛标记(　　)。

A. 不能拆下　　　　　B. 一定要拆下

C. 可拆可不拆　　　　D. 无所谓

14. 戴首饰时在数量上以少为佳,总量上不宜超过(　　)种。

A. 1　　　　　B. 2

C. 3　　　　　D. 4

15. 穿旗袍适宜配穿(　　)。

A. 高跟鞋　　　　　B. 平跟鞋

C. 任何鞋　　　　　D. 长靴

二、填空题

1. 着装礼仪的TOP原则是指时间原则、__________原则和__________原则。

2. 男士服饰三宝是指公文包、__________和__________。

3. 领带夹一般夹在衬衫的第__________、__________个纽扣之间。

4. 正装的色彩在总体上应当以少为宜,最好将其控制在__________种色彩之内。

5. 去教堂或寺庙等场所,不能穿过露或__________的服装。

6. __________是最正统的领带打法,打出的结呈正三角形,饱满有力,适合搭配__________领衬衫,用于出席正式场合。

7. __________适合宽度较窄的领带,搭配窄领衬衫,风格休闲,适用于普通场合。

8. 椭圆脸型特征在于脸型__________,有一个长且__________下巴,整体会看起来呈现长方形。

9. 基础护肤步骤是:洗面奶—__________—精华液—乳液或面霜—__________。

10. 正式场合入座时应从__________侧入、__________侧出。

三、判断题

1. 一个人的仪容,大体上受两大因素的影响:其一是本人的先天条件,其二是本人的修饰维护。　(　　)

2. 齐刘海波波头适合圆脸型。　(　　)

3. 梳理头发可以当众进行。　(　　)

4. 穿裙装的女士最好穿连裤袜或长筒袜。　(　　)

5. 方形脸适宜佩戴圆形或卷曲线条吊式耳环,可以缓和脸部的棱角。　(　　)

6. 椭圆形脸的女性最好戴中等长度的项链,这种项链在颈部形成椭圆形状,能够更好地

烘托脸部的优美轮廓。（ ）

7. 场合协调，是指化妆要与所去的场合气氛要求一致。日常办公，可以化得浓一些；出入宴会、舞会场合，妆可以化得淡一些。（ ）

8. 身体苗条、皮肤细腻者，宜戴嵌有深色宝石、戒指圈较窄的戒指。（ ）

9. 化妆的浓淡视时间而定，白天工作场合化浓妆，夜晚化淡妆。（ ）

10. 工作时间可以化妆。（ ）

11. 五色原则，是选择正装色彩的基本原则。（ ）

12. 男性公务员在上班时身着花衬衫被认为是引导时尚潮流。（ ）

13. 使用手机时，手机可握在手里或挂在腰带上。（ ）

14. 使用领带夹时只要夹住领带就行。（ ）

15. 穿单排扣西服时，应扣上全部衣扣。（ ）

16. 西装外套上的口袋是装饰性的，一般可少装东西。（ ）

17. 长袖衬衫是搭配西装的唯一选择，颜色以深色为宜。（ ）

18. 在商务活动中，男士在任何情况下均不应穿短裤，女士夏天不可以光脚穿凉鞋。（ ）

19. 有地位有身份的男士出席比较重要的场合，腰带上一定要少挂东西。（ ）

20. 男士穿西装时要注意“三一定律”，即鞋子、腰带、袜子应控制在一种颜色，以黑色为首选。（ ）

四、简答题

1. 为什么要注重仪容的修饰？
2. 请简述男士或女士蹲姿注意事项（不少于3项）。
3. 请简述站姿要领。
4. 简述脸型与发型的搭配要点。
5. 着装的原则有哪些？
6. 论述良好形象的重要性。

技能训练

个人服饰及仪态展示

1. 训练目的

通过服饰与仪态的展示，展现出个人魅力与风采。

2. 训练内容

分组练习，每组都可根据剧情需要确定服装与角色。表演形式必须包含本单元所学的站姿、走姿、坐姿与蹲姿。

3. 考核标准

教师评分与学生评分相结合，各占50%。评分为十分制（1分一个等级，如10，9，

8,…)。具体评分标准如下。

评 分 标 准

<table>
<tr><th colspan="3">项　目</th><th>评 分 标 准</th><th>得分</th></tr>
<tr><td colspan="3">对服装的诠释能力
(2 分)</td><td>1. 使用普通话,语音标准,声音洪亮,吐字清晰。
2. 语言流畅、生动,内容丰富。
3. 与搭配手势相协调,整体表演符合文明礼仪规范。
4. 能恰到好处地诠释自身搭配的服饰与场合之间的关系</td><td></td></tr>
<tr><td rowspan="8">礼仪展示
(4 分)</td><td rowspan="3">仪容仪表
(1.5 分)</td><td>妆容(0.5 分)</td><td>自然大方,恰到好处</td><td></td></tr>
<tr><td>着装(0.5 分)</td><td>整洁、端庄、得体、协调、美观</td><td></td></tr>
<tr><td>精神(0.5 分)</td><td>微笑,精神饱满、神采奕奕、亲切甜美</td><td></td></tr>
<tr><td rowspan="5">体态
(2.5 分)</td><td>站姿(0.5 分)</td><td>1. 头正颈直,双眼平视,下颚微收,表情自然,面带微笑。
2. 挺胸、收腹,两肩外展。
3. 双臂自然下垂,放于身体两侧,中指对准裤缝。
4. 两腿直立、贴紧,脚跟靠拢或两腿开立,脚尖外展成 45 度夹角</td><td></td></tr>
<tr><td>坐姿(0.5 分)</td><td>1. 上身挺直或稍向前倾,挺胸、抬头,双肩平正。
2. 男:双膝并拢,两手自然放于腿上或扶手,小腿垂直于地面,脚尖朝正前方,脚分开成 45 度,或右腿叠放在左膝上,脚尖下点。
3. 女:两臂自然弯曲,手交叉叠放在两腿中部并靠近小腹,小腿垂直于地面,脚尖朝正前方,双膝靠拢或向一侧倾斜。(着裙装入座时要用双手将裙摆内拢)</td><td></td></tr>
<tr><td>走姿(0.5 分)</td><td>1. 眼平视,挺胸、收腹、肩放松。
2. 双肩平稳,两臂自然摆动,摆动幅度以 30 度为宜。
3. 步态协调、稳健。
4. 全身协调,匀速前进,两脚内侧踏在一条直线上</td><td></td></tr>
<tr><td>蹲姿(0.5 分)</td><td>1. 侧面对人。
2. 下蹲后一腿弯曲,另一腿跪着,或双腿一高一低,互为依靠或双腿交叉</td><td></td></tr>
<tr><td>其他(0.5 分)</td><td>包括鞠躬、握手、打招呼等,要求符合文明礼仪规范</td><td></td></tr>
<tr><td colspan="2" rowspan="3">风采展示(4 分)</td><td>内容形式
(1 分)</td><td>1. 内容健康、积极向上,动作高雅。
2. 整体编排具有合理性、连贯性、完整性。
3. 表演形式新颖有创意</td><td></td></tr>
<tr><td>整体效果
(1 分)</td><td>1. 表演符合文明礼仪规范,台风端正,有一定的现场气氛。
2. 表演自然,精神饱满,动作处理得当,现场反应良好。
3. 表演过程中姿态优美,流露出艺术气质,营造出良好的舞台效果。
4. 表演者在表演过程中真情流落,姿态优美,形象气质良好,充分展现自己的魅力</td><td></td></tr>
<tr><td>服装、道具
(2 分)</td><td>妆容、服装造型符合表演形式和内涵;道具运用得当</td><td></td></tr>
<tr><td colspan="4">总分合计</td><td></td></tr>
</table>

模块3　日常交往礼仪

课前导读

一位名叫比特·杜波尔的美国人曾经说过:"如果你能记住一个人的姓名,他就可能给你带来一百个新朋友。"在日常的社交活动中,与公众交往的第一步就是见面。见面时的礼节、礼仪是形成公众印象的原始材料,它关系到社交人员自身的形象,并在一定程度上影响组织在公众心目中的形象。因此,掌握、遵循日常见面礼仪规范就显得尤为重要,它会给对方留下深刻而又美好的印象,直接体现出施礼者良好的修养,又可以获得他人的欢迎和尊重,而无礼的行为则可能使人与他无法和谐相处。

单元3.1　见面礼仪

知识目标

1. 掌握打招呼的注意事项;
2. 掌握称呼的基本原则、称呼的类型及称呼的忌讳;
3. 掌握握手的时机、方式以及忌讳;
4. 掌握指引手势的类型;
5. 掌握名片的递交时机以及交换礼节;
6. 掌握问询与答询的相关礼节;
7. 掌握鞠躬礼的行礼规范及准则。

能力目标

1. 能够通过见面时的基本礼节,展现个人的教养、风度和魅力;
2. 能够做到处事合理、待人接物恰到好处;
3. 能够担当起铁路企业对外形象的"第一人"。

素质目标

1. 具有良好的服务态度意识;
2. 具有良好的礼仪修养;
3. 具有较高的服务水平,善于与旅客沟通交流。

案例导学

在某一列即将出站的动车组列车上，刚刚毕业参加工作的小丽正耐心地引导旅客坐在自己的座位上，就在这时，一名老大爷上车了，他找不到自己的座位，小丽发现后主动把这位老大爷带到属于他的座位上，并帮他把行礼搁置在行李架上。老大爷十分高兴，伸出一只手，想握手向小丽表示感谢，但是小丽害羞地拒绝了，说这是她应该做的。事后，小丽被列车长叫过去，列车长问她知不知道做错了什么，小丽很茫然："自己明明在很认真地为旅客服务啊，还帮助了一位老大爷，哪里错了呢？"

[想一想]

在上面的案例中，小丽哪里做错了呢？

必备知识

一、招呼

见面打招呼是常见的礼仪。同西方人打招呼，不要用中国人见面时习惯说的"你上哪儿去啊？""你去干什么啊？"等问语。这会被他们认为是想探听别人隐私的失礼行为；也不要见面就问"你吃饭了吗？"这样往往会被误解成你要请他吃饭。

与外国人见面时，简单而又合适的打招呼是说"早上好""下午好""晚上好""您好"或者"早安""晚安"。同日本人打招呼，比较普遍的是说"拜托了""请多多关照"。泰国人会把双手合起来放在胸前、口前或额前中间的位置，微微点头并说"您好"。

见面打招呼，在西方国家是一种良好的礼节性习惯。无论对方是男还是女，是老还是少，是本国同胞还是异国他乡人，凡是双方相遇，哪怕是匆匆的过路人，只要目光对视，就会微笑着主动向对方打招呼，绝不会相看两无言地擦肩而过，因为视而不见会显得很不友善。打一声招呼，就像"破冰"一样，气氛自然就融洽了。不少西方人对我们同胞的这种"拘谨"十分疑惑，还以为中国人不友好呢。因此，我们要养成见面打招呼的良好习惯。

见面打招呼时应该注意些什么呢？

（一）尊重对方，勤于打招呼

由于文化的差异，中国人与西方人不同，一般只习惯向自己所熟悉的人打招呼，对陌生人总会下意识地保持距离。倘若主动与不相识的人打招呼，反而会遭人误解。但随着国门的打开，我们与国际的交往越来越频繁，出国定居、旅游、学习交流的人也越来越多，如果我们还是死守自己的习惯，不能入乡随俗，则会遭到质疑，甚至影响中国人在外的形象。

（二）注重场合，善意问候

如果在公共场所遇见了久违的好朋友，不要过于激动：在街上，突然冲向对方，甚至冲撞了行人；在会场上，猛然从座位上跳起来并穿过整个大厅；在人群里，冷不丁高呼朋友的名字，让旁人吓一跳，并为之行侧目礼，等等。这些都是很失礼的行为。

(三)符合习惯,不卑不亢

有时会碰见相识者对你“熟视无睹”而感到不高兴,其实这大可不必。请不要把不经意的视而不见与故意的轻蔑混为一谈。这很可能是对方在沉思,或者眼睛近视,也可能因为你的外貌有了改变。总之不要苛求“熟视无睹”者。比如有一位学者,对自己所从事的专业很有研究和造诣,并成为行业中公认的专家。可是他常常对熟悉者“视而不见”,为此,他的同事对他一直很有意见,认为他骄傲、不理人、摆架子。原来,他的“熟视无睹”只是因为他习惯在行走和空闲的时候,独自一人沉思。

(四)根据特点,有礼有序

称呼要视对方的年龄、性别、身份、职业等不同而不同。对年长者要用谦恭、尊重的语气;对同辈要用诚恳、友好的语气;对青年人要用慈爱、谦和的语气。在单位尽量称呼对方的职务、职称,如果有多个职务或职称,尽量使用最高级的称呼。一个友好的称呼,不是为了满足自己,而是为了满足对方,使对方高兴、乐于接受。

如果你参加一个国际性的或者是跨省市、跨行业的会议,在一天内几次遇见同一个熟人,每次都说“您好”,似乎太单调了。你可以根据时间、场合,适地适时地用不同方式打招呼。

与偶尔相遇的人打招呼怎么办?如果你有时因出差、开会、旅游等,在一个宾馆住好几天,经常会在同一个商店购物等,也应该同遇见的服务员或售货员打招呼。只要是经常同你打交道的人,不论身份高低、贫穷富有,都要注意见面礼节。

实例分析

郁闷的老王

老王在长沙上班,家在岳阳,每到周末或者节假日,坐高铁往返两地之间。这周,老王有事儿耽搁了一会儿,到车站后就直奔候车室,也没去总服务台领取矿泉水。在总服务台工作的小李由于经常和老王见面聊两句,两人已经很熟了,见他匆匆忙忙去往候车室,就大声叫喊了几声老王的名字,想打个招呼。老王听到后还以为有什么重要事情,就连忙跑过去,结果小李说只是打个招呼。等到老王再赶到候车室,他所乘坐的那趟列车已经停止检票了,老王很郁闷。

【案例分析】打招呼是熟人相遇的一种常见的见面礼节,是一种有礼的表现,显示出友好和善意,但是在公共场合打招呼要注意,如果两个人近距离相遇,可以微笑地寒暄一下,问候一声“最近好吗?”如果离得很远,双方又都看得到彼此,打招呼就不要老远就喊别人的名字,这样其实很不礼貌,既影响他人,也会弄得对方很尴尬,反而失礼了。这种情况下,不如就隔着人群以微笑点头向对方示意,相信对方也一样可以感受到你的善意和礼貌,并同样回报以微笑。打招呼时,男士可欠身或点头致意,如果戴帽子则应该摘去。与人打招呼时,叼着香烟或将手插在口袋里都是极不礼貌的。

二、称呼

称呼，指的是人们在日常交往应酬之中所采用的彼此之间的称谓语，也就是当面和对方打招呼时表明彼此间的关系的名称。在人际交往中，选择正确、适当的称呼，反映出一个人自身的教养、对对方尊敬的程度，甚至还能体现出双方关系发展所达到的程度和社会风尚。

（一）称呼的基本原则

称呼的格调有文雅和粗俗之分，不同的称呼内容可以使人产生不同的感受。交往开始时，只有使用高格调的称呼，才会使交往对象产生同你交往的欲望，若称呼不妥当则很容易让他人立即产生反感，甚至留在心底久久无法释怀。因此，在日常人际交往中必须使用恰当称呼礼节，其基本原则如下。

1. 礼貌的原则

礼貌的原则是人际交往在称呼方面的基本原则之一。每个人都希望被他人尊重，而合乎礼节的称呼，正表达了对他人的尊重和自己的礼貌修养。在交往称呼中，要记得使用尊称。常用的尊称敬语有："您"——您好，请您，您走好；"贵"——贵姓、贵方、贵校、贵体；"大"——尊姓大名、大作；"高"——高寿、高见、高明；"尊"——尊言、尊意，等等。

2. 尊崇的原则

汉族人历来就有从大、从老、从高的心态，如对同龄人，本应称呼对方为哥、姐，却还要夸张为大哥、大姐；对于年龄上可称爷也可称伯的长者，以称爷为宜，至少也得称呼大爷；对于职务方面的副职，称呼时也免副，一律以正职相称。

3. 适度的原则

适度的原则也是一种泛指称呼的相对准确原则。人们习惯性称呼不熟悉的人为"师傅"，如职业是理发师、厨师、工人、农民工等都是这样称呼。但老师、医生、军人、干部、商务工作者等以师傅相称就不合适了，此类统一称呼为"老师"也不合适。所以在公开场合要以亲疏远近关系来选择恰当的称呼，不能一概而论，也不能敷衍了事。

除了以上原则之外，称呼的礼仪方面还有一些应当注意的。比如，打过交道的人，尽量记住对方的姓名，再次见面时能准确地叫出对方的名字，会使人感到惊喜，亲切自然的感觉油然产生，一见如故。同学朋友之间年龄相仿的，一般可直呼其名，三个字的姓名还可把姓氏免称，显得亲切。比较正规的称呼，则要将姓氏、职务、职称并称才合适，如"张老师""李处长""王教授"等。近期社会上有称呼领导职务时的简化版本，将"长"字省略，变成"李处""刘局"等，在影视作品中也有体现，初看初听好像有一种亲切的感觉，但细品个中滋味，多少有庸俗和不规范的成分，是不应当提倡的。对熟悉的长辈，称呼时加上姓氏比较好，如"孙爷爷""杨阿姨""赵叔叔"等。

（二）称呼语类型

现代社交场合中，称呼语一般有以下六种。

1. 一般性称呼

一般性称呼是在社交场合最简单常用的称呼，特别是对陌生人可常用的一种称呼。这种称呼不区分听话人的职务、职业、年龄。

在一般场合下,对陌生人的称呼,男士不论婚否,可统称为“先生”“同志”。女士则根据婚姻状况而定,对已婚的女子称“夫人”“太太”或“女士”,对未婚的女士称“小姐”。如不明其婚姻状况,以称“小姐”“女士”为宜。在涉外场合对女性一般都要称呼为女士,这是对女性的一种尊重。对教育界、文艺界新相识的人都可敬称为“老师”。

同志的称呼在现在的社交场合用得远比先生要少,它只是在某些场合用于对政府领导、警察、军人和公务员等的称呼。特别需要注意的是,港、澳、台地区的朋友见面时一般不用此称呼。

2. 姓名性的称呼

在社交场合中,姓名性称呼是对异性年龄和职务相仿,好同学、好朋友、好同事、好伙伴等常用的称呼语。

朋友,熟人间的称呼,既要亲切友好,又要不失敬意,一般可通称为“你”“您”,或视年龄大小在姓氏前加“老”“小”等前缀,如“老赵”“小王”。

对有身份者或长者,可用“先生”相称,也可在“先生”前冠以姓氏。对德高望重的长者,可在其姓氏后加“老”或“公”,如“邓老”“赵公”,以示尊敬。

对于同性之间,尤其是上司称呼下属、长辈称呼晚辈,通常可以只称其名,不呼其姓,如“王兴国”可称为“兴国”。

但要注意的一点是,按国际惯例,在正式的社交场合一般都要用全称。

3. 职务性的称呼

职务性称呼是一种以被称呼人所担当的职务来作为称呼语的称呼。以交往对象的职务相称,以示身份有别、敬意有加,这是一种最常见的称呼。

职务性称呼的叫法有三种情况:称呼职务、在职务前加上姓氏、在职务前加上姓名(适用于极其正式的场合),如“科长”“方处长”“陈峰经理”等。

4. 职称性、学衔性的称呼

对于具有职称者或高学历(博士以上)者,尤其是具有高级职称者,在工作中直接以其职称或学历相称。称职称或学历时,可以只称职称(或学历)、在职称(或学历)前加上姓氏、在职称(或学历)前加上姓名(适用于十分正式的场合),如“教授”“李教授”“王博士”等。

5. 职业性的称呼

职业性称呼,是以被称呼人所从事的职业来作为称呼语的称呼。

在工作岗位,为表示庄重、尊敬,一般按职业相称,特别是从事某些特定行业的人,可直接称呼对方的职业,如老师、医生、会计、律师等,也可以在职业前加上姓氏、姓名,如“李医生”“张会计”。

6. 亲属性的称呼

亲属,是指与自己有着直接或间接血缘关系的人。对自己的亲属,一般应按约定俗成的称谓称呼,如妈妈的妈妈称“外祖母”,妈妈的祖母称“曾祖母”,姑妈之子称为“表哥”或“表弟”,等等。但有时为了表示亲切,不必拘泥于称谓的标准。如对公公、婆婆、岳父、岳母都可称为“爸爸”“妈妈”。这样称呼主要是为表示与对方亲密、不见外。

但在与外人交往时，称呼自己的亲属，要用谦称。称自己长辈和年龄大于自己的亲属，可在其称呼前加“家”字，如“家父”“家母”“家兄”等。称辈分低的或年龄小于自己的亲属，可在其称呼前加“舍”字，如“舍弟”“舍妹”“舍侄”等。至于称自己的子女，可称“小儿”“小女”。

而称呼他人的亲属，则要用敬称。一般可在称呼前加“令”字，如“令尊”“令堂”“令郎”“令爱”等。对其长辈，也可加“尊”字，如“尊叔”“尊祖父”等。

另外，在非正式场合称呼邻居、至交或向陌生人询问时，为表示亲近可以用亲属的称谓称呼对方，如“叔叔”“阿姨”“老伯伯”“老奶奶”“阿公”“阿婆”等，有时还在称呼前加上姓氏，如“李阿婆”等。

(三)称呼的忌讳

称呼比较敏感，不能草率行事，为了使自己对他人的称呼不失敬意，要了解称呼方面的一些基本禁忌，以免无意间犯忌。通常称呼忌讳叫绰号和使用庸俗称呼，“哥们儿”“姐们儿”“伙计”等称呼以及随便给人起侮辱性绰号，这登不了大雅之堂不说，还会给对方造成伤害或引发不悦。称呼方面的忌讳还有避免使用不吉利的词语的要求。比如“死”字除了中国人历来十分忌讳外，恐怕世界各国文字语言中都会尽量避免使用。在传统礼仪文化中，创造了许多间接曲折，有掩饰作用的词来替代不吉利的字眼，如作古、走了、老了、不在了、去世、离世、过世、病故、仙逝、长眠、大驾西去、百年之后……都是对于“死”字和死的含义之委婉表达，能用上以上说法的任何一个，就比直接说“死”字为好，避讳了不雅字眼，还彰显了文化底蕴。

三、握手

据考证，握手最早发生在人类“刀耕火种”的年代。那时，在狩猎和战争时，人们手上经常拿着石块或棍棒等武器，当遇见陌生人时，如果大家都无恶意，就要放下手中的东西，并伸开手掌，让对方抚摸手掌心，表示手中没有藏东西。后来，这个动作被武士们学到了，他们为了表示友谊，不再互相争斗，就互相摸一下对方的手掌，表示手中没有武器。随着时代的变迁，握手形成一种礼节，最早从我国的汉代开始。《后汉书·李通传》：“(光武)故往答之。及相见，共语移日，握手极欢。”这种习惯逐渐演变成现今人们见面时一种通常的礼节。

现代的握手礼是人们在日常的社会交往中常见的礼节，是沟通思想、交流感情、增进友谊的重要方式，是现代交际和应酬的礼仪之一，又可称之为人类相同的“次语言”。深情、文雅而得体的握手，往往蕴含着令人愉悦、信任、接受的契机。两人见面，若是熟人，不用言语，两手紧紧一握，各自的许多情感就互相传导过去了；若是生人，则一握之际，就成为人们由陌生变熟的开端。因此，它已成为世界上通行的，人们在日常交际活动中采用的见面礼节。

(一)握手的时机

何时宜行握手礼，这是一个十分复杂而微妙的问题，它通常取决于交往双方的关系、现场的气氛，以及当事人个人的心情等多种因素，所以不好一概而论。不过一个人若是希望在人际交往中令自己显得彬彬有礼，那么就一定要把握好以下时机：

(1)遇到较长时间未曾谋面的熟人,应与其握手,以示为久别重逢而万分欣喜。

(2)在比较正式的场合同相识之人道别,应与其握手,以示自己的惜别之意和希望对方珍重之心。

(3)在家中、办公室里以及其他一切以本人作为东道主的社交场合,迎接或送别来访者之时,应与对方握手,以示欢迎或欢送。

(4)拜访他人之后,在辞行之时,应与对方握手,以示“再会”。

(5)被介绍给不相识者时,应与不相识者握手,以示自己乐于结识对方,并为此深感荣幸。

(6)在社交性场合,偶然遇上了同事、同学、朋友、邻居、长辈或上司时,应与其握手,以示高兴与问候。

(7)他人给予了自己一定的支持、鼓励或帮助时,应与其握手,以示衷心感谢。

(8)向他人表示恭喜、祝贺之时,如祝贺结婚、生子、晋升、升学、乔迁、事业成功或获得荣誉、嘉奖时,应与其握手,以示贺喜之诚意。

(9)他人向自己表示恭喜、祝贺之时,应与其握手,以示谢意。

(10)对他人表示理解、支持、肯定时,应与其握手,以示真心实意,全心全意。

(11)应邀参与社交活动,如宴会、舞会等之后,应与主人握手,以示谢意。

(12)在重要的社交活动,如宴会、舞会、沙龙等开始前与结束时,主人应与来宾握手,以示欢迎与道别。

(13)得知他人患病、失恋、失业、降职、遭受其他挫折或家人过世时,应与其握手,以示慰问。

(14)他人向自己赠送礼品或颁发奖品时,应与其握手,以示感谢。

(15)向他人赠送礼品或颁发奖品时,应与其握手,以示郑重其事。

但要注意,当出现对方手部有伤,对方手里拿着较重的东西,对方忙着别的事(如打电话、用餐、主持会议、与他人交谈等),对方与自己距离较远等情况时不宜握手,否则容易产生负面效果。

(二)握手的次序

在比较正式的场合,行握手礼时最为重要的礼仪问题是握手的双方应当由谁先伸出手来“发起”握手。倘若对此一无所知,在与他人握手时,轻率地抢先伸出手去而得不到对方的回应,那种场景一定是令人非常尴尬的。握手的先后次序要符合礼仪规范:

握手时伸手的先后次序遵循“尊者决定”原则;在公务场合,握手时伸手的先后次序主要取决于职位、身份;而在社交、休闲场合,则主要取决于年龄、性别、婚否。

1.“尊者决定”原则

根据礼仪规范,握手时双方伸手的先后次序应当在遵守“尊者决定”原则的前提下,具体情况具体对待。

所谓“尊者决定”,即在两人握手时,各自首先应确定握手双方彼此身份的尊卑,然后以此决定伸手的先后。先由位居尊者伸出手来,即尊者先行。位卑者只能在此后予以响应,而绝不可贸然抢先伸手,因为握手往往意味着进一步交往的开始,如果位居尊者不想与位居卑者深交,他是大可不必伸手与其相握的。换言之,如果位居尊者主动伸手与位居卑者相握,则表明前者对后者印象不坏,而且有与之深交之意。

所以"尊者决定"的原则,恰到好处地体现了对位居尊者的尊重,也是维护在握手之后的寒暄应酬中位居尊者的自尊。

具体而言,握手时双方伸手的先后次序大体包括如下几种情况:

(1)年长者与年幼者握手,应由年长者首先伸出手来。

(2)长辈与晚辈握手,应由长辈首先伸出手来。

(3)老师与学生握手,应由老师首先伸出手来。

(4)女士与男士握手,应由女士首先伸出手来。

(5)已婚者与未婚者握手,应由已婚者首先伸出手来。

(6)社交场合的先至者与后来者握手,应由先至者首先伸出手来。

(7)上级与下级握手,应由上级首先伸出手来。

(8)职位、身份高者与职位、身份低者握手,应由职位、身份高者首先伸出手来。

2. 握手时常遇的三种情况

(1)与女士握手应注意的礼仪

握手时,应微笑致意,不可目光看别处,或另与第三者谈话。握手后,不要当对方的面擦手。

在握手之前,男士必须先脱下手套,而女士握手,则不必脱手套,也不必站起。按国际惯例,身穿军装的男士可以戴着手套与女士握手,握手时先行举手礼,然后再握手,这是一种惯例。与女士握手,最应掌握的是时间和力度。一般来说,握手要轻一些,要短一些,也不应握着对方的手使劲摇晃。但是,如果用力过小,也会使对方感到你拘谨或虚伪敷衍。因此,握手必须因时间、地点和对象不同而异。

(2)与老人、长辈或贵宾握手的礼仪

与老人、长辈或贵宾握手,不仅是为了问候和致意,还是一种尊敬的表示,除双方注视,面带微笑,还应注意以下几点:

在一般情况下,平辈、朋友或熟人先伸手为有礼,而对老人、长辈、女贵宾则应等对方先伸手,自己才可伸手去接握。否则,便会被视为不礼貌的表现。

握手时,不能昂首挺胸,身体可稍微前倾,以示尊重,但也不能因对方是贵宾就显得胆小拘谨,只把手指轻轻触碰对方的手掌就算了事,也不能因感到"荣幸"而久握对方的手不放。

当老人或贵宾向你伸手时,应快步上前,用双手握住对方的手(也是尊敬对方的表示),并应根据场合,边握手边打招呼问候,如说"您好""欢迎您""见到您很荣幸"等热情致意的话。

遇到若干人在一起时,握手、致意的顺序是:先贵宾、老人,后外宾,先女士后男士。还必须注意,不要几个人竞相交叉握手,或在跨门槛甚至隔着门槛时握手,这些做法也是失礼的行为。

在社交中,除注意个人仪容整洁大方外,还应注意双手的卫生、干净,用湿的手与人握手是不礼貌的。如果老人、贵宾来到你面前,并主动伸出手来,而你此时正在洗东西、擦油污之物等,你可先致意,同时亮出双手,简单说明一下情况并表示歉意,以取得对方理解,同时赶紧洗好手，热情招待。

社交场合，遇见身份高的领导人，应有礼貌地点头致意或表示欢迎，但不要主动上前握手问候，只有在对方主动伸手时，才可向前问候。

(3)与上级或下级的握手礼仪

在与上级或下级握手时，除应遵守一般握手的礼节外，还应注意以下几方面：

①为了表示对下级的友好、问候，可先伸出手，下级则应等对方有所表示后再伸手去接握，否则，将被视作不得体或无礼。

②当几位都是你的上级时，握手时应尽可能按其职位高低但也可由他们中的一位进行介绍后，由你与对方一一握手致意。如同来的上级职位相当，握手的顺序应是先长者(或女士)然后再是其他人。如果长者中有自己比较熟者，握手时应同时说些如“近来身体可好”之类表示问候的话。

③与下级握手，一般也应以其职位高低为序，遇到自己熟悉的下级，握手时同时也应说些问候、鼓励和关心的话。

④无论与上级还是下级握手都应做到热情大方，遵守交往礼节。

⑤下级与上级握手时，身体可以微欠，或快步趋前用双手握住对方的手，以示尊敬，但切不可久握不放，表示过分的热情。

⑥上级与下级握手同样要热情诚恳，应面带笑容，注视对方的眼睛，切忌用指尖相握，或敷衍一握了事。也不可在握手时，东张西望或漫不经心，使对方感到你冷漠无情。在众多的下级面前，也不要厚此薄彼，只与其中一两个人握手，而冷落其他人；更不能在与下级握手后，急忙用手帕擦手。这些表现都会被人认为是轻慢与无礼的行为。

(三)握手的方式

握手的标准方式是行礼时行至距离握手对象约1米处，双腿立正，上身略向前倾，伸出右手(通常是右握式，特殊情况也用左握式)，四指并拢，拇指张开与对方相握。握手时用力要适度，上下稍许晃动三四次，随后松开手。

图3-1 握手的神态

具体来说，握手时应加以注意的问题有以下几个方面。

1. 神态

与人握手时，理当神态专注，热情、友好、自然。在通常情况下，与人握手时，精神要集中，双目注视对方，微笑致意，握手时不要看着第三者，更不能东张西望，这都是不尊重对方的表现(见图3-1)。军人戴军帽与对方握手时，应先行举手礼，然后再握手。

在握手时，切勿显得自己三心二意，敷衍了事，漫不经心，傲慢冷淡。如果在此时迟迟不握他人早已伸出的手，或是一边握手，一边东张西望，目中无人，甚至忙于跟其他人打招呼，都是极不应该的。

2. 姿势

向他人行握手礼时，只要有可能，就应起身站立，以示对对方的尊重。除非是长辈或女士,否则坐着与人握手是不合适的。握手时彼此之间的最佳距离为1米左右。距离过大,显得一方冷落一方;距离过小,手臂难以伸直,也不太雅观。最好的做法是双方站立,将要相握的手各向侧下方伸出,伸直相握后形成一个直角。

3. 样式

握手的具体样式是千差万别的,了解一些握手的典型样式,既有助于我们通过握手了解交际对方的性格、情感状况、待人接物的基本态度等,也有助于我们在人际交往中根据不同的场合、不同的对象去自觉地应用各种具体的样式。

(1)对等式握手

对等式握手是标准的握手样式。握手时两人伸出的手心都不约而同地向着对方,或者说是到了最后都不得不将手心向着对方。这样的握手多见于双方社会地位都不相上下时,由于双方都"试图"处于支配地位,通过"竞争"最后双方的手心在握住时不得不都向着对方;也可能是一种单纯的、礼节性的表达友好的方式。

(2)双握式握手

美国称双握式握手为政客式握手。据说在历届美国竞选总统时,几乎所有的竞选人都要以这种的握手方式对上至亿万富翁,下至西部牛仔握手。其具体样式是:在用右手紧握对方右手的同时,再用左手加握对方的手背、前臂、上臂或肩部。使用这种握手方式的人是在表达热情真挚、诚实可靠,显示自己对对方的信赖和友谊。从手背开始,对对方的加握部位越高,其热情友好的程度也就越高。

(3)支配式握手

支配式握手也称"控制"式握手,用掌心向下或向左下的姿势握住对方的手。以这种方式握手的人想表达自己的优势、主动、傲慢或支配地位。这种人一般来说说话干净利落、办事果断、高度自信,凡事一经自己决定,就很难改变观点,作风不大民主,在交际双方社会地位差距较大时,社会地位较高的一方易采用这种方式与对方握手。

(4)谦恭式握手

谦恭式握手也叫"乞讨式"握手、顺从型握手。与支配式握手相对,用掌心向上或向左上的手势与对方握手。用这种方式握手的人往往性格软弱,处于被动、劣势地位,这种人可能处世比较民主、谦和、平易近人,对对方比较尊重、敬仰,甚至有几分畏惧。这种人往往易改变自己的看法,不固执,愿意受对方支配。

(5)抠手心式握手

抠手心式握手是两手相握之后,不是很快松开,而是双手掌相互缓缓滑离,让手指在对方手心适当停留。握手本来就是身体感觉最敏感的部位相互接触,彼此都能通过握手获得一种快感。如果再让手指在手心轻轻滑过,无疑更会使对方热血沸腾、情绪高涨。因此,抠手心式握手一般只见于恋人、情人之间或心有灵犀的好朋友之间。

(6)拉臂式握手

拉臂式握手是将对方的手拉到自己的身边相握,且往往相握时间较长。这常常是社会地位较低者,特别是那些有较强自卑感的人在与社会地位较高者握手时采用的形式。这种人往往过分谦恭,在他人面前唯唯诺诺,轻视自我,缺乏主见与敢作敢为的精神。

(7)捏手指式握手

捏手指式握手不是两手的虎口相触对握,而是有意或无意地只捏住对方的几个手指或手指尖部。女士与男士握手时,为了表示自己的矜持与稳重,常采取这种方式。如果是同性别的人之间这样握手,就显得有几分冷淡与生疏。据说,英国女王与人握手时,为了不让对方完全握住她的手,她总是不把手完全伸出来,并把拇指明显地曲向下方。有不少官僚显贵人物,与人见面时,也总是伸出两三个指头一握了之,以显示他们地位的"尊贵"。

图 3-2　对等式握手

(8)"死鱼"式握手

"死鱼"式握手握手时伸出一只无任何力度、质感,不显示任何信息的手,给人的感觉就好像是握住一条三伏天腐烂的死鱼。这种人的特点如不是生性懦弱,就是对人冷漠无情,待人接物消极傲慢。

握手的主要方式如图 3-2 ~ 图 3-4 所示。

图 3-3　双握式握手

图 3-4　捏手指式握手

4. 力度

握手时为了表示热情友好,应当稍许用力,但以不握痛对方的手为限度。一般情况下,握一下即可,与亲朋故旧握手时,所用的力量可以稍为大一些;男士与女士握手不能握得太紧,西方人往往只握一下女士的手指部分,但老朋友可以例外。

总之,在与人握手时,不可以毫不用力,不然就会使对方感到缺乏热情与朝气。但也不宜矫枉过正,要是在握手时拼命用力,不将对方整得龇牙咧嘴不肯罢休,则难免有示威挑衅之嫌。

5. 时间

握手时间的长短可根据握手双方关系亲密程度灵活掌握。初次见面者,一般应控制在 3 秒钟以内,切忌握住异性的手久久不松开。即使握同性的手,时间也不宜过长,以免对方欲罢不能。但时间过短,会被人认为傲慢冷淡、敷衍了事。

握手时两手稍触即分,时间过短,好似在走过场,又像是对对方怀有戒意;而与他人握手时间过久,尤其是拉住异性或初次见面者的手长久不放,则显得有些虚情假意,甚至会被怀疑“想占便宜”。

(四)握手的忌讳

(1)不要用左手与他人握手。除非右手有不适之处,否则,绝不能用左手与他人握手。尤其是对外国朋友,这一点特别值得注意。尤其是在与阿拉伯人、印度人打交道时要牢记此点,因为在他们看来左手是不洁的。西方人也不喜欢用左手跟人握手。

(2)不要在握手时争先恐后,而应当遵守秩序,依次而行。如在家里接待客人,客人来时,主人要先伸出手来,以示热情欢迎;客人告辞时,主人却应在客人后面伸手,否则,就有“逐客”之嫌疑。特别要记住,与基督教信徒交往时,要避免两人握手时与另外两人相握的手形成交叉状,这种形状类似十字架,在基督教信徒中是很不吉利的。总体来说,就是上级、长辈、女士优先,下级、晚辈、男士在后响应,切不可抢先。

(3)不要在握手时戴着手套。有人习惯于戴手套,但在握手时,必须把手套摘下来,只有女士在社交场合戴着薄纱手套与人握手才是被允许的。

(4)不要在握手时戴着墨镜,只有患有眼疾或眼部有缺陷者才可例外。

(5)不要在握手时将另外一只手插在衣袋里。

(6)不要在握手时另外一只手依旧拿着东西而不肯放下,如仍然拿着香烟、报刊、公文包、行李等。

(7)不要在握手时面无表情,不吐一词,好像根本无视对方的存在,而纯粹是为了应付。

(8)不要在握手时长篇大论,点头哈腰,滥用热情,显得过分客套。过分客套不会令对方受宠若惊,而只会让对方不自在、不舒服。尤其是对异性,更不能握着人家的手长时间不放。

(9)不要在握手时仅仅握住对方的手指尖,好像有意与对方保持距离。正确的做法是要握住整个手掌,即使对异性也要这么做。

(10)不要在握手时只递给对方一截冷冰冰的手指尖,像是迫于无奈似的。这种握手方式在国外叫作“死鱼式”握手,被公认为失礼的做法。

(11)不要在握手时把对方的手拉过来、推过去,或者上下左右抖个没完。

(12)不要以肮脏或患有传染性疾病的手与他人相握。

(13)不要在与人握手之后,立即擦拭自己的手掌,好像与对方握一下手就会使自己受到“污染”似的。

(14)不要拒绝与他人握手。在任何情况下,都不能这么做。

(15)不要随处滥用双握式握手。有人为了表示自己的热情、友好,常常像做“三明治”一样,双手紧夹对方的手不放,这种做法也是不妥当的。当然,并不是说这种方式一概不能用,故友重逢,或对他人进行慰问时,可以用双手式握手,但不能夹得太紧,像捉鱼一样便不合适了。

(16)不要交叉握手。有些场合,需要握手的人可能较多。遇到这种情况,可按由近及远的顺序,依次与人握手。切不可交叉握手,尤其是和西方人打交道,理应避免(两个人相握时,另外两人相握的手不能与之交叉),因为交叉会形成十字架图案,西方人认为这是最不吉利的事。

实例分析

司机的“热情”

某个铁路局的一个领导到下属车站视察工作，车站派一个专职司机和客运车间的一位女主任两人开车去接该领导，来到车站，见该领导已经到了，司机停了车，两人一起来到领导面前，不管是从职务高低，还是从尊重女士的角度来讲，这个领导都应该与女主任先握手，但是那个男司机一只手也伸了过来，而且他的手伸在那个女主任前面，这位领导只好两只手同时伸出去，一手握一个。

【案例分析】实际上司机不应该伸手的，主任在就应该由主任先握手，因为主任职位更高。在握手时，除了要由尊而卑之外，第二个顺序是由近而远，还有第三个顺序，是在社交场合尤其是宴会桌上实行的，叫顺时针方向前进。

四、手势

（一）象征性手势语

（1）OK 形手势：OK 手势是一种世界语。在中国不仅表示 0 或 3，还表示没问题、准备妥当、一切就绪，也有我很好、没事、谢谢你的关心之意等；在美国和英国表示征求对方的意见或表示同意、赞扬、顺利和了不起；在法国表示零、一钱不值；在日本、韩国、缅甸表示金钱；在印度尼西亚表示一无所有、一事无成、什么也干不了；在突尼斯表示无用、傻瓜。

（2）跷拇指：在中国表示棒、厉害；在美国、法国、印度表示打车；在日本则表示男人、父亲。

（3）伸小指：在中国表示最小的、倒数第一；在日本表示女人、女孩子、恋人；在印度、缅甸表示想去厕所；在美国、尼日利亚等国表示打赌。

（4）V 形手势：这也早已成了世界语，源自英国，因为 V 字在英文中代表了胜利 victory，所以用 V 向人表达了胜利之意。用此手势时须以手指背向自己，但在希腊用此手势时则必须把手指背向对方，否则就表示侮辱，轻视对方之意。因为在希腊，一般 V 字手势代表了视对方为恶魔、邪恶之人。

（5）竖食指：这是一种吸引人注意的手势，可以说是英文 Excuse me 之意，所以在开会时，若有人举手竖食指，即表示有意见要发表，这点与我国举手时手掌伸平状不一样。在餐厅等公共场所召唤服务人员时，也可以使用此手势，但是不要加上打手指响声，这比较不礼貌。如果把食指竖在嘴边还表示请安静的意思。

（二）招呼他人

招呼他人使用一只手臂，另外一只手臂可垂在身体一侧或背于身后。

1. 横摆式

横摆式适用于引导或指示方向时。具体做法是：五指并拢，手掌自然伸直，手心向上，肘微弯曲,腕低于肘。开始做手势应从腹部之前抬起,以肘为轴轻缓地向一旁摆出,到腰部并与身体正面成45度角时停止。头部和上身微向伸出手的一侧倾斜,另一只手下垂或背在背后,目视宾客,面带微笑,表现出对宾客的尊重、欢迎,如图3-5所示。

2. 曲臂式

曲臂式适用于请人进门。具体做法是:手臂弯曲,由体侧向体前摆动,手臂高度在胸以下,如图3-6所示。

图3-5 横摆式

图3-6 曲臂式

3. 双臂横摆式

当来宾较多时,表示"请"可以动作大一些,采用双臂横摆式。两臂从身体两侧向前上方抬起,两肘微曲,向两侧摆出。指向前进方向一侧的臂应抬高一些,伸直一些,另一只手稍低一些,曲一些,也可以双臂向一个方向摆出,如图3-7、图3-8所示。

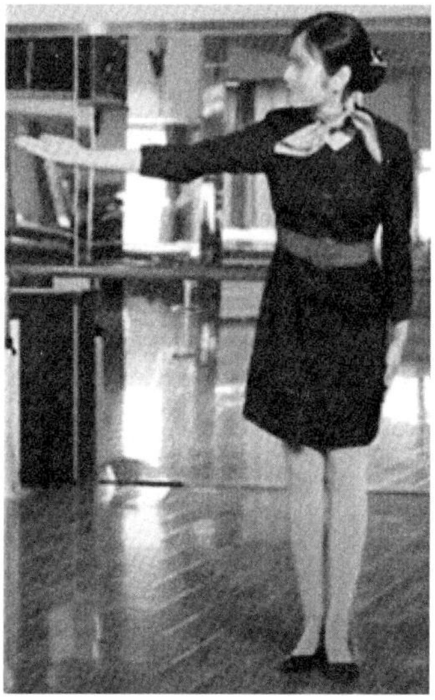

图3-7 双臂横摆式(一)

图3-8 双臂横摆式(二)

4. 直臂式

直臂式适用于指方向或物品的位置。具体做法是：手臂向外侧横向摆动，手指并拢，手掌伸直，屈肘从身前抬起，向目标方向摆去，手臂抬至肩高，如图3-9所示。

5. 斜臂式

斜臂式常用作“请坐”的手势。当请来宾入座时，要用双手扶椅背将椅子拉出，然后一只手曲臂由前抬起，再以肘关节为轴，前臂由上向下摆动，使手臂向下成一斜线，表示请来宾入座，如图3-10所示。

图3-9　直臂式

图3-10　斜臂式

五、名片

名片的使用是人际交往的一种重要手段。名片是一个人身份、地位的象征，是一个人尊严价值的彰显，也是使用者要求社会认同、获得社会理解与尊重的一种方式。名片上一般印有使用者的姓名、单位、职务和联系方式等信息，有人把它称作社交中的另一种身份证，可用于自我介绍、结交朋友、维持联系、介绍业务、通知变更、拜会他人、简短留言等。

（一）名片的类型

名片的产生主要是为了交往，过去由于经济与交通均不发达，人们交往面不太广，对名片的需求量不大。随着改革开放，人口流动加快，人与人之间的交往增多，使用名片开始增多。特别是近几年经济发展，信息开始发达，用于商业活动的名片成为市场的主流。人们的交往方式有两种：一种是朋友间交往，一种是工作间交往。工作间交往一种是商业性的，一种是非商业性的。

1. 商业名片

商业名片是指为公司或企业进行业务活动使用的名片，名片使用大多以盈利为目的。商业名片除印姓名、地址、邮编、电话、单位、职称、社会兼职外，在名片的背面还要印上单位业务范围、经营项目等。名片的正面可以使用企业或公司的标志、注册商标，大公司有统一的名片印刷格式，使用较高档纸张，主要用于商业活动。

2. 公用名片

公用商业名片是指政府或社会团体在对外交往中所使用的名片，名片的使用不是以盈利为目的，主要用于对外交往与服务。公用名片除姓名、地址、邮编、电话、单位外，名片常使用标志、部分印有对外服务范围，没有统一的名片印刷格式。名片印刷力求简单适用，注重个人头衔和职称。

3. 个人名片

个人名片是指朋友间交流感情，结识新朋友所使用的名片。个人名片除有自己的姓名、地址、邮编、电话外，名片设计可以个性化，自由发挥，常印有个人照片、爱好、头衔和职业，名片使用纸张据个人喜好。

（二）名片的规格

国内最通用的名片规格为9×5.5厘米，境外人士使用的名片为10×6厘米，女士专用名片为8×4.5厘米。

名片的印刷以横排为佳。名片的质地应是柔软耐磨的白板纸、布纹纸；名片的色彩切记鲜艳、花哨，讲究淡雅端庄，以白色、乳白色、淡黄色、浅蓝色为宜。我国的习惯是把职务用较小号字体印在名片左上角，姓名印在中间；外国人的习惯是姓名印在中间，职务用较小号字体印在姓名下面。如果同时印中外文时，通常一面印中文，另一面印外文；外文要按国际惯例，且要准确无误。

但要注意的是，名片不能随便进行涂改，且不宜提供私宅电话号码或家庭信息，不要印两个以上的头衔。名片上印刷的身份、头衔必须实事求是，譬如公司“董事”或“董事长”头衔，不能胡乱自称。作为正当交际和商务所用的名片应当避免夸张做假，切忌把自己的一切头衔和辉煌成就都在名片上表现出来，这样有时会使人反感。在社交活动中，一般选自己比较重要的或准备几种头衔的系列名片比较好。

特别注意，作为交际所用的名片，往往用以纪念，因而这种名片在设计上应讲究创意，追求情调化、文化内蕴，只写联系电话和住址，尽可能轻松悦目，甚至来一点幽默和调侃类的字句，或者加印一幅漫画意味的头像。这类名片除了讲究情调，还可以用香味纸或自洒点香水，以给人愉悦感，印制上也应越精美越好；而商务名片固然也应尽可能地讲究为好，但以增加业务合作、贸易往来的功用为主，不必过分情调化。

（三）递交名片的合理时机

精美的名片使人印象深刻，但发送名片的时机与场合可是一门学问。名片通常在三种情况下使用：一是在社交的礼节性拜访中，二是在常有商业性质的横向联系与交往中，三是在某些表达感情或表达祝贺的场合中。

具体而言，在遇到以下情况时，需要将自己的名片递交给他人，或与他人交换名片：

（1）希望认识对方。

（2）被介绍给对方。

（3）对方向自己索要名片。

（4）对方提议交换名片。

(5)打算获得对方的名片。

(6)初次登门拜访对方。

当然,也不要把自己的名片随意发给陌生人,以防被有些人利用进行不正当行为。一般遇到以下几种情况,不需要把自己的名片递给对方,或与对方交换名片:

(1)对方是陌生人而且不需要以后交往。

(2)不想认识或深交对方。

(3)对方对自己并无兴趣。

(4)经常与对方见面。

(5)与对方地位、身份、年龄差距悬殊。

(四)名片交换的方式

1.递送名片的礼节

(1)递名片时最好是站着递给对方,如果自己坐着,待对方走过来时,应站起来,问候对方后再递交名片。一般的做法是把印有最重要文字的那个部分面对着对方。具体有两个办法:方法之一,双手拿着名片的两个上角,递送给对方(见图3-11);方法二,右手拿着名片的上角,递送给对方。但一般不要用左手递给别人,尤其是对外交往的时候。左手递东西给别人,在很多国家是不能被接受的。

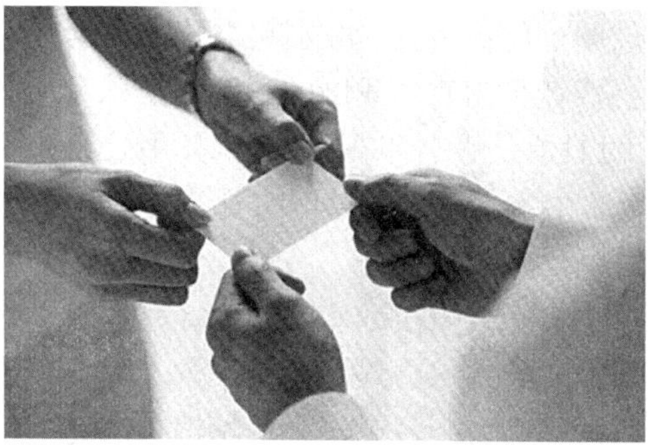

图3-11 递接名片

(2)将名片递给他人时,稍事寒暄,譬如"多多关照""常联系"等话语,或是先做一下自我介绍。

(3)与多人交换名片时,应讲究先后次序。或由近而远,或按尊者为先原则进行:往往是男士先递给女士,晚辈先递给长辈,下级先递给上级,主人先递给客人。在面对多人时,一般有以下几条操作规则:按照职务高低前进,循序渐进、由近而远,顺时针方向行进。

另外,在发送名片时要注意:

(1)除非对方要求,否则不要在年长者面前先出示名片。

(2)对于陌生人或巧遇的人,不要在谈话中过早发送名片。因为这种热情一方面会打扰别人,另一方面有推销自己之嫌。

(3)不要在一群陌生人中到处传发自己的名片,这会让人误以为你想推销什么物品,反而不受重视。在商业社交活动中尤其要有选择性地提供名片,才不致使人以为你在替公司搞宣传、拉业务。

(4)处在一群彼此不认识的人当中,最好让别人先发送名片。名片的发送可在刚见面或告别时,但如果自己即将发表意见,则在说话之前发名片给周围的人,可帮助他们认识你。

(5)出席重大的社交活动,一定要记住带名片,而且要足量携带。比如,我今天参加一个酒会,这个酒会据我所知会有120个人参加,而且这120个人都是重量级的人物,我想跟他们建立联系,那我所带的名片就要多于120张。若名片用完,可用干净的纸代替,在上面写下个人资料。

(6)无论参加私人或商业餐宴，名片皆不可于用餐时发送，因为此时只宜从事社交而非商业性的活动。

名片应整齐地放在名片夹、盒或口袋中。一般情况下，男士穿西装时，还可以放在上衣口袋里，女士最好是放在手袋里面，以免名片毁损，破旧名片应尽早丢弃。在我们的办公桌上或者抽屉里面，应该也备有足量的名片。

2. 接受名片

(1)他人递名片给自己时，应起身站立，面带微笑，目视对方。名片上印的是对方的名字，你对对方名片重不重视，实际上就是对名片的主人是不是重视。

(2)接受名片时，双手捧接，或以右手接过，不要只用左手接过。

(3)接过名片后，要从头至尾把名片认真默读一遍，意在表示重视对方，同时也可以了解对方的确切身份。

(4)最后，接受他人名片时，应使用谦词敬语，如"请多关照"，口头上要向对方马上道谢。

(5)当你拿到对方的名片之后，一定要把自己的名片及时地回赠给对方。

(6)把对方的名片拿过来之后，马上放到自己的名片包里，或者放在上衣口袋里，或者放在办公室的抽屉里，要给别人一个非常被重视的感觉。

此外，收了对方的名片后，若是站着讲话，应该将名片拿在齐胸的高处；若是坐着，就放在视线所及之处；在交谈时，不可折皱、玩弄对方的名片；与对方分别时不可将对方名片任意丢弃在桌上。

(五)名片的保存与管理

在社交活动中，收下对方名片后应放好，或放进上衣的口袋，或放入名片盒。回家后或回到办公室，则应将接受的名片分类收进专用名片簿。

收到的名片较多时，可按下列三种方法分类收藏，以便日后查找和使用。

(1)按字母顺序分类：外国友人名片可以按英文字母顺序或其他外国文字字母顺序排列，中国同胞的名片可以按汉语拼音字母顺序或汉字笔画分类排列。

(2)按行业分类：例如，可以把文化界同行的名片放在一起，把企业界朋友的名片放在一起。

(3)按国别或地区分类。每一张名片犹如一张记事卡，可在名片背面记录收到名片的时间与地点等，但不要在名片上乱涂乱画。

六、问询与答询

在人们的日常交往中，向人问询或者回答别人的询问是常有的事情。看似平常的一句问话，听起来只是一段普通的回话，其实却反映了一个人的文明水平和素养。

(一)问询

当你需要向人问路或者其他问询时，需要做到以下几点：

(1)要注意自己的脸部表情，微笑地向人询问，对方也会报以热情的回答。

(2)要选择合适、礼貌的称呼语，如"小姐""先生""师傅"等；不应该不加称呼，也不合适直接用"喂"代替，更不能使用不礼貌称呼，如"戴帽子的""老头儿""老太婆"等。

(3)要用请求语,如“请问”“劳驾”“麻烦您”等。当你向人问路时,可以用“请问,某某地方怎么走”;当有政策法规不懂,或者有疑问需要对方解答时,最好说“我想请教某某问题”;当需要有劳对方时,可以说“麻烦您”“劳驾您”等。

(4)当对方回答你的问询时,应该神情专注,不能眼神四处游动、心不在焉。

(5)问询完毕,应向对方表示感谢。语气要诚恳,态度应真诚。

(二)答询

只要身处社会的大环境,就一定会遇到有别人需要向你询问的事,怎样回答对方的询问,也能折射出一个人的礼貌和修养。

(1)要树立我为人人,人人为我的互助友爱观念,认真聆听别人的问话,热情回答别人的询问。当你正在行走,遇到有人向你询问时,正确的做法应该是停下脚步,认真听取对方的问题后进行回答。有时候,你正在办公室工作,来了一位陌生人向你询问,不管这时你有多忙,也应该暂时搁下手中的工作,热情回答对方的询问,千万不要不耐烦,因为你代表的不仅仅是个人,更是单位、企业的形象。

(2)回答别人的询问时,应该真诚、耐心、详尽。当遇到别人向你问路时,你应该仔细地把路线表达清楚,免得别人走冤枉路;如果对方是外地人,就应该用普通话回答,直到对方听懂为止。如果对方询问公务上的事,你应做到尽可能准确、详细,不要敷衍了事、模棱两可。

(3)当你对询问者的询问内容并不了解时,你可以礼貌地表示“对不起,我不了解”“很抱歉,我回答不了你的问题”等,同时,可以向对方推荐其他人,以帮助解答;如果你正好有紧急的事务需要处理,无充裕的时间解答,也应向对方表示歉意,并说明原因。总之,回答时切忌态度生硬或信口开河。

实例分析

“五里”路

从前有一个小伙子骑着马赶路,经过一天的奔波十分疲劳,几经周折仍未找到客栈,一路荒凉,十分焦急,忽然看见前面有一老汉在行走,便策马飞奔过去,之间灰尘高高扬起,弄得老汉一身灰土。小伙子骑在马背上高声喊道“嘿! 老头儿! 这儿离最近的客栈还有多远?”老汉回答:“五里。”啪! 小伙子一抽马,飞快而去,但是跑了十多里路,根本不见客栈的影子,也不见人影。什么原因,他琢磨老汉的话,猛然醒悟,于是调转马头,追上那老汉,翻身下马,热情地叫道:“老大爷!”下面的话还没说完,老汉便说:“时间已晚,客栈估计住不上了,不嫌弃的话,就到我家暂住一宿吧。”

【案例分析】小伙子将灰尘弄得老汉一身,也没有道歉——不妥;在称呼上应该称老大爷,却粗鲁地称“嘿! 老头儿!”——不礼貌。老汉说“五里”,实际是暗示他“无礼”,所以小伙子领悟后回马道歉,得到的结果是满意的。通过这个事例我们可以悟出一个道理:在与人交往的过程中,问询礼仪是很重要的,如果处理欠妥,往往会遇到麻烦;礼仪到位,尊重他人,对方自然高兴,就会非常乐意帮助你。

七、鞠躬礼

鞠躬礼是一种较为常见的致意礼节，它往往用来表示人们对他人的恭敬。这既适用于庄严肃穆、喜庆欢乐的仪式，也适用于一般的社交场合。两人相见，弯腰曲身以待，即鞠躬礼（见图 3-12 ~ 图 3-14）。它源于中国先秦时代，在深受汉文化影响的日本和朝鲜等国也很盛行。在西方也有这个礼节。

图 3-12　鞠躬礼（一）

图 3-13　鞠躬礼（二）

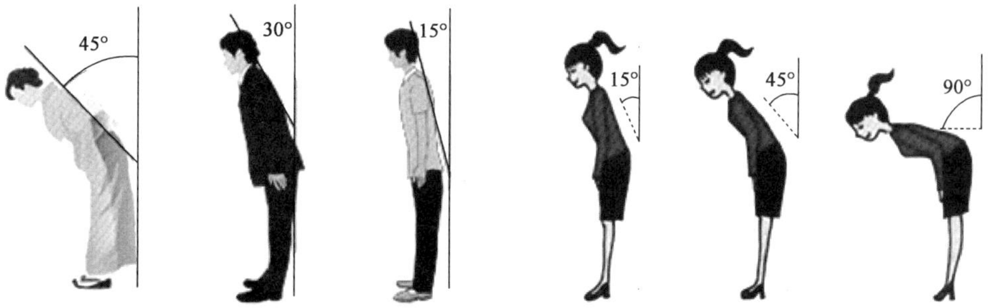

图 3-14　鞠躬礼（三）

（一）常见的鞠躬礼

在当今社交场合中，鞠躬礼是一种比较常见的礼仪。一般来说，在朋友之间、熟人之间、主人与客人之间、上级与下级之间、晚辈与长辈之间，为了表达对对方的尊重，都可以行鞠躬礼。另外，在一些场合，鞠躬礼有其不可替代的作用。例如，在演讲会上，报告人在讲演前和讲演后都应向听众行鞠躬礼，表示对听众的敬意；在颁奖场合，受奖人也要向授奖者和全体与会者鞠躬，深表谢意；演员谢幕时，也要向观众行鞠躬礼；在喜庆的婚礼中，还保存着新郎新娘三鞠躬的礼俗；在肃穆的追悼会上，人们也要向死者行三鞠躬礼。

常见的鞠躬礼分为一鞠躬礼和三鞠躬礼两种。一鞠躬礼可用于所有场合，行礼时身体向前倾 15°至 45°，随即恢复原状；三鞠躬礼比较正规，行礼前应脱帽，身体立正，目光平视，上身向前下弯 45°至 90°，然后恢复原状，这样连续三次以示庄重。

(二)鞠躬礼的行礼规范

行鞠躬礼的基本要求是:行礼者和受礼者互相注目,不得斜视和环顾;行礼时不可戴帽,如需脱帽要注意,向左边的人行礼时应用右手脱帽,向右边的人行礼时应用左手脱帽;行礼者在距受礼者两米左右行礼;行礼时,身体上部向前倾 15 度至 90 度,具体的前倾幅度视行礼者对受礼者的尊重程度而定;双手应在上体前倾时自然下垂,男士应将双手贴放于身体两侧裤线处,女士的双手则应下垂搭放在腹前,而后恢复立正姿势。通常,受礼者应以与行礼者的上体前倾幅度大致相同的鞠躬还礼,但是,上级或长者还礼时,可以欠身、点头或微笑致意答之,不必以鞠躬还礼。

行过鞠躬礼后若欲与对方说话,则脱下的帽子,等说完话再戴。

(三)行鞠躬礼的三项准则

(1)当你受到他人向自己行鞠躬礼时,应该立即还以鞠躬礼。鞠躬礼在一些国家(如日本、朝鲜、韩国等)较为盛行。如果去日本访问、旅游,经常会被告诫:“记得擦亮你的鞋,因为别人鞠躬时常常会看着你的鞋。”

(2)职位较对方低的人要先鞠躬。当你的对方是你的长辈、领导、师长时,你应该先鞠躬;当你以主人身份欢迎客人时,也要先鞠躬,表示欢迎或尊敬。

(3)职位较低的人鞠躬要相对深些,这也是行鞠躬礼需要讲究的。如在日本,尤其是商界,了解你所接触的人的职位很重要,就连对方公司的职位级别也同样重要。例如,一家有实力大公司的中层经理,比一家实力较小的小公司部门经理职位要高。行鞠躬礼时,职位较低的人不仅要首先鞠躬,而且要相对深一些。面对你的人职位越高,你的鞠躬就要越深。

八、其他见面礼仪

(一)拥抱礼

在西方,特别是欧美国家,拥抱礼是十分常见的见面礼与道别礼。熟人之间、生人之间、同性之间、异性之间、新知故友间的见面,都可以行拥抱礼(彼此间热烈地抱一抱,或轻轻地搂一搂)。拥抱礼不仅是人们日常交际的重要礼节,也是各国政府首脑外交场合中常见的见面礼节(见图 3-15)。

图 3-15 拥抱礼

拥抱礼是通过身体的某一部分的接触与亲热来传递彼此情感的。可以说,拥抱礼是一种近距离的握手礼。人们在一搂一抱的同时,可以感受到对方全身心的力量。

正式场合行拥抱礼的具体做法是:两人相对站立,张开双臂,彼此都右臂偏上,左臂偏下,右手扶着对方的左后肩,左手扶着对方的右后腰,各自都按自己的方位,两人头部及上身都向左相互拥抱,然后再各向对方右侧拥抱,最后再各自向对方左侧拥抱,一共拥抱三次才算礼毕。在一般场合行拥抱礼,可以不必如此讲究,次数也不必要求如此严格。应注意,作为礼节的拥抱,双方身体并不贴得很紧,拥抱的时间也很短,更不能用嘴去亲对方脸颊。

在涉外交往中,我们还应注意交往对象的民族习惯。有的国家或民族的人情感比较外露、奔放,常用拥抱礼来表达自己的情感。如在美国及大部分拉美国家,拥抱礼是十分常见的。而在有些国家,如印度,人们之间不仅不喜欢拥抱,男女之间连握手也不行。此外,在日本、英国以及东南亚等许多国家,人们见面时都不大喜欢用拥抱来表达感情。铁路部门每天运输大量的旅客,里面不乏许多国际友人,于是学习和了解拥抱礼就显得十分重要了。

(二)亲吻礼

亲吻礼是西方国家社交中流行的一种见面礼。由于对外开放,经济贸易的全球化,来我国旅游或者因公出差的外宾很多,使得我们客运服务人员与外宾的接触也变得日趋频繁,因而,为了更好地交流,为旅客提供优质的服务,不失礼于人,客运服务人员必须了解和掌握这一礼仪(见图3-16~图3-18)。

图3-16 亲吻礼(亲脸颊)

图3-17 亲吻礼(亲额头)

图3-18 亲吻礼(亲手背)

行亲吻礼时,往往伴有一定程度的拥抱,不同关系、不同身份的人,相互亲吻的部位不尽相同。在公共场合和社交场合,关系亲近的女士之间可以吻脸颊,男士之间拥肩相抱,男女之间一般贴面颊;父母及长辈对子女、晚辈一般吻额头;男士对尊贵的女宾可以吻手指或手背。在许多国家的迎宾场合,宾主往往以握手、拥抱、左右吻脸、贴面颊的连续动作表示最热烈的欢迎。

行亲吻礼时,动作要轻快,勿过重过长或出声;要注意口腔清洁无异味,不要把唾沫弄在对方脸上、额上或手背上;如果不是特殊关系和特殊场合,年轻、地位低者,不要急于抢先施亲吻礼。

在涉外交往中,为了尊重对方的习俗,可适当行此礼。但是,年轻女士一般不宜和男外宾，尤其是年轻男外宾行亲吻礼，可主动热情地伸出右手，和对方施握手礼。然而，对国外宾客（含外籍华人）中的长者，出于对我们客运服务人员工作的尊重而吻手背等时，应落落大方以礼相待。

（三）脱帽礼

在国际交往中，每逢正式场合以及社交场合，人们往往会向自己的交往对象行脱帽礼。在东西方国家，它都较为流行。所谓脱帽礼，是指以摘下本人所戴帽子的方式，来向交往对象致意（见图3-19）。

1. 脱帽礼的动作

行脱帽礼，通常是戴着礼帽或其他有檐帽的男士，遇到友人特别是女士时，微微欠身，用离对方较远的那只手摘下帽子，并将其置于与肩膀平行的位置，同时与对方交换目光，待离开对方时或对方离开后再将帽子"复位"。

2. 脱帽礼的要求

行脱帽礼时，如果要停下来与对方交谈，则一定要将帽子摘下来，拿在手上，待说完话再戴上；如果因头疼等原因不能摘帽，则应向对方说明情况，并致以歉意；如果在室外行走中与友人迎面相遇，只需用手将帽子轻掀一下即可。男士向女士行脱帽礼，女士应礼貌地以其他方式向对方答礼，但女士不必行脱帽礼。

（四）拱手礼

拱手礼是我国民间传统的见面礼。在中国古代，中国人创造了自己独特的见面打招呼的方式，即拱手礼（见图3-20）。

图3-19　脱帽礼

图3-20　拱手礼

行拱手礼的具体做法是：起身站立，上身挺直，两臂前伸，双手在胸前高举抱拳（右手半握拳后，用左手在胸前扶住右手），在双目注视对方的同时，双手自上而下，或自内而外，有节奏地晃动两三下。为了表示对对方的尊敬，可将双手向上抬到与额同高的位置。

客运服务人员作为铁路的"窗口"，个人的礼仪素养往往会影响旅客对铁路整个行业的印象，因此，学会并掌握在特殊场合采用合适的礼仪向旅客行礼显得十分重要。拱手礼的主要有以下几个使用场合：

(1)凡遇重大节日，如春节等，亲朋好友、街坊邻居、同事之间见面时，人们常常喜欢拱手为礼，以表祝愿；在为欢庆节日召开的团拜会上，大家欢聚一堂，互相祝愿，也常用拱手礼以表敬意。

(2)凡遇婚礼、生日、庆功等喜庆场合，来宾也可以向新郎、新娘以及其父母，向寿星以及当事人等行拱手礼表示祝贺和祝福。

(3)当双方告别、互道珍重时，向对方表示歉意时等，也可用拱手礼表示。拱手致意时，常常与寒暄语同时进行，如可以说"恭喜恭喜""节日快乐""久仰久仰""请多多指教""后会有期"等。

(五)合十礼

合十礼，亦称合掌礼，即双手十指相合，它在东南亚等信奉佛教的国家以及我国傣族聚居区最为通用(见图3-21)。在当地，人们见面时往往以合十表示敬意。我们的客运服务人员，在为这些旅客服务的时候，如能准确掌握相应的行礼规范，会给旅客一种宾至如归的感觉，提升客运服务人员的形象。

图3-21　泰国人行合十礼

合十礼有一定的行礼规范，它的具体做法是：面带微笑，双目注视对方，然后双手十指在胸前约20厘米处叠合，手指并拢向上，手掌向外侧倾斜，双腿立直站稳，上身前倾30度至45度，叠合的双手也微微上举，使手指尖部与额同高。一般来说，行合十礼时，合十的双手举得越高，越体现出对对方的尊重，但原则上不可高于额头。

合十礼分为三大类，即跪拜式、下蹲式和站立式。跪拜式合十礼常用于平民拜见皇室、僧侣或皇室拜见僧侣，下蹲式合十礼为女士拜见长辈、老师或上级，站立式合十礼常用于同辈或同级间的行礼。

根据合十时拇指位置的不同，站立式合十礼又分为四类(图3-22)：

一是高位合十礼，拇指位于眉心，双掌指尖位于额头发迹处，常用于不便行跪拜礼的情况，平民向皇室、僧侣行礼。

二是中位合十礼，双手拇指位于鼻尖，双掌指尖位于眉心处，常用于晚辈向长辈、下级向上级、学生向老师行礼。

三是低位合十礼，双手拇指位于下巴处，双掌指尖位于鼻尖处，常用于同辈或同级间行礼。

四是胸前合十礼，双手合十置于胸前即可，双掌指尖在下巴或以下，常见于长辈、上级等还礼时使用。

在国际交往中，当对方用这种礼节致礼时，我们也应以合十还礼。

a）高位合十礼

b）中位合十礼

c）低位合十礼

d）胸前合十礼

图3-22　合十礼

课堂随练

一、单项选择题

1. 握手时间的长短可根据握手双方亲密程度灵活掌握。初次见面者，一般应控制在（　　）秒以内，切忌握住异性的手久久不松开。

A. 1　　B.2　　C. 3　　D. 4

2. 男士与女士握手时,应只轻轻握一下女士的(　　)。

A. 指尖　　B. 手掌　　C. 手指　　D. 手腕

二、多项选择题

1. 握手原则有哪些?(　　)

A. 女士主动将手伸向男士　　B. 男士主动将手伸向女士

C. 年轻者主动将手伸向年长者　　D. 年长者主动将手伸向年轻者

E. 上司主动将手伸向下属　　F. 下属主动将手伸向上司

2. 欧美人认为,亲吻所传达的情感要比握手强烈得多,但亲吻的方式要因人而异。以下说法正确的是(　　)。

A. 辈分高的人对辈分低的人,只吻额头或脸部

B. 辈分高的人对辈分低的人,只吻下颚

C. 辈分低的人对辈分高的人,只吻下颌

D. 辈分低的人对辈分高的人,只能脸颊相贴

E. 辈分相同的人只能脸颊相贴

三、填空题

1. 人际交往在称呼方面的应遵循__________、__________、__________的基本原则。

2. 握手时伸手的先后次序,遵循"__________"原则。即在两人握手时,首先应确定握手双方彼此身份的尊卑,然后以此而决定伸手的先后。先由__________首先伸出手来,即尊者先行。

四、判断题

1. 年长者与年幼者握手,应由年幼者首先伸出手来。(　　)

2. 遇到若干人在一起时,握手、致意的顺序是:先贵宾、老人,后外宾,先女士后男士。(　　)

单元3.2 应酬礼仪

知识目标

1. 掌握介绍的相关礼节及注意事项;
2. 掌握迎送的礼仪规范;
3. 掌握拜访的礼仪规范;
4. 掌握接待的礼仪规范;
5. 掌握馈赠的礼仪规范。

能力目标

能够根据应酬礼仪的相关要求和基本注意事项,恰当地指导铁路客运服务的相关工作。

素质目标

树立在铁路客运服务工作中时刻注意礼仪的职业素养和服务意识。

案例导学

王某参加同学的生日聚会,同学把她安排在一张桌前,为她和一个邻座的男子做介绍:“这是王某,我中学同学;这是郭某,我的同事。”而后,他就忙着招呼其他客人去了。

距离开饭时间尚早,他们只好有一搭没一搭地聊天。郭某说:“我在外地开会,今天特意赶回来参加这个聚会,现在的铁路服务人员素质特别低,列车上的英语广播简直听不懂,服务也特差……”

当然,他这么一说王某就不好搭腔了,脸色也肯定不会很好看,本来的礼貌性微笑也全部消失殆尽。其实,这都是她的同学介绍不当惹的祸。王某和邻座是完全不相识的两个人,却要在一起坐着聊天,显然她的同学做的介绍太精简了,他没有介绍一下,王某曾是一名动车组乘务员,现在是一名礼仪培训师,所以导致王某陷入尴尬,只能听她的邻座喋喋不休地抱怨铁路部门和客运服务人员。最后,郭某终于想起来询问王某的职业,当听到“我曾是一名高铁服务人员,现在是一名礼仪培训师”时,他囧得满脸通红。

[想一想]

介绍的注意事项有哪些?

必备知识

一、介绍

现代人要生存、发展,就需要与他人进行必要的沟通,以寻求理解、帮助和支持。而介绍礼仪是礼仪中基本的也是很重要的内容。它是人际交往中与人进行沟通、增进了解、建立联系的一种最基本、最常规的方式,是人与人进行相互沟通的出发点,是人与人之间相互认识交往的第一座桥梁。其最突出的作用就是缩短人与人之间的距离。在社交或商务场合,如能正确地利用介绍礼仪,不仅可以扩大自己的交际圈,广交朋友,而且有助于进行自我展示、自我宣传,并且可以在人际交往中消除误会,减少麻烦。

介绍可分为三种情况:自我介绍、为他人做介绍和被人介绍。

(一)自我介绍的礼节

介绍是社会交往活动中的普遍礼节,是见面相识和发生联系的最初方式。在没有合适的中间人介绍的情况下,巧妙得体的自我介绍可以为双方进一步交往奠定基础,也可以展示自我良好的交际风度。

1. 自我介绍的时机

做自我介绍时,要掌握时机,初次见面和对方有兴趣时为最佳。对方有空闲,而且情绪较好,又有兴趣时,这时进行自我介绍就不会打扰对方。

在公共场合,如果你想结识某人,又没有适当的机会请别人介绍,可采取主动自我介绍的方式与对方交流,比如先说“您好,我是××学院的××,见到您很高兴”,以引起对方的注意和呼应;也可以采用被动自我介绍的方式,先婉转询问:“您好!请问您怎么称呼?”等对方做完自我介绍可顺势介绍自己。无论怎样做自我介绍,原则都是诚实和坦率,使双方愿意相互结识。

应当何时进行自我介绍?这是最关键而往往被人忽视的问题。简单归纳,在下面场合,有必要进行适当的自我介绍:

(1)应聘求职时。

(2)应试求学时。

(3)在社交场合,与不相识者相处时。

(4)在社交场合,当不相识者表现出对自己感兴趣时。

(5)在社交场合,当不相识者要求自己做自我介绍时。

(6)在公共聚会上,与身边的陌生人组成交际圈时。

(7)在公共聚会上,打算介入陌生人组成的交际圈时。

(8)交往对象因为健忘而记不清自己,或担心这种情况可能出现时。

(9)有求于对方,而对方对自己不甚了解,或一无所知时。

(10)拜访熟人遇到不相识者挡驾,或是对方不在,而需要请不相识者代为转告时。

(11)前往陌生单位,进行业务联系时。

(12)在出差、旅行途中,与他人不期而遇,并且有必要与其建立临时接触时。

(13)因业务需要,在公共场合进行业务推广时。

(14)初次利用大众传媒向社会公众进行自我推荐、自我宣传时。

2. 自我介绍的具体形式

(1)应酬式。

应酬式适用于某些公共场合和一般性的社交场合,这种自我介绍最为简洁,往往只包括姓名一项即可,如“你好,我叫××”“你好,我是××”

(2)工作式。

工作式适用于工作场合,它包括本人姓名、供职单位及其部门、职务或从事的具体工作等,如“你好,我叫××,是××公司的销售经理”“我叫××,在××学校读书”

(3)交流式。

交流式适用于社交活动中,希望与交往对象进一步交流与沟通。它大体应包括介绍者的姓名、工作、籍贯、学历、兴趣及与交往对象的某些熟人的关系,如“你好,我叫××,在××工作。我是××的同学,我们……”

(4)礼仪式。

礼仪式适用于讲座、报告、演出、庆典、仪式等一些正规而隆重的场合,包括姓名、单位、职务等,同时还应加入一些适当的谦辞、敬辞,如"各位来宾,大家好!我叫××,是××学校的学生。我代表学校全体学生欢迎大家光临我校,希望大家……"

(5)问答式。

问答式适用于应试、应聘和公务交往。问答式的自我介绍应该是有问必答,问什么答什么。

自我介绍除了上述最简单、最基本的方式以外,还可以更生动、丰富一些:比如从介绍自己姓名的含义入手,或从自己所属生肖入手,或从自己的职业特征入手,或从对事业的态度入手等。当然,这样的介绍,在私下介绍中会显得冗长,而在正式介绍的场合却是不错的。

3. 自我介绍的注意事项

(1)讲究态度。

自我介绍时,不要用大拇指指向自己,显得粗俗狂妄。态度一定要谦恭、自然、友善、亲切、随和;应镇定自信、落落大方、彬彬有礼;既不能唯唯诺诺,又不能虚张声势,轻浮夸张;表示渴望认识对方的真诚情感。任何人都以被他人重视为荣幸,如果你态度热忱,对方也会热忱。语气要自然,语速要正常,语音要清晰。在自我介绍时镇定自若,潇洒大方,有助于给人以好感;相反,如果你流露出畏怯和紧张,结结巴巴,目光不定,面红耳赤,手忙脚乱,则会为他人所轻视,彼此间的沟通便有了阻隔。

(2)注意时间。

自我介绍时还要简洁,言简意赅,尽可能节省时间,以半分钟左右为佳,不宜超过一分钟,而且越短越好。话说多了,不仅显得啰唆,而且交往对象也未必记得住。为了节省时间,做自我介绍时,还可利用名片、介绍信加以辅助。

(3)注意场合。

工作关系的自我介绍,侧重突出与工作有关的内容,不要喧宾夺主,刻意扩展,这样有卖弄之嫌,借公荐己。私下场合的自我介绍,尺度宽松一些,对方确有认识自己的愿望,则在自报姓名、学校、专业系科这些要素之外,简略介绍自己的籍贯、爱好、专长和担任什么职务。

(4)注意内容。

自我介绍的内容要简繁适度,实事求是:过于谦虚也是一种虚假行为;把自己拔高得过于完美,令对方陡生反感,甚至不欢而散,日后再无见面的契机。自我介绍的内容包括三个基本要素:本人的姓名、供职的单位以及具体部门、担任的职务和所从事的具体工作。这三个要素在自我介绍时应一气呵成,这样既有助于给人以完整的印象,又可以节省时间,不说废话。语言方面,注意少用极端性词句,如最、极、很、特别、绝对等。

(5)注意方法。

自我介绍时还要注意方法,如果有介绍人在场,自我介绍则被视为不礼貌的。应善于用眼神表达自己的友善,表达关心以及沟通的渴望。如果你想认识某人,最好预先获得一些有关他的资料或情况,诸如性格、特长及兴趣爱好。这样在自我介绍后,便很容易融洽交谈。在获得对方的姓名之后,不妨口头加重语气重复一次,因为每个人最乐意听到自己的名字。

另外，当对方在进行自我介绍时应注意以下几个问题：

(1)对方做自我介绍时应避免用儿童语言相问，打断对方，缺乏礼貌，如“你叫什么名字”，而应尽量客气一点，用词更敬重些，“您贵姓”“请问怎么称呼”等。

(2)不要涉及一些敏感的地方，如“你多大了”“你结婚了吗”等。

(3)对方做自我介绍时要仔细聆听，记住对方的姓名、职业、喜好等。当对方自我介绍后，你也做相应的自我介绍，这才是礼貌的。

(二)为他人做介绍的礼节

为他人做介绍，是经第三者为彼此不相识的双方引见、介绍的一种介绍方式。这种方式通常是双向的，即将被介绍者双方各自均做一番介绍。

为他人做介绍，把一个人引见给其他人相识的过程，是居中介绍人的义务和作用。善于为他人做介绍，可以使你在朋友、同事和同学中享有更高的威信、公信力和影响力。在人群当中，自然充当介绍人的一般是其中地位、年龄最高者和被介绍双方共同认识的人。当今文明社会，即使是貌似轻松的居中介绍，也有许多固定的讲究。

首先，要抓住为他人做介绍的时机，遇到下列情况，就有必要为他人做介绍：与家人外出，路遇家人不相识的同事或朋友；本人的接待对象遇见了其不相识的人士，而对方又跟自己打了招呼；在家中或办公地点，接待彼此不相识的客人或来访者；打算推荐某人加入某一方面的交际圈；受到为他人做介绍的邀请；陪同上司、长者、来宾时，遇见了其不相识者，而对方又跟自己打了招呼。陪同亲友前去拜访亲友不相识者。

其次，特别受尊重者有了解对方的优先权，也就是说介绍有先后顺序。在社交场合，介绍的一般原则是：

(1)必须遵守“尊者居先”的规则，即在介绍两个人互相认识时，总的要求是把被介绍人介绍给你所尊敬的人，同时在语言表达上，要先称呼受尊敬的一方，再将被介绍者介绍出来，这是国际公认的介绍顺序，若混淆该顺序，会产生令人不愉快的后果。

(2)把年轻者介绍给年长者，不论男女都是按顺序做介绍，但一定要区分好双方的年龄。

(3)把职务低者介绍给职务高者，适用于正式场合，并特别适用于职业相同的人之间。

(4)如果双方年龄、职务相当，则把男士介绍给女士。在现今的社交场合，女士优先是普遍被接受的，因此一般情况下，应将男士介绍给女士。

(5)把家人介绍给同事、朋友。

(6)把未婚者介绍给已婚者。

(7)将个人介绍给团体。一般按一定的次序，如顺时针、反时针、从左到右或从右到左等依次进行均可，不能跳跃式介绍，若有显赫的贵宾可破例。

(8)把后来者介绍给先到者。

做居中介绍人也不能太随便，举动与神态还是有一定的规矩的，在做介绍时，介绍人应起立，站在被介绍的双方之间一侧，呈三角站立，手的正确姿势是抬起前臂，五指并拢伸直，手掌向上倾斜，指向被介绍者，切忌用食指或中指指向被介绍的任何一方，也不能用手拍打被介绍人的肩部、胳膊和背部。介绍人的介绍用语应简明扼要，分寸恰当，一般不要介绍被介绍人私人信息方面的情况，如家庭住址、本人通信信息等。在介绍过场中要一视同仁，公平客观，不要过分赞扬其中的一方，给人留下厚此薄彼的印象。但可以在介绍时有意识地选择双方的共同点，如相似的经历、共同的爱好、相关的学业等，以便双方结识之后，很快找到共同的话题，能尽快地熟悉起来。

最后，介绍时应注意以下事项：

(1)介绍者为被介绍者介绍之前，一定要征求一下被介绍双方的意见，切勿上去开口即讲，显得很唐突，让被介绍者感到措手不及。

(2)被介绍者在介绍者询问自己是否有意认识某人时，一般不应拒绝，而应欣然应允。实在不愿意时，则应说明理由。

(3)介绍人和被介绍人都应起立，以示尊重和礼貌；待介绍人介绍完毕后，被介绍双方应微笑、点头示意或握手致意。

(4)在宴会、会议桌、谈判桌上，视情况介绍人和被介绍人可不必起立，被介绍双方可点头微笑致意；如果被介绍双方相隔较远，中间又有障碍物，可举起右手致意，并微笑点头致意。

(5)介绍完毕后，被介绍者双方应依照合乎礼仪的顺序握手，并且彼此问候对方。问候语有“你好、很高兴认识你，久仰大名、幸会幸会”，必要时还可以进一步做自我介绍。

(三)被介绍人的礼节

被人介绍是指在社交场合有他人将你介绍给别人认识。自己处在当事人的位置，由第三者介绍，因此，作为被介绍者，应当表现出结识对方的热情。要被介绍时，正面面对对方，介绍时除了女士和长者外，一般都应该站起来，但若是在会谈进行中或宴会等场合，就不必起身，只微微欠身致意就可以了。被介绍时，双目应该注视对方，切不可东张西望，心不在焉或是羞羞答答，不敢抬头。待介绍完毕，应该主动与对方握手问好，说声“认识你很高兴”等，也可以递上自己的名片，并请对方多多指教、关照等。若对方有兴趣与你交谈，应表示高兴；若对方让你稍等，你应说“没关系”并耐心等待。

二、迎送

迎送礼仪总的要求是热情、主动、礼貌、大方、体态合礼仪，并为客人提供交通、食宿等方面的方便。通常的迎送礼仪有以下要求：

迎接来宾前，首先了解来宾的背景资料，如身份、性别、习俗等，并确定相应的迎送规格。主要迎送人员通常要与来宾的身份相当或者相差不大，尽量做到对等。当事人不能出面时，应从礼貌角度出发向对方做出解释。

掌握抵达和离开的时间，如迎送时间有变化，应及时掌握。

迎接未见面的客人，在车站、码头、机场上有必要准备一块牌子：“欢迎××”。迎接那些必须向他们致欢迎词的贵宾，应事先准备好一篇热情洋溢、优美、简短的欢迎词。

见到来宾后，应根据来宾的身份、性别、年龄、习俗以及来访性质等，热情地与他们拥抱、握手，或向他们鞠躬、抱拳作揖、双手合十、点头、鼓掌欢迎等。

如安排献花，须用鲜花，并注意保持花束整洁、鲜艳，忌用菊花、杜鹃花、石竹花及黄色花朵。有的国家习惯送花环，或者送一两枝名贵的兰花、玫瑰花等。通常由儿童或年轻女士在参加迎送的主要领导人与客人握手之后，将花献上。有的国家由女主人向女宾献花。

向来宾行礼后，应道辛苦并做自我介绍。为了不使对方在如何称呼你的问题上感到为难，应向对方表示“请叫我小×(老×)”。

应主动向客人表示帮助他拿行李的意思，如有车来接，应为他打开车门。上车时，最好为客人打开右侧车门，使客人从右侧上车，主人从左侧门上车，避免从客人座前穿过。三排座的轿车，翻译坐在主人前面的加座上；二排座轿车，翻译坐在司机旁边。

上车后，应该将活动日程表送到客人手上，并询问客人有何私人活动需要帮助安排，可向客人介绍沿途建筑、风光、民俗、气候、特产等情况。

到住宿处后不要久留，让客人得到休息。分手前一定要说好下一次见面的时间、地点，并告诉客人与你联系的方法。

对应邀前来参加单位活动的本地区客人，应在单位大门口迎接，活动结束，应送客人上车或送出门口。

客人离去时应客人在前，否则有驱赶客人之嫌。离别前握手告别，并说：“欢迎您再来。”

三、拜访

(一)有约在先

现代社会生活节奏紧张，人们惜时如金。拜访他人时，应事先联系，待对方同意后按时赴约。未经约定冒昧造访，可能打扰对方的计划，造成不便。拜访的时间一般在上午10时或下午4时左右，尽量避免在午间或吃饭时间进行，以免打扰对方的日常生活。

预约好时间后，应遵时守信。迟到固然不好，太早到也会影响主人的准备工作和原定计划。对一般约会来说，按国外习惯是准时或略迟两三分钟到达，国内习惯准时或提前三五分钟到达。如果因故迟到或临时失约，要向对方详细说明原因，并郑重致歉。

(二)登门有礼

无论是公事还是私事，无论是大事还是小事，无论是有事还是无事，人与人之间、社会组织之间、组织与个人之间总少不了相互拜访。没有拜访的公共关系是残缺不全的，没有拜访的人际关系是不幸的。登门拜访他人在时间选择、衣帽着装、言谈举止等各个方面都应该注意礼仪规范。

(1)到达主人家，要先按门铃或先敲门，待主人同意后方可进入。见面时，要主动问好或施以恰当的见面礼，如握手礼。倘若主人一方不止一人，则对对方的问候与行礼，必须在先后顺序上合乎礼仪惯例。标准的做法有两种：其一，是先尊后卑；其二，是由近而远。进门后，要将外套、帽子或随身带来的雨具放在门口或者挂衣架上。女士可以不脱帽。

(2)就座时，要与主人同时入座，不要一马当先，抢先入座。如果主人家里另有家人和其他客人，应先向长者和其他客人打招呼，等主人安排座位后再就座。

(3)主人端茶点烟时，应起身致谢。喝茶时，即使很渴也不要一饮而尽；即使不想喝，也应该品尝几口，这是对主人的尊重。吸烟时，如果有女士在场，应先征得女士的同意。

(4)拜访中，不应该随意翻动主人的物品。交谈中，应选择恰当的谈话内容，可以对对方的情况表示关心，但不能打听对方隐私，如工资收入等。

在拜访外国友人之前，要随身携带一些备用的物品，主要是纸巾、擦鞋器、袜子与爽口液等，简称“涉外拜访四必备”。入室后的“四除去”是指帽子、墨镜、手套和外套摘下、脱去。

切忌不拘小节，失礼失仪。

（三）掌握好时间

在拜访他人时，一定要注意在对方的办公室或私人居所里停留时间的长度。从总体上讲，应当具有良好的时间观念。不要因为自己停留的时间过长，从而打乱对方既定的其他日程。事先未有约定的，谈话时间不宜过长。

一般情况下，礼节性的拜访，尤其是初次登门拜访，应控制在一刻钟至半小时之内。最长的拜访，通常也不宜超过两个小时。有些重要的拜访，往往需由宾主双方提前议定拜访的时间和长度。在这种情况下，务必要严守约定，绝不单方面延长拜访时间。

自己提出告辞时，虽主人表示挽留，仍须执意离去，但要向对方道谢，并请主人留步，不必远送。在拜访期间，若遇到其他重要的客人来访，或主人一方表现出厌客之意，应当机立断，知趣地告退。离开时，应有礼貌地向主人表示感谢。

四、接待

接待是指个人或单位以主人的身份招待来客或来访者的一种社会交往方式。接待如按性质来分，可分为两类，即家庭（或私人）接待和公务接待。

（一）家庭接待

热情好客是我们中国人的传统美德，对于登门拜访的客人，作为主人都要给予热情诚恳的接待。

（1）做好接待前的准备。如果客人与你事先有约，就应做好迎客的各种准备。首先，要了解客人的喜好，便于有针对性地做好接待。其次，要保持居室的卫生、整洁，注意个人的仪表、仪容；最后，把招待客人用的茶具、烟具（如果客人有抽烟习惯，并且主人允许）以及饮料、水果、点心等准备好。

既然是与客人有约在先，作为主人应该安排好时间在家等候，如临时有更重要的事需要处理，而无暇接待来客时，应提前通知对方，并表示歉意；同时征求对方的意见，另约接待的时间。

（2）热情、自然、大方地接待来客。俗话说，有朋自远方来，不亦乐乎。客人进门时，主人应在门口热情迎接，表示欢迎，然后把家人介绍给客人。如果客人是夫妻双方都熟悉的，按照西方的礼仪习惯，应该由女主人向客人介绍家庭的其他成员；同时也让家人认识每一位客人。

待客人坐下后，要告诉客人你准备了一些什么饮料，可以让客人自己挑选已备有的饮料，这既表示了对客人的尊重，也可避免因客人不爱喝你呈上的饮料，而造成不必要的浪费。切忌先让客人“自报家门”选饮料，一旦没有客人报出的饮料，会造成不必要的尴尬。如果备有其他食品，可以同时端上。

中国人比较习惯喝茶，如给客人敬茶应注意以下四忌：

（1）要检查茶叶品质是否正常，切忌冲泡有异味或夹杂物的劣质茶。

（2）要将茶具洗涤消毒，切忌用沾有茶垢或者是有破损的茶杯敬茶；茶叶不要直接用手抓取。

（3）要用新鲜的开水冲泡，切忌用隔夜开水泡茶。

（4）要双手恭敬端茶杯，并和颜悦色地说：“请用茶。”切忌一只手送茶，或用手捏住杯边缘向客人敬茶，这样既不卫生，也不礼貌。

与客人交谈时，如果家人不便参与，应尽量回避，如无条件回避，就不要随便插话。

如果客人来访时，你正在看电视，最好立即把它关掉。不要边接待客人边看电视；与客人交谈时，应专心致志，不要东张西望，心不在焉，或者频频看表，更不能只顾自己做家务，这样是很不礼貌的。如果客人来访时正遇上你不愉快则要善于克制，不要当着客人的面流露出不快的神情，更不能迁怒于客人。如果客人来访时恰逢你有急事要办，如果办事的时间不长，则不妨向客人说明情况，让客人稍等片刻，并委托家人作陪，或者拿一些书报、杂志给客人浏览。

客人告辞时，主人应等客人起身后再道别，并且等客人先伸手后才可握手，否则有赶客之嫌。对于年长的、初次来访的、稀客等，主人应送至大门口，目送客人离去。如果送客至电梯口，则要等客人进入电梯，在电梯关门后再离开，切不可当着访客的面关上门，或客人仍在门外不远处时，就“砰”的一声关上门。

（二）公务接待

迎来送往是公务活动中最常见的礼仪，作为接待方必须对来访者的情况有详尽的了解，才能做到心中有数，做好接待工作。

公务接待需要了解的内容有：来访者的单位名称、人数、男女比例、职务级别，以及来访的主要目的、日程安排，还有需要特殊安排的内容，到达和离开的具体时间、乘坐何种交通工具等。如果当地的车站、码头、机场有几处，就要问清确切的地点；如果需要接待方帮助联系和安排食宿，就须问清对方的经费标准，以便提前合适地安排食宿。

确定接待规格，是接待礼仪中重要的一环，主要依据来访者的身份和访问的目的决定，同时还应考虑主客双方的关系。主要出面接待的人员一般应与来宾的身份相当。根据访问的目的确定接待人员的层次。如来宾前来处理重要公务或出席重要的会议等，接待应隆重些，主要接待人应当身份高一些；如来访者为途经本地参加一般会议、处理日常事务等，接待方可派代表，或办公室人员接待即可。

为了表示对客人的尊重，客人到来之前，应把接待场所的室内外环境卫生清理一下。如客人必经、必往的道路、楼梯、楼梯扶手等，尤其是盥洗室一定要清洁干净。把会客室精心收拾一番，摆放一些鲜花，可准备一些水果、点心饮料、茶水等。如果是商业或公务会谈，还应准备一些文具用品和可能用上的相关资料，以便使用和查阅。

首次来访的或应邀来访的宾客，接待方要安排专人接待，有条件的接待单位可以安排专车前往车站、码头、机场迎接。当接待方弄清客人乘坐的车次、船次、班次和到达的时间、地点后，一定要提前到达接站地点等候。如果双方相互不认识，还要准备一块醒目的接待牌，上面写上“欢迎某某”“某某会议接待处”等字样。迎接时要举起接待牌，以便客人辨认。如果是级别规格较高的来宾，要安排高层领导前往迎接。如客人提有行李包，接待人员应主动帮助提拿，但不要替客人拿手提包或公文包，一方面这类包的分量不重，另一方面里面一般放置重要文件、证件等物品，客人不喜欢轻易离手。

客人抵达后，不论来访的目的如何，接待方通常都应先安置客人休息。如果是近路来客,可在单位的会客室(或会议室)稍做休息,要提供茶水或饮料,如果是远道而来的客人,应考虑其旅途疲劳,可先安置客人到下榻的宾馆后,再商议活动日程。接待人员在向客人告别时,应留下自己的名片或联络方法,以便客人随时联系。然后,按照对等礼仪,于当天或次日安排身份相当的领导前往客人下榻处看望客人。如果非一般关系的客人,接待方的对等领导可以直接去接站,或者在其下榻的宾馆迎候。

在宾客来接待单位参观访问前,应在客人下车点的醒目处放上一块欢迎牌,如"热烈欢迎某某莅临指导"等。客人下车后,陪客者应走在客人的左边,或走在主陪人员与客人的后面。尤其注意与客人并排走时,要把靠墙的一侧让给客人。到会客室门口时,应为客人打开门,让客人先进,并将室内的最佳位置让给客人。最尊贵的位置(上座)是接待方主要领导右边的座位。待客人坐定后,主宾双方分别介绍随行人员。

在主宾双方的会谈中要围绕主题,谈话的态度与语气要温和适中;要认真聆听客人的讲话,不要插话或东张西望,也不要只听不说;谈话要注意坐姿,不要频繁看表、打哈欠。

送客是接待中的最后环节,也是不可忽视的重要礼仪。送客失礼,会大大影响接待的质量,心理学称之为末轮效应。客人提出告辞时,接待方不要急于起身相送,要进行挽留,如果客人决意要走,则不必勉强,待客人起身告辞时,接待者再起身与客人告别。主人应把客人送上车,待车子启动时,再挥手告别,目送车子远去。

如果是全程安排的接待工作,在参观、学习日程结束前几天,就要了解客人的返程日期、要求、车次、班次和票种,如有需要及时帮助客人预购车、机、船票。临行前,接待方的相关领导或成员应到下榻处向客人表示欢送,询问临行前还有什么事情需要交代和办理。如果接待方领导因公务繁忙不能前往,可以致电表示歉意和欢送。临行时,接待方要提前给客人结算好各项费用,并安排或帮助搬运客人携带的物品,派车将客人送到车站或机场等。如果是贵宾,可联系好贵宾室,请他们在贵宾室候车或候机。

五、馈赠

馈赠是团体之间、个人之间以及团体与个人之间为了表达情感、沟通信息,向对方表示心意的物质行为,也是国际上通用的社交活动形式之一。

中国有句俗话"礼轻情谊重",送礼的目的在于情,而不在于礼品的价值有多昂贵。除非常亲密的人外,一般如用太重的礼品送人反而不妥当,易引起"重礼之下,必有所求"的嫌疑。其实选择礼品在符合时尚的前提下,贵在精心构思、有创意,并不在于礼品的经济价值,因为赠送有意义的、有独创性的礼物,会使受赠者有"特别的爱给特别的你"的感受,其效果就可想而知了。

我们中国人习惯在送礼的时候说"礼不好,请笑纳",但西方国家的人认为这有遭贬之嫌。中国人往往还喜欢在受礼的时候谦虚一番"受之有愧"等,而西方国家的人则认为这是不礼貌的,他们习惯在接受朋友、来宾的礼物时,用双手接下,并真诚地向对方表示感谢。

凡是赠物送礼的人,都希望以此表达自己的感情,并给对方留下深刻的印象。但是,并非每个人都能如愿以偿,有时甚至会适得其反。怎样才能使双方满意呢?这就应该把握六个因素,即六个"W"原则。

(一)who——被赠送的对象是谁

礼物送给谁,是我们应该首先考虑的因素,不能“物不达意”。送礼者应该事先考虑受礼方的年龄、性别、兴趣、习惯和禁忌等。给恋人的礼物要有纪念意义,给老人的礼物要注意实用性,对家境差一些的人,礼物要实惠;对远方来客,应送些轻巧、易携带,结实不宜碎的礼物。送礼尤其要注意对方的忌讳。“钟”与“终”谐音给年长者送钟,有“送终”之嫌。在日本送乌龟表示祝愿对方健康长寿之意,但在我国却有骂人的意思。向一位无抽烟喝酒习惯的人送烟酒,向一位刚刚丧偶的人送情侣表等,都会让人感到不舒服。

在国际交往中,更应了解对方的风俗习惯。总之,礼品要因人而异,不同的对象要送不同的礼物。

(二)why——送礼的目的是什么

送礼时有各种各样的原因和目的,尽量做到恰如其分。如恭贺新禧、祝贺生日、庆贺婚典、乔迁之喜、探望病人和答谢回赠等,如果赠送的目的不明确,就很难使对方满意。朋友结婚时,送去水果和补品;同事生病住院时,赠送餐具和床上用品;别人乔迁时,送去婴儿奶粉和用品;而长辈生日时,却送去玩具和家庭装饰品等。这种张冠李戴、毫无目的地送礼,会让人啼笑皆非。

(三)how——如何赠送

通常习惯的送礼方式是当面赠送。这是我们中国人传统送礼的主要途径。随着国门的打开,信息时代的到来,人们的工作、生活节奏加快了,送礼的方式也随之多起来,如托人转送、派人代送、邮寄、特快专递等,以前在发达国家才有的礼品服务业,也在我国发展起来。可以通过礼品服务公司,交上一定的费用,让他们负责将你要送的礼品,送到朋友的手中。随着我国经济的发展、文明程度的提升,礼品公司还可以提供一条龙服务。只要一个电话,公司就能按要求把礼品送给受礼者。通过礼品公司可以省去不少麻烦事,但是对有些重要的受礼对象,还是当面赠送为好。

如何送礼,还包括赠礼时的注意事项:馈赠礼物要有包装,以表示对受礼者的尊重。我们通常对礼品的包装不太讲究,而在国外是很讲究礼品包装的。在美国,几乎所有赠送别人的礼物都要包装,若因各种原因来不及包装的,他们一定要为没有包装而向你表示歉意。有时包装的费用比礼品本身还要贵。他们认为,包装本身和礼物一样重要,表示你对这份感情的重视。

(四)when——何时赠送

送礼也要把握时机,不能什么时间想送就送。找不准送礼的时机,往往会“自作多情”,让人误解,甚至不快。一般来讲,春节、清明、端午、中秋、生日、结婚、生子(女)、圣诞节、情人节、母亲节等,都是送礼的好时机。通常情况下,送礼选择在相见或道别时比较恰当。现在的父母,不会忘记给子女过生日,从出生满月时开始,年年必过。儿童需要父母、别人记住自己的生日,老人也需要子女、小辈记住自己的生日。如果遇到老人生日,即使你忙得不可开交,也要有所表示,哪怕打个电话给父母,也会让老人倍感幸福。给远行的朋友送礼物,最好在其临行前的几天,以便对方整理打包,如果匆匆忙忙地把一大包礼物塞给即将登机、登车的朋友,反而给对方增添了麻烦。

在国际交往中,把握送礼时机很重要。如果你初次与法国人相识就送礼,是不恰当的,应等到下次相逢的适当时机再送。在英国,合适的送礼时间往往选在晚上。在西欧,当你去别人家里做客时,应当在到达时向主人送上礼物。作为东道主接待外宾时,如欲赠送一些礼品,可在来宾向自己赠送礼品之后进行回赠,也可在来宾临行前一天,前往其下榻处进行探访时回赠。送礼都应放在事先,一般来说,事后送礼是“马后炮”,也是不礼貌的。

(五)where——在何地、什么场合赠送

同样的礼物在不同的地方赠送,其意义是不一样的。有的物品在此国家很受欢迎,可到了别的国家则不然,甚至受到厌恶和反对。

在何处赠送也有讲究。有些国家,要当在场人数不多时送礼,而有的则相反。中国自古就是礼仪之邦,送礼也是人们最能表情达意的一种沟通方式,但是送礼的场合掌握不好也会适得其反。如果是公务交往的礼物,应该在公众场合赠送;倘若是私人礼品,应该在私下送,在办公室赠送私人礼物很不合适,容易遭到对方的拒绝,更易引起他人的误解。

(六)what——送什么礼物

赠送礼物时要尽可能考虑受礼人的喜好。俗话说:“送人千金,不如投其所好。”好的礼物在于它的合适、有特色和有意义,而不在于它的价值是多少。

在社交的正式场合,礼品应该体现赠送者的真情实意,并反映其聪颖、幽默、想象力和创造力。赠送礼物应尽量送对方所喜欢的东西。平时要注意细心观察受礼者的喜好,使对方能高兴地收下礼物。当中国人求人办事,又不知道对方喜欢什么时,往往送烟送酒,而日本朋友,通常会选购一些当地的土特产送人。虽然这些礼物的价钱不贵,但很受欢迎。赴国外参观访问,更要带些具有中国民族特色的工艺品,或者具有本单位特色的礼品赠送异国朋友。凡是具有特色、富有情调的礼品,对方都会很乐意接受。日本人、韩国人对中国的文房四宝、名人字画等情有独钟,来自欧美的女士,对中国的丝绸也是喜爱有加。

善于送礼,也要懂得受礼。受礼时,含蓄的传统习惯,使得我们中国人往往不好意思当场打开所赠的礼品。如果你与欧美人交往,收到礼物时应立即表示感谢,如打开包装,欣赏一下所收的礼物,并由衷地表示“我很喜欢”或“我正要这个”,会使对方十分高兴。朋友送你的礼物,你能够很快用上,对方会更高兴。

课堂随练

一、单项选择题

1. 为他人做介绍时,方法不正确的是(　　)。

A. 先把男士介绍给女士

B. 先把长辈介绍给晚辈

C. 先把晚到的客人介绍给先到的客人

2. 下列一般介绍顺序(   )是错误的。
A. 将男士介绍给女士
B. 将年轻的介绍给年长的
C. 将先到的客人介绍给晚到的客人

二、多项选择题

1. 拜访时以不妨碍对方为原则,所以相约的时间要非常注意,(   )是最恰当的时间。
A. 上午八九点　　B. 下午四五点　　C. 中午十二点
D. 晚上七八点　　E. 下午一二点

2. 自我介绍的形式包含(   )。
A. 应酬式　　B. 工作式　　C. 交流式
D. 礼仪式　　E. 问答式

三、填空题

1. 礼节性的拜访,尤其是初次登门拜访,时间应控制在__________至__________之内。

2. 介绍可分为三种情况:__________、为他人做介绍和被人介绍。

四、判断题

1. 当你介绍别人的时候,突然想不起对方的名字时最好实事求是地告诉对方。(   )

2. 介绍自己或介绍他人时应掌握尊者居前的原则。(   )

单元3.3 语言礼仪

知识目标

1. 了解语言礼仪的基本要求,掌握高速铁路客运服务规范用语;
2. 掌握谈话、寒暄、倾听、劝告与说服、拒绝、赞美等口头语言的礼仪规范;
3. 掌握情态语言、身势语言、空间语言等体态语言的礼仪规范。

能力目标

能够根据高速铁路客运服务礼仪的相关要求,主动规范自己的服务用语,约束自己的动作与行为,礼貌地为旅客提供服务。

素质目标

1. 全面掌握口头语言及体态语言的礼仪要求,并学以致用;
2. 深化铁路客运服务礼仪意识,具备铁路客运服务礼仪的基本职业素质。

案例导学

2019年10月3日，旅客反映在某某站出站时，因携带两个大的行李箱，上下楼梯不方便，于是找到客运服务人员询问："小同志，可不可以把电梯设置一下，将二楼到一楼的电梯向下开？"该客运服务人员回答："不行的，我们有规定的，我也没办法。"于是，旅客不得不走楼梯把两个行李箱慢慢挪下去，而那名客运服务人员只是在旁边看着他，一动不动。

[想一想]

(1)该客运服务人员的回答有哪些不当之处？应如何向旅客做好解释工作？

(2)除了语言，该铁路客运服务人员还有哪些做法欠妥？

(3)结合案例，谈谈铁路客运服务人员如何注重语言礼仪，做好语言服务工作？

必备知识

语言是人们交流思想、联络情感的重要工具和手段。俗话说："言为心声，语为人镜。"语言是人心灵的体现，是揭示人们心灵的窗户。语言不仅能衡量一个人的业务能力，而且也可以反映出一个人的思想、道德、修养水平。一个善于使用语言与他人沟通的人，本身就具备了取得成功的可能性。

从服务的角度出发，语言包括服务口头语言、服务书面语言和服务体态语言。这里主要介绍服务口头语言和服务体态语言。

一、服务口头语言

(一)谈话的礼仪

1.话题的选择

要有一个愉快而富有收获的谈话，必须选择合适的话题，即谈话的中心。一般而言，谈话的主题多少可以不定，但在某一特定时刻宜少不宜多，最好只有一个，才有助于谈话的顺利进行。在谈话之中，以下四类话题都是适宜的选择。

(1)既定的话题

既定的话题是指交谈双方事先约定的主题，如征求意见、讨论问题、研究工作等。在正式交谈中，可以选择这类话题。

(2)高雅的话题

高雅的话题主要涉及文学、艺术、哲学、建筑、历史、地理等，但切忌班门弄斧，不懂装懂。这类话题，适用于各种场合的交谈。

(3)轻松的话题

轻松的话题如时尚休闲、体育赛事、电影电视、旅游度假、天气状况等。这类话题适用于非正式交谈。

(4)擅长的话题

比如,和律师交谈的时候,可以谈谈法律方面的话题;在和文艺工作者交谈的时候,可以谈谈文学创作等。这类话题适用于各种场合的交谈。

2. 谈话礼仪

谈话是人们交流感情、增进了解的主要手段。谈话是一门艺术,谈话者的态度和语气极为重要。有人谈起话来滔滔不绝,容不得他人插嘴。有人为了显示自己的伶牙俐齿,总是喜欢用夸张的语气来谈话,甚至危言耸听,完全不顾他人的喜怒哀乐,一天到晚谈的只有自己,这种人不懂得尊重他人。

在社交场合中,谈话的礼仪有“四不准”“个人隐私五不问”“六不谈”原则。

(1)“四不准”原则

①不打断对方。你有说话的权利,对方也有说话的权利,打断别人是没有教养的表现。

②不补充对方。真正容人的人会给别人说话的机会,给别人表达意愿的权利。待人接物交谈的基本技巧是少说多听,因为言多必失。

③不纠正别人。不是原则问题,不要随便对别人进行是非判断,大是大非另当别论,小是小非得过且过。

④不质疑对方。如果不是原则问题,不要随便对别人谈的内容表示怀疑。我们在日常生活中,有时候得罪人、伤害人的就是一些小是小非。

(2)“个人隐私五不问”原则

①不问收入。收入往往是一个人实力的标志,如果问一个人挣多少钱,实际上是问这个人的本事如何,这不合适。

②不问年龄。在现代市场经济条件下,竞争比较激烈,一个人的年龄问题,实际上也是个人的资本,所以不问年龄问题。

③不问婚姻家庭。家家都有一本难念的经,别去跟人家过不去。

④不问健康问题。和年龄一样,现代人的健康其实也是一种资本。

⑤不问个人经历。英雄不问出处,避免说到别人所忌讳的话题。

上述问题涉及对方的实力和个人隐私,一般是他人不愿涉及的领域,应尽量避免,这也是个人素质的一种表现方式。

(3)“六不谈”原则

①不非议党和政府。这是对公民的起码要求。

②不谈及国家秘密和商业秘密。国家有保密法,泄露国家秘密是要犯法的。

③不非议交往对象。爱说是非者必是是非之人。

④不在背后议论别人。背后议论人是一种极不礼貌、缺乏修养的行为。

⑤不谈论格调不高的话题。比如家长里短、小道消息等,如果这些格调不高的话题从我们嘴里说出来,就会贻笑大方,会使对方觉得我方素质不高,有失教养。

⑥不涉及个人隐私问题。现代社会强调尊重个人隐私,不要随便打听个人隐私。

(二)如何与人寒暄

寒暄是表示客气的套话,人们经常会听到、用到,但有些寒暄的话会让人觉得别扭、虚假，以至于本来是为了缓和气氛、调整心态而寒暄，却恰恰起到了相反的作用。那么，如何做到有效地寒暄呢？

1. 态度积极

态度积极可以表现出谈话者的主动、热情，更有利于调节气氛。

2. 照顾周到

当遇到多人寒暄时，不能只顾及其中一两个人，而把其他人撇在一边。

3. 善于选择话题

寒暄的话题既应表现对他人及其亲人的关心，使对方感到温暖，也应是对方乐于谈且又较易回答的问题。

4. 注意灵活变通

要区分对象，根据对象的亲疏，变化寒暄用语；要根据时间的早晚，变换寒暄用语；要根据场合的不同，选用不同的寒暄用语。

5. 讲究方式

与陌生人初次见面的寒暄，一般须有两三个问答的进程。熟人间的寒暄，往往只需一句话、一个招呼。如果久不见面，则宜有两三个问答的过程。

（三）倾听的技巧与礼仪

国内有句谚语：“用十秒钟的时间讲，用十分钟的时间听。”听，可以从谈话对方获得必要的信息，领会谈话者的真实意图。一个出色的聆听者，具有强大的感染力，他让对方感到自己很重要，这样可以极大地调动说话者的情绪。事实上，有时虽然感觉对方在听，但有可能并没达到实际效果。因为倾听的层次是不一样的，如图 3-23 所示。

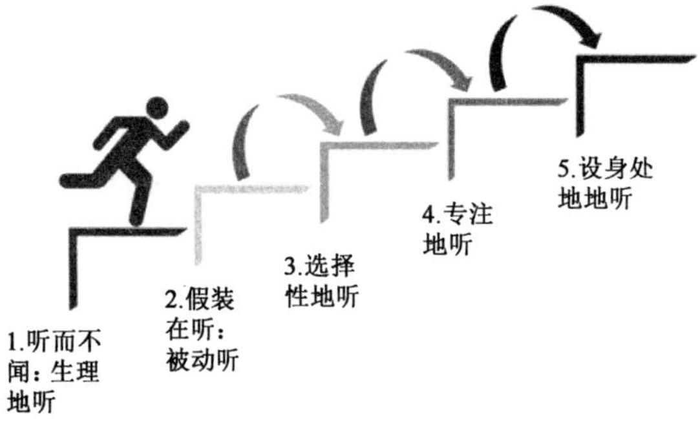

图 3-23　倾听的层次

在现实中，大概 60% 的人只能做到第一层次的倾听，30% 的人能够做到第二层次的倾听，15% 的人能够做到第三层次的倾听，达到第四层次水平上的倾听只有 5% 的人。在工作和生活中，提高自身倾听技巧，对于创造积极、双赢的局面非常有意义。

那么，怎样才能掌握倾听的艺术呢？

1. 集中注意力，真心诚意地倾听

人的思绪很快，往往超过讲话的速度。讲话的速度是每分钟 120 ~ 160 个字，而思考的速度则是每分钟400~600个字。因此要强迫自己集中注意力倾听。如果你真的没有时间，或由于别的原因而不愿听人谈话，你最好客气地提出来："对不起，我很想听你说，但我今天还有一件事要做。"礼貌地提出来，比勉强听或者坐着开小差更好一些。

2. 要有耐心，不能随便打断别人讲话

有些人话很多，或者语言表达有些零散甚至混乱，这时就要耐心地听完他的叙述。即使听到你不能接受的观点或者伤害某些感情的话，也要耐心听完。听完后可以反驳或者表示你的不同意见。

3. 偶尔的提问或提示可以澄清谈话内容，给讲话者以鼓励

如"这几条建议，你认为哪一条最好呢？"同样也可以适时用简短的语言，如"是""对的"或点头微笑来表示你不仅在聆听对方说话，而且饶有兴趣，避免对方因说话得不到回应而感到兴味索然，中断讲话。

4. 适时给予反馈

反馈就是用自己的语言表述对讲话人所表达信息和情感的理解，这表明他已经听到并理解了信息。你可以逐字逐句地重复讲话人的讲话，也可以用自己的语言解释讲话人的意思。比如："你的话是不是可以这样概括……"

（四）劝告与说服语言礼仪

服务人员面临千变万化的公众，里面有大量的逆意公众，需要说服对方，这就要讲究说服技巧。劝告说服他人的基本要诀主要包括以下几个方面。

1. 取得他人的信任

在说服他人的时候，最重要的是取得对方的信任。只有对方信任你，才会正确地、友好地理解你的观点和理由。只有对方信任你，才会理解你友好的动机；否则，如果对方不信任你，即使你说服他的动机是友好的，也会经过"不信任"的"过滤器"作用而变成其他的东西。

2. 站在他人的角度设身处地地谈问题

要说服对方，就要考虑到对方的观点或行为存在的客观理由，亦即要设身处地地为对方想一想，从而使对方对你产生一种"自己人"的感觉。这样，对方就会信任你，就会感到你是在为他着想。这样，说服的效果将会十分明显。

3. 创造出良好的"是"的氛围

从谈话一开始，就要创造一个说"是"的氛围而不要形成一个"否"的氛围。不形成一个否定氛围，就是不要把对方置于不同意、不愿做的地位，然后再去批驳他、劝说他。比如，"我知道你会反对……可是事情已经到这一步了，还能怎样呢？"这样说来，对方仍然难以接受你的看法。在说服他人时，要把对方看作能够做或同意做的。比如"我知道你能够把这件事情做得很好""你一定会对这个问题感兴趣"等。事实表明，从积极的、主动的角度去启发对方、鼓励对方，就会帮助对方提高自信心，并接受自己的意见。

4. 说服用语要推敲

说服他人时，用语的色彩不一样，说服的效果就会截然不同。通常情况下，在说服他人

时要避免用“愤怒”“怨恨”“生气”或“恼怒”这类字眼，即使在表述自己的情绪时，如担心、失意、害怕、忧虑等，也要在用词上注意推敲，这样才会收到良好的效果。

（五）拒绝别人的艺术

交谈中不可能没有拒绝。由拒绝所引起的对方的心理抗拒以及由此产生的消极情感后果往往是不可避免的，为了使这样的消极后果降到最低限度，应当学习和掌握交谈中的一些拒绝艺术。

1. 不要立刻拒绝

立刻拒绝会让人觉得你是一个冷漠无情的人，甚至觉得你对他有成见。

2. 要婉转地拒绝

真正有不得已的苦衷时，如能委婉地说明，以婉转的态度拒绝，别人还是会感动于你的诚恳的。

3. 要有代替地拒绝

我帮不上你的忙，我会提出一个更好的方法来帮助你，这样一来，他还是会很感谢你的。

4. 要有帮助地拒绝

你虽然拒绝了，但却在其他方面给他一些帮助，这样既不勉强自己，也不会让对方难堪。

（六）学会赞美别人

林肯说过“每个人都希望得到赞美”。恰当的赞美可以活跃气氛，令对方心情愉快，因为这是对对方个人价值和社会价值的肯定。

赞美别人，可以打破谈话的僵局，消除紧张心理，可以给人带来远见卓识，让人拥有宽广的胸怀；不仅使人更健康，而且能让人获得真挚的友谊和良好的人际关系。赞美是一门需要修炼的艺术，但只要你窥破了它的“秘诀”，你不但能赞美别人，而且能如意地得到别人的赞美。

1. 出自真诚，源自真心

人们慨叹赞美别人难，是因为关注自己太多，即使赞美，也不是出自真心。古语说：“精诚所至，金石为开。”只有真诚的赞美才能使人感到你是在发现他的优点，而不是以一种功利性手段去分享他的利益，从而达到赞美的最高目的。

真诚也把赞美和阿谀奉承区分开来。赞美具有诚意，阿谀没有诚意；赞美是从心底发出，阿谀只是口头说说而已；赞美是无私的，阿谀完全是为自己打算。因而人们喜欢赞美而厌弃阿谀奉承之流。

2. 知己知彼，投其所好

赞美别人之前，必须对被赞美者的基本情况了如指掌，比如对方的优点和长处，他的缺点、弱点，还要熟悉对方的爱好、兴趣、人品等，这样才能避免泛泛而谈或者无话可说。知己知彼，方能百战不殆。

3. 从小事着眼，无“微”不至

常言说：勿以善小而不为，勿以恶小而为之。赞美别人时，要勿以善小而不赞，因为凡夫俗子不可能有许多大事值得赞美,千万不要吝啬,一定要慷慨地从小事上称赞别人。善于从小事上赞美别人,不仅可以给人惊喜,而且可以树立你明察秋毫、体贴入微的形象。

4. 赞美别人的忌讳

一忌太夸张。赞美需要修饰,但是过分、太夸张的赞美就会变成阿谀奉承,让人感觉不到真诚,只留下虚浮和矫揉造作。

二忌陈词滥调。一些人的赞美言辞中,充满了陈词滥调,如久仰大名、百闻不如一见、生意兴隆、财源茂盛等。一些人在社交场合赞美别人时,只会鹦鹉学舌,说别人说过的话,然而,别人嚼过的肉不香。

三忌冲撞别人的忌讳。几乎每个人都有自己的忌讳,每个国家和民族都有自己的忌讳。忌讳仿佛是永不结疤的伤痕,每个人都不允许别人侵犯它。赞美别人千万不可触及对方的忌讳,否则,极易造成交际的失败,引起他人的反感。

二、体态语言礼仪

体态语言,亦称"人体示意语言""身体言语表现""态势语""动作语言"等,是人际交往中传情达意的一种方式。日常人际交往中体态语言是有一定规律可循的。了解这一点,不仅有助于理解别人的意图,而且能够使自己的表达方式更加丰富,表达效果更加直接,进而使人与人之间更和谐。在交际中常见的体态语言主要有:情态语言、身势语言、空间语言。

(一)情态语言

情态语言是指人脸上各部位动作构成的表情语言,如目光、微笑等。在人际交往中,这些语言能传递大量信息。人的面部表情是人内心世界的"显示屏"。人的复杂心理活动无不从面部显现出来。面部的眉毛、眼睛、嘴巴、鼻子、舌头和面部肌肉的综合运用,可以向对方传递自己丰富的心理活动。

1. 眼睛

眼神一向被认为是人类最明确的情感表现和交际信号,在面部表情中占据主导地位。而眼神实际上是指瞳孔的变化行为。它是受中枢神经控制的,能够如实地显示大脑正在进行的一切活动。瞳孔放大,传达爱、喜欢、兴奋、愉快等正面信息;瞳孔缩小,则传达消沉、戒备、厌烦、愤怒等负面信息。人的喜怒哀乐、爱憎好恶等思想情绪的存在和变化,都能从眼神中显示出来。与人交谈,要敢于和善于同别人进行目光接触,这既是一种礼貌,又能帮助维持一种联系,使谈话在频频的目光交接中持续不断。

人的眼神是面部表情中最丰富生动的,也是最善于传情达意的。在人与人的交往中,语言固然是重要的手段,但有的时候不用语言也能达到交际目的,那就是通过眼神来表达情感和思想。许多时候,甚至无声胜有声。所以,在人际交往中我们别忘了用眼神来传递信息,眼神的运用是颇有讲究的。

第一,注视时间。与人交谈,视线接触对方脸部的时间应该占全部谈话时间的30%～60%,因此要把握好这一时间度。长时间凝视对方会被认为是对私人空间或视力范围的侵犯,是不礼貌或挑衅的行为;完全不看对方,则被认为是自高自大傲慢无礼的表现,或者试图去掩饰什么。若对对方表示友好,则注视对方的时间应占全部相处时间的1/3左右;若对对方表示关注，则注视对方的时间应占全部相处时间的2/3左右；若注视对方的时间不到相处全部时间的1/3，往往意味着对其瞧不起，或没有兴趣；若注视对方的时间超过了全部相处时间的2/3，往往表示可能对对方抱有敌意，但还有另一种情况，即对对方本人发生了兴趣。

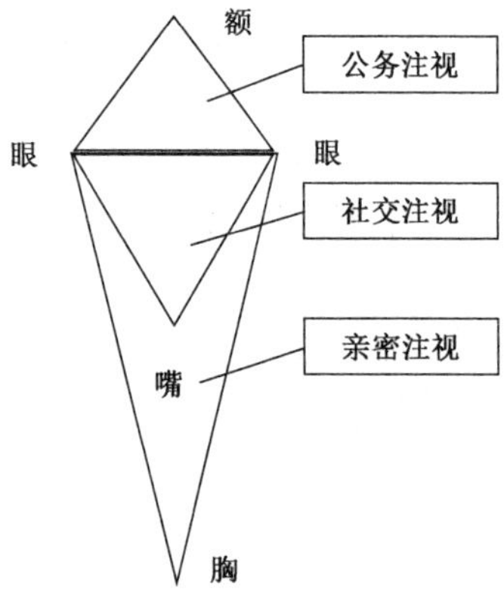

图3-24　注视的区域

注视时间的礼仪要求人们在一般的社交场合和工作场合既不要长时间注视对方，使对方不自在，也不能眼神游移不定。

第二，注视部位。从视线停留的部位可反映出三种人际关系状态：一是视线停留在两眼与胸部的三角形区域，被称为亲密注视，这种注视带有亲昵、爱怜的感情色彩，多用于亲人、恋人、家人之间；二是视线停留在双眼和嘴部之间的三角形区域，被称为社交注视，这种注视给人轻松、平等的感觉，是社交场合常见的视线交流位置；三是视线停留在对方前额的一个假定的三角形区域，称为公务注视，表示严肃、认真、敬业、坦诚。如果你的视线停留在这一区域，就会使对方感觉到你有正事要谈，使你保持了主动。（见图3-24）

第三，注视方向。不同的视觉方向表达不同的含义，如仰视表示思索，俯视表示忧伤，正视表示庄重，斜视表示轻蔑等。

一般地说，平视对方表示尊重，适用于在普通场合与身份、地位平等之人进行交谈；仰视表示尊重、敬畏之意，适用于面对尊长之时；俯视可对晚辈表示宽容、怜爱，也可对他人表示轻蔑、歧视；斜视对方，那是失礼的表现。

另外，直视表示认真、尊重；凝视表示专注、恭敬；盯视表示出神、疑虑、走神、疲乏或失意、无聊、挑衅；扫视表示好奇、吃惊；环视表示认真、重视，在同时与多人交往时，表示一视同仁。

当然，眼神的变化要自如协调，要与有声语言有机地配合在一起，不能只顾眼神，不顾其他或者两者分离。

第四，眼睛的转动。眼睛转动的幅度与快慢都必须遵循一个“度”，不要太快或太慢。眼睛转动稍快表示聪明、有活力，但如果太快则表示不诚实、不成熟，给人轻浮、不庄重的印象，如“挤眉弄眼”“贼眉鼠眼”指的就是这种情况。但是，眼睛也不能转得太慢，否则就是“死鱼眼睛”。鲁迅描写祥林嫂遭受巨大打击迫害后，“眼珠许久才转一下”，表示她已被迫害得头脑迟钝了。眼睛转动的范围也要适度，范围过大给人以白眼多的感觉，过小则显得木讷。

2. 微笑

微笑是指不露牙齿，嘴角的两端略提起的笑。微笑是人体语言的一种，是人类最基本的动作。它是交际活动中最有吸引力、最有价值的面部表情。微笑是一门学问，也是人际交流的艺术。它可以和有声语言及行动一起互相配合，起到互补作用，在交际中表达深刻的内涵。微笑能给对方留下良好的第一印象，会使人的赞美更具分量；微笑有利于迅速打破僵局，消除戒备心理；微笑更能充分表现出对他人赞许、谅解、理解的态度。

微笑是一种艺术。作为礼仪的笑容应该是美好看、自然的，它是常态下的微笑，所以要做到“四要”“四不要”。“四要”是指：一要口眼鼻肌结合，做到真笑；二要神情结合，显出气质；三要声情并茂，相辅相成；四要与仪表举止的美和谐一致，从外表形成完美统一的效果。

"四不要"是指:不要缺乏诚意,强装笑脸;不要露出笑容随即收起;不要仅为情绪左右而笑;不要把微笑只留给上级、朋友等少数人。

有效的社会交往需要真诚的笑容。然而在笑的背后隐藏着许多秘密,不同的笑还暗示了不同的信息。笑并不总意味着高兴,它更是一种社交语言。

3. 眼眉

眉间的肌肉皱纹能够表达人的情感变化。柳眉倒竖表示愤怒,横眉冷对表示敌意,挤眉弄眼表示戏谑,低眉顺眼表示顺从,扬眉吐气表示畅快,眉头舒展表示宽慰,喜上眉梢表示愉悦。

4. 嘴

嘴部表情主要体现在口形变化上。伤心时嘴角下撇,欢快时嘴角提升,委屈时撅起嘴巴,惊讶时张口结舌,愤恨时咬牙切齿,忍耐痛苦时咬住下唇。

5. 鼻子

鼻子也能传达很多情感。厌恶时耸起鼻子,轻蔑时嗤之以鼻,愤怒时鼻孔张大;紧张时鼻腔收缩,屏息敛气。

6. 脸

面部肌肉松弛表明心情愉快、轻松、舒畅,肌肉紧张表明痛苦、严峻、严肃。一般来说,面部各个器官是一个有机整体,协调一致地表达出同一种情感。当人感到尴尬、有难言之隐或想有所掩饰时,其五官将出现复杂而不和谐的表情。

(二)身势语言

身势语言,亦称动作语言,指人们身体的部位做出表现某种具体含义的动作符号,包括手、肩、臂、腰、腹、背、腿、足等动作。在人际交往中,最常用且较为典型的身势语言为手势语和姿态语。

1. 手势语

手势语是通过手和手指的活动来传递信息的一种体态语言。

手势能表达感情。通过手势可以表示强调、表示欢乐、表示愤怒、表示激情。人们高兴时常常手舞足蹈,愤怒时握紧双拳或拍案而起,表示敢做敢当用手拍胸脯。

手势表意功能更强。聋哑人丧失了语言的能力借助手势,他们同样能够实现成功的交流。在许多公众场合,语言不便使用,人们往往借助手势,如交通指挥、体育裁判等。手势的表意动作属于人的一种自觉动作,多数是约定俗成后形成的一些手势,含义明确。如招手,表示让对方过来;摆手,表示不要或禁止;挥手,表示再见或致意;竖大拇指,表示第一或称赞;伸小指,表示最小或蔑视;摊开双手,表示无能为力;鼓掌,表示赞扬或欢迎;握拳,表示紧张或愤恨;等等。

手势具有象形的作用,即用手势来摹形状物。如说"买了一个大气球"时双手合成一个大圆,说某人个子很矮时手板往下一压。

手势还具有象征的作用,即用手势可以表达某一抽象的事物或概念。如大拇指竖起,其余四指并拢,即表示赞许、顶呱呱、好样的之意。相反,将小指指向对方而并拢其余四指,则是表示轻蔑,对人表示否定、讽刺。食指刮脸,则意味着对方不害羞;食指竖立压在嘴唇上,即要人不要发声,保持安静。双手捂住耳朵,是不愿听对方的话;捂住双眼,则表示不愿看。

2. 姿态语

姿态语一般不是靠声音而是由全身或身体一部分的动作以传达意思的手段。它可表达自信、乐观、豁达、庄重、矜持、积极向上、感兴趣、尊敬等或与其相反的语义。有的人心情快乐,便把两手在空中挥动;有的人心情悲苦,忍不住握着拳头,紧紧地靠在自己的胸前;而当愤怒的时候,更不免举拳猛击。人的动作与姿态是人的思想感情和文化教养的外在体现。

(三)空间语言

空间语言,是人类利用空间来表达某种思想信息的一种社会语言,属于无声语言范畴。每一个人都生活在一个无形的空间范围圈内,这个空间范围圈就是他感到必须与他人保持的间隔距离。空间距离是无声的,但它对人际交往具有潜在的影响和作用,有时甚至决定着人际交往的成败。空间的变化可以传达出各种信息。美国哈佛大学的人类学家爱德华·霍尔将人们沟通时互动双方的空间由近及远分为四类,即亲密空间、个人空间、社交空间、公共空间。

亲密空间:(<0.45 米),其语义为"亲切、热烈、亲密",在这个距离内可以感受到对方的体温和气味,沟通更多依赖触摸。在通常情况下,只允许父母、夫妻、情侣或孩子进入这一范围。语言表现为无声或耳语低声。

个人空间:(0.45~1.2 米),其语义为"亲切、友好"。这种距离是朋友之间沟通的适当距离,如鸡尾酒会、友谊聚会或派对中的人际距离,发生在朋友、同学、同事之间。在这个距离内,人们可以握手,也可以促膝相谈。彼此关系越近,距离越近;关系越生疏,距离越远。语言表现为语气和语调亲切、温和。

社交空间:(1.2~3.6 米),其语义为"严肃、庄重"。这种沟通不带有任何个人感情色彩,用于正式的社交场合,以"事"为中心,如同陌生人交往、与官员会谈、进行贸易谈判等。在这个距离内沟通需要声音清晰,措辞温和客气,更需要充分的目光接触。

公共空间:(>3.6 米),其语义为"自由、开放"。这是人们在较大的公共场内所保持的距离,如中大型教室的教师授课、公共演讲、各类球赛等,是一切人都可以自由出入的空间距离。在这个距离内沟通,语言表现为声音响亮且措辞规范。

然而,现实生活中,人们对于"不同关系应该保持的礼仪距离"的认定并不一致,原因有多种,如文化背景的差异、成长环境的人口密度、受教育程度、经济发展水平等。

总之,体态语言丰富而微妙,是人们心际的显露、情感的外化,好似一个信息发射塔。体态语言在人们的日常交际过程中往往起着不可估量的作用。一位运动员场上的身影,可浓缩为一个民族的风采;一位商人从事国际贸易,形体语言可透出其所在国的实力;一位国家领导人,从其体态语言里往往能读出那个国家的文明程度。

一方水土养育一方人,不同人群拥有不同的体态语言。体态语言从另一个层面反映着人的思想境界,反映着人的精神面貌。

从事铁路客运服务工作，除应掌握语言礼仪外，还应注重日常服务礼仪综合素质的培养，以内外兼修，提高个人的职业素养，增强自信，从容应对各种场合。

课堂随练

一、单项选择题

1. 不同的视觉方向表达不同的含义，斜视表示(　　)。

A. 思索　　B. 忧伤　　C. 庄重　　D. 轻蔑

2. 一般社交空间，沟通双方之间距离应保持在(　　)。

A. <0.45 米　　B. 0.45 ~1.2 米　　C. 1.2 ~3.6 米　　D. >3.6 米

二、多项选择题

1. 劝告说服他人的基本要诀主要包括(　　)。

A. 取得他人的信任

B. 站在他人的角度设身处地地谈问题

C. 创造出良好的"是"的氛围

D. 说服用语要推敲

2. 拒绝别人时应当注意(　　)。

A. 不要立刻拒绝　　B. 要婉转地拒绝

C. 要有代替地拒绝　　D. 要有帮助地拒绝

三、填空题

1. 谈话的礼仪应该遵循________、________、________原则。

2. 在交际中常见的体态语言包括________、________、________。

四、判断题

1. 与人交谈，视线接触对方脸部的时间应该占全部谈话时间的30% ~60%。(　　)

2. 视线停留在两眼与胸部的三角形区域，被称为亲密注视，这种注视带有亲昵、爱怜的感情色彩，多用于亲人、恋人、家人之间。(　　)

单元3.4　电话礼仪

知识目标

1. 了解电话的特性；

2. 掌握固定电话的礼仪规范；

3. 掌握移动电话的礼仪规范。

能力目标

能够根据电话的相关特性,礼貌地接听、拨打电话。

素质目标

1. 全面了解接听、拨打电话的礼仪要求并学以致用;
2. 深化铁路客运服务礼仪意识,具备铁路客运服务礼仪的基本职业素质。

案例导学

王慧是武汉铁路局12306客户服务中心的一名客服代表。接听旅客电话,并做好相应的解答工作是她工作的重要内容。

有一次,一名学生家长打来电话,想咨询孩子买学生票的事情。王慧在接听电话时一直心不在焉,对于旅客的询问,从不直接回答,总是以"对不起,请查询相关规定"来回复。旅客很生气,在电话里大声质问,王慧一时不耐烦就直接挂断了电话。

[想一想]

王慧作为一名铁路局客户服务中心接线员,此举是否妥当?在接听旅客电话时,她犯了哪些禁忌呢?

必备知识

从日常生活到商业场合,电话已是现代人不可缺少的通信工具。正确掌握接听和拨打电话礼仪,很大程度上可以体现通话者个人的修养和素质。

一、电话的特性

(一)只闻其声不见其人

打电话时,通过声音便可以觉察一个人的情绪和态度。所以,就应特别注意措辞及说话方式。要注意语调和缓、明朗,给人一种亲切感,同时说话要清晰、明确。声音的好坏不在于音质,而在于说话人的态度及语气。

1. 拿电话的方法

收话口紧贴耳朵,送话口正对着唇部。送话口与嘴之间的距离为2~3厘米。

2. 声音的大小

不要用大得像在怒吼的声音或小得像在窃窃私语那样的声音说话。

3. 说话的速度

一分钟300字的速度较容易被接受,如果说得太快就不容易被听懂。

(二)看不见对方状况的单方面性

对方正要想干点什么的时候,单方面地硬把他叫住,用电话把其束缚住了,应采用“突然间给您打电话,还请您原谅”“让您回电话真不好意思”等方式来请对方原谅。

(三)电话周围4平方米内的敏感性

电话敏感度良好,可以把周围4平方米内的声音传送到对方那里,因此,要尽量使周围的人安静下来;打电话时,若要和旁边的人说话,要用手掌盖住话筒,注意不要让通话方听见。

二、固定电话礼仪

(一)拨打电话礼仪

1. 择时通话

有的人拨打电话时只以自己的情况为判断标准,选择自己方便的时间拨打电话,实际上是对通话对象重视、尊重不够的表现。设身处地地考虑对方的情况,是选择通话时机的基本原则。拨打电话要选择通话效率高的时间,就是对方不会厌烦的时间。比如休息时间尽量不要给他人打电话,即晚上10点之后,早上7点之前,没有什么特别的急事不要打电话。万一有急事打电话,要先说一句“抱歉,事关紧急,打搅了!”否则对方很可能会厌烦。再者,就餐时别打电话。现代人工作繁忙,通常午餐只有一个小时的时间,另外,倘若不是重大事情,节假日不要打电话。如果是拨打国际长途电话,还要考虑时差的问题。当然,秘书在工作中遇到紧急情况,可随时与有关部门和人员电话联络,但是也要注意把握分寸。

2. 注意语言与声调

语言应当简洁、明了、文明、礼貌。在通话时,声音应当清晰而柔和,吐字应当准确,句子应当简短,语速应当适中,语气应当亲切、和谐、自然。不要在打电话时为自己的情绪所左右,要么亢奋激动,大声吼叫,震耳欲聋;要么情绪低沉,断断续续,小声小气地如同“耳语”或“哀怨”一样,让对方干着急也听不清楚。打电话时最好双手持握话筒。讲话时,嘴部与话筒之间应保持2~3厘米的距离。这样的话,就不会使对方接听电话时,因话音过高或过低而感到“难过”了。

3. 谨慎“开场白”

打电话时,开口所讲的第一句话,事关自己留给对方的第一印象,所以应当慎之又慎。如果电话接通后,自己所说的头一句话是“喂,喂,小王在不在?”既不礼貌,也不规范。规范的“开场白”有两种:第一种适用于正式的商务交往,要求礼貌用语与双方的单位、职衔、姓名“一同道来”,其标准的“模式”是:“您好!我是省化工进出口公司营销部副经理××,我要找西华市化工进出口分公司经理××。”;第二种适用于一般性的人际交往,在使用礼貌性问候以后,应同时准确地报出双方完整的姓名。其标准的“模式”是:“您好!我是××,我找××。”不要还不知道对方是谁,一上来就跟人家套近乎,比如说“我是老许啊,我找小梅”之类的,常会让接电话的人一头雾水。人家很可能既不知道“老许”是谁,也不清楚您要找的

“小梅”到底是哪一位。

4. 尊敬代接电话者

如果电话是由总机接转，或双方的秘书代接，在对方礼节性问候之后，应当“礼尚往来”，使用“您好”“劳驾”“请”之类的礼貌用语与对方应对，不要对对方粗声大气，出口无忌，或是随随便便将对方呼来唤去。得知要找的人不在，可请代接电话者帮助叫一下，也可以过后再打。无论如何，都不要忘了说话要客气。

5. 处理好通话中的“突发事件”

在通话时，若电话中途中断，按礼节应由打电话者再拨一次。拨通以后，须稍做解释，以免对方产生误解，以为电话是来电者由于不满而故意挂断的。如遇拨错电话的情况，应向对方道歉。

6. 注意通话主题

通话时集中沟通主要议题，提高通话效率。打电话时所使用的语言，应当礼貌而谦恭，用比较简练的语言将所要叙述的事情讲完，避免浪费别人的时间。若非事关重大的时间、数据，一般没有必要再三复述。

7. 礼貌结束通话

当通话结束时，别忘了向对方道一声“再见”。按照惯例，电话应由拨电话者挂断。挂断电话时，应双手轻放不要最后再给对方的听觉以“致命一击”。

（二）接听电话礼仪

在接听电话时，亦有许多具体要求。能否照此办理，往往意味着接听电话者的个人修养与对待拨打电话者的态度如何。在接听电话时，须专心致志、彬彬有礼、不卑不亢（见图3-25）。

图3-25　接听电话礼仪

1. 注意态度与表情

接听固定电话时，对方是看不到接听者的态度与表情的，但对方可以从通话过程中感受到。电话一般控制在铃响三声之内接听。否则，被认为失礼，应向对方致歉。商务电话应对时，第一句话当自报单位名称或所属部门，不论内线还是外线，应一律用统一的客套话应答。接电话时，态度应当殷勤、谦恭，要仔细聆听对方的讲话，并不时用“嗯”“好的”给予对方积极的反馈,表明正在认真听。

在办公室里接电话,应走近接电话,双手捧起话筒,以站立的姿势,面含微笑地与对方友好通话。不要坐着不动,把电话拽过来夹在脖子上通话;也不要拉着电话线,走来走去地通话。在通话过程中,停止一切不必要的动作,不要对着话筒打哈欠,或是吃东西,也不要同时与其他人闲聊,不要让对方由此产生不被尊重的感觉。

2. 注意语言和语气

在办公室接电话声音不要太大。接电话声音太大会影响其他人工作,而且对方也会感觉不舒服。在正式的商务交往中,接电话时拿起话筒所讲的第一句话,也有一定之规。接电话时所讲的第一句话,常见的有三种形式:

第一种,以问候语加上单位、部门的名称以及个人的姓名,该形式最为正式,如"您好!我是××铁路局职教科××,请讲。"

第二种,是以问候语加上单位、部门的名称,或是问候语加上部门名称,它适用于一般场合,如"您好! ××铁路局职教科,请讲"。或者"您好!职教科,请讲"。最后一种形式主要适用于由总机接转的电话。

第三种,是以问候语直接加上本人姓名。它仅适用于普通的人际交往,如"您好,××请讲"。需要注意的是,在商务交往中,不允许接电话以"喂,喂"或者"你找谁呀"开场。

3. 礼貌对待误拨电话

如遇对方误拨电话,应耐心说明,并及时告之,口气要和善,不可恶语相加。如有可能,不妨询问对方,是否需要帮助他查一下正确的电话号码,这样可以借机宣传本单位以礼待人的良好形象。

4. 礼貌结束通话,认真道别

结束通话时,应认真地道别,确定对方已经挂断电话才能轻轻挂上电话,不宜"越位"抢先。

在通话时,接电话的一方不宜率先提出中止通话的要求。万一自己正在开会、会客,不宜长谈,或另有其他紧急或重要的电话接进来,需要中止通话时,应说明原因,并告知对方"一有空闲,我马上回电话给您",免得让对方觉得自己厚此薄彼。如遇对方不能适时结束通话,我们应当委婉、含蓄地结束通话,不要令对方难堪。比如,不宜说"你说完了没有?我还有别的事情呢!"而应当讲"好吧,我不再占用您的宝贵时间了""真不希望就此道别,不过以后希望再有机会与您联络"。

5. 在接电话时,要注意代接电话时的态度

商务往来比较多的人,可请秘书代为处理电话,也可在本人不在时使用录音电话。不过本人在场时,一般是不合适使用电话录音的。万一需要用录音装置,则必须使自己预留的友好、谦恭的录音。通常,预留的录音应为:"您好!这里是××公司××部。本部门工作人员现在因公外出,请您在信号声音响过之后留言,或者留下您的姓名与电话号码。我们将尽快与您联络。谢谢,再见。"代接电话时,讲话要有板有眼。被找的人如果就在身旁,应告诉打电话者"请稍候",然后立即转交电话,不要抱着恶作剧或不信任的态度,先对对方"调查研究"一番,尤其是不允许将这类通话扩音出来。被找的人如果尚在别处,应迅速过去寻找。

不要懒于行动，直接蒙骗对方说“人不在”，或是大喊大叫“××，有人找你”，闹得“世人皆知”，让他人的隐私“公开化”。转接电话时，要询问清楚对方的姓名、电话、单位名称，以便在接转电话时为受话人提供便利。在不了解对方的动机、目的是什么时，请不要随便说出指定受话人的行踪和他的个人信息，如手机号等。倘若被找的人不在，应在接电话之初立即相告，并可以适当地表示自己可以“代为转告”的意思。不过应当先讲“××不在”，然后再问“您是谁”或“您有什么事情”，切勿“本末倒置”，省得让打电话者疑心：他要找的人正在旁边，可就是不想搭理他。表示自己可以“代为转告”的意思时，应当含蓄一些，如“需要我为您效劳的话，请吩咐”。不要一开口就说“你有什么事情都尽管告诉我，我一定会如实转告”，等等。只有在比较熟的人之间，才可以直接询问“要不要我告诉××人，一回来就打电话给您”。代接电话时，对方如有留言，应当场用笔记下来，之后，还应再次复述一次，以免有误。

6. 确认听话内容

听不清楚对方说话内容时应确切地将情况告诉对方并请对方改善，如“听筒好像有问题听不太清楚，可不可以大声点？”在电话中传达有关事宜，应重复要点，对于号码、数字、日期、时间等，应再次确认，以免出错。

三、使用手机礼仪

（一）公共场所手机使用礼仪

（1）不宜旁若无人地大声通话。信号不良时，可改换通话位置或改用其他通信方式，不能大声呼叫。

（2）在会场、影院、剧场、音乐厅、图书馆、展览馆等需要保持安静的场所，主动关机或置于振动、静音状态，如接到来电，应到不妨碍他人的地方接听。

（3）不在驾驶汽车时或飞行过程中使用手机，不在加油站使用手机。

（二）收发手机短信礼仪要求

（1）在需要保持安静的公共场所，或在与人交谈时，将短信接收提示音调至静音或振动状态。

（2）不在与人谈话时查看或编发短信。

（3）编发短信用字用语应规范准确、表意清晰。短信内容后最好留姓名，以使接收方知晓发送人。

（4）不编发有违法规或不健康的短信，不随意转发不确定的消息。收到不良短信可建议或告诫发送者停止发送。

（5）发短信一定要署名。短信署名既是对对方的尊重，也是达到目的的必要手段。

（6）短信祝福一来一往足矣。每逢节日，人们都会发短信祝福。一般来说，一来一往足矣，二来二往就多了，三来三往就成了繁文缛节。

（7）有些重要电话可以先用短信预约。有时要给身份尊贵或重要的人打电话，知道对方很忙，可以先发短信“有事找，是否方便给您打电话？”如果对方没有回短信，一定不是很方便，可以在较久的时间以后再拨打电话。

(8)及时删除自己不希望别人看到的短信。一些人经常把手机放在桌上,如果出办公室办事或者去卫生间,也许有好奇之人就会顺手翻看短信。如果上面有一些并不希望别人看到的短信,就可能引起麻烦。如果不幸被对方传播出去,后果就更严重了。

(9)上班时间不要没完没了地发短信。上班时间每个人都在忙着工作,即使不忙,也不能没完没了地发短信。否则就会打扰对方工作甚至可能让对方违纪。如果对方正在主持会议或者正在商谈重要事项,闲聊天式的短信更会让对方心中不悦。

(10)发短信不能太晚。有些人觉得晚上 1 点以后不方便给对方打电话了,发个短信告知就行。短信虽然更加简便,但如果太晚,也一样会影响对方休息。

(11)提醒对方最好用短信。如果事先已经与对方约好参加某个会议或活动,为了怕对方忘记,最好事先再提醒一下。提醒时适宜用短信而不要直接打电话,打电话似乎有不信任对方之感,短信就显得非正式,亲切得多。短信提醒时语气应当委婉,不可生硬。

课堂随练

一、单项选择题

1. 打电话时,话筒与自己的口部最规范的距离是(　　)。

A. 5 ~6 厘米　　B. 4 ~5 厘米　　C. 2 ~3 厘米　　D. 1 ~2 厘米

2. 在正常情况下,每一次打电话的时间应当不超过(　　)。

A. 1 分钟　　B. 2 分钟　　C. 3 分钟　　D. 5 分钟

二、多项选择题

下列对于打电话的处理方式,正确的是,(　　)。

A. 手头工作实在太忙的时候,可以不接电话或是直接把电话线拔掉

B. 接客户电话的时候,要注意严格控制时间长度,严格按“三分钟”原则处理

C. 对于错打来的电话要给予充分的理解,并尽可能提供一些对对方有帮助的信息

D. 在办公室就像在家一样,完全可以打私人电话

三、填空题

1. 拨打电话时,要注意周围__________内的敏感性,要尽量使周围的人安静下来,以免影响对方接听电话。

2. 电话一般控制在铃响__________之内接听。

四、判断题

1. 打电话时,应特别注意措辞及说话方式,要注意语调和缓、明朗,同时说话要清晰、明确。　　(　　)

2. 休息时间尽量不要给他人打电话,即晚上 10 点之后,早上 7 点之前,没有什么特别的急事不要打电话。　　(　　)

单元3.5　公共场所礼仪

知识目标

了解行进礼仪、乘电梯礼仪、乘交通工具礼仪规范。

能力目标

能够按照公共场所的礼仪规范与要求,恰当地指导铁路客运服务的相关工作。

素质目标

1. 培养良好的服务态度意识与礼仪修养;
2. 能塑造良好的铁路员工职业形象。

案例导学

车站新进职工小张随同车间汪主任一起接待来车站参观的某学校领导一行人。小张按照汪主任交代好的路线,带着领导们先参观了车站二楼的进站口、候车大厅,然后乘电梯去往一楼参观出站口、售票大厅,最后去往车间开座谈会。在整个参观的过程中,小张一边引导一边讲解,大家交谈得非常融洽,气氛十分活跃。参观结束后,汪主任把小张叫去办公室,对他的工作给予了充分肯定,与此同时,他也对小张在引导过程中存在的问题进行了点拨。

汪主任指出小张在乘坐电梯时(无人值守),后进后出,存在不妥。小张表示难以理解,不是"尊者为先"吗?

[想一想]

小张的做法是否存在不妥?为什么?

必备知识

一、行进礼仪

(一)道路行进

(1)要自觉走人行道,无人行道时,应尽量走路边。

(2)要按惯例自觉走在右侧一方,不可逆行左侧一方。

(3)要保持一定的速度,不要行动太慢,以免阻挡身后的人。不要在马路上停留、休息或与人长谈。

(4)要与他人保持适当的距离。两人一起走路时,不要把手搭在对方肩上;走廊内不要多人并排同行;在马路上不要多人携手并肩行走。

(5)行走,应体现"女士优先"的原则,男士应礼让女士进出大门和走廊;上下车时,男士不应抢在女士前面。

(二)上下楼梯

(1)上下楼梯均应靠右单行行走,不应多人或并排行走。

(2)上下楼梯时,不应进行交谈,更不应站在楼梯上或楼梯拐弯处进行深谈,以免有碍他人通过。

(3)男士与长者、异性一起上下楼梯时,如果楼梯过陡,应主动走在前面,以防对方有闪失。

(4)上下楼梯时,应注意姿势、速度。不管自己有多么急的事情,都不应推挤他人,也不要快速奔跑。

(5)上下楼梯时接待人员应该注意客人的安全。当引导客人上楼时,应该让客人走在前面,接待人员走在后面;若是下楼,应该由接待人员侧身走在前面,客人走在后面。

二、乘电梯礼仪

(一)注意安全

电梯关门时,不要扒门,不要强行挤人。在电梯人数超载时,不要强行进入。

(二)注意秩序

(1)乘电梯时,先按一下电梯口的上或下按钮,站到电梯的一侧。

(2)电梯到达后,应先出后进,遵循"尊者为先"的原则,晚辈礼让长辈,男士礼让女士,职位低者礼让职位高者。如果与尊长、女士、客人同乘电梯,要视电梯类别,有人管理的电梯应后进后出;无人管理的应先进后出,以便控制电梯。应尽量把无控制按钮的一侧让给尊长和女士,如图3-26所示。

图3-26 乘坐电梯礼仪

（三）主动服务

乘电梯时，即使电梯中的人都互不相识，站在开关处者也应做好开关的服务工作。乘坐电梯时应注意以下细节：

（1）等候电梯时，不应挡住电梯出口，以免妨碍电梯内的人出来。

（2）在电梯里，尽量站成“凹”字形，挪出空间，以便让后进入者有地方站。

（3）进入电梯后，正面应朝电梯口，以免造成面对面的尴尬。

（4）在电梯中，不应高声谈笑，不能吸烟，不能乱丢垃圾。

（5）在电梯中，如发生突然停梯或其他事故，不要惊慌失措，应通知检修人员检修。

三、乘交通工具礼仪

（一）乘坐轿车

（1）遵循客人为尊、长者为尊、女士为尊的礼仪规则。

（2）在正式场合，乘坐轿车应分清座位的主次，非正式场合，不必过分拘礼。车内的座次，后排的位置应当让尊长坐（后排两人座，右边为尊；三人座中间为尊，右边次之，左边再次），晚辈或地位较低者，坐在副驾驶位置。如果是人亲自开车，则应把副驾驶位置让给尊长，其余的人坐在后排。需要注意的是，嘉宾坐哪儿，哪儿就是上座，即使坐错也不要纠正。

（3）上车时，应将车开到客人跟前，帮助客人打开车门，站在客人身后请其先上车。关门时切忌用力过猛。

（4）下车时，主人或工作人员应先下，帮助客人打开车门，迎接客人或长者下车。

（5）夫妇俩被主人驾车送回家时，最好有一人坐在副驾驶座上，与主人相伴。

（二）乘坐飞机

（1）按时登机，对号入座。进入机舱后保持安静。

（2）不将超大行李和有异味的物品带上飞机。尽快放好随身行李，保持通道畅通。

（3）登机后主动关闭手机等无线电设备。

（4）不乱动飞机上的安全用品及设施。需要找乘务员时，可以先按呼唤铃，不宜大声喊叫。接受乘务员服务应致谢。

（5）在飞机上进餐时，主动将座椅椅背调至正常位置，以免影响后排乘客进餐。

（6）保持舱内整洁卫生，因晕机呕吐时，应使用机上专用呕吐袋。飞行过程中尽量不要脱下鞋子以免异味影响他人；如果是长途飞行，脱下鞋后应在外面再罩上护袜。

（7）机上读物阅后整齐放入面前插袋。

（8）飞机未停稳时不抢先打开行李舱取行李，以免行李摔落伤人。

（9）上下飞机时，对空中乘务员的迎送问候有所回应。

（三）乘坐公共汽车、地铁

（1）排队候车，先下后上，礼让女士、老人和孩子先上车。

(2)听从司乘人员的引导。
(3)主动给老人、病人、残疾人、孕妇和带小孩的乘客让座。
(4)保持车厢和站点的环境卫生;雨雪天,妥善放置所带雨具,以免影响他人。
(5)后下车的乘客应主动给先下车的乘客让道。

课堂随练

一、多项选择题

引导者引导客人参观时,按商务礼仪下列说法不正确的是(　　)。

A. 左前方引路　　B. 左后方指路　　C. 右前方引路　　D. 右后方指路

二、填空题

1. 在行走时,应体现__________的原则,男士应礼让女士进出大门和走廊;上下车时,男士不应抢在女士前面。

2. 电梯到达后,应先出后进,遵循__________的原则,晚辈礼让长辈,男士礼让女士,职位低者礼让职位高者。

三、判断题

1. 上下楼梯均应靠右单行行走,不应多人或并排行走。(　　)
2. 无人管理的电梯到达后,应先进后出,以便控制电梯。(　　)
3. 乘电梯时最好自己按电梯楼层,不假手他人。(　　)
4. 上下楼梯时接待人员应该注意客人的安全。当引导客人上楼时,应该让客人走在前面,接待人员走在后面。(　　)

单元3.6　涉外礼仪

知识目标

了解涉外礼仪的基本原则与要求,掌握礼宾次序礼仪、迎送礼仪、宴请礼仪等基本涉外礼仪。

能力目标

能够根据所学涉外礼仪知识,恰当地指导铁路客运涉外服务礼仪工作。

素质目标

树立铁路客运服务涉外礼仪意识,具备铁路涉外服务礼仪的基本职业素质。

案例导学

满洲里火车站地处中、俄、蒙三国交界处，是中国最大的铁路口岸。每周运行于北京至莫斯科之间的K20/19次旅客列车开行半个多世纪以来，络绎不绝的外国旅客从这里进出中国。

2011年，满洲里站成立"金钥匙"服务台，择优选拔了16名客运值班员，打造铁路窗口服务品牌。"金钥匙"服务台树立"国境有界，服务无限"的服务理念，使"金钥匙"服务台成为叫响口岸服务的一面旗帜，被中外旅客亲切地誉为中国铁路的"金钥匙"，成为展现中国口岸形象的大使。

[案例启示]

铁路客运服务部门是铁路运输企业的门面，在旅客面前要想保持良好的形象就必须能够满足旅客的需求，而我们的旅客不仅年龄不同、性别不同、身份不同，也有来自不同国家。铁路客运服务人员在服务过程中必须掌握过硬的涉外礼仪，了解外籍旅客的禁忌，才能提供有针对性的服务，也才能得到外籍旅客的认可。

必备知识

一、涉外礼仪的原则

涉外礼仪的原则，是根据礼仪通则与涉外交往活动实践，从整体性、普遍性角度加以概括形成的，对涉外交际具有普遍指导意义的一些基本原则。常言道"小是小非讲风格，大是大非讲原则"，在对外交往中，必须认真贯彻以下原则。

（一）不卑不亢，注重国格

在对外交往中，客运人员应时刻不忘祖国的利益高于一切，热爱祖国和人民，在尊重他国利益和尊严的基础上，用规范、得体的方式塑造自己的个人形象，维护国家、民族、企业的形象。因此，在涉外活动中，每名相关人员不仅要特别注重国格、人格，维护国家利益、民族尊严以及自己所在单位或企业的权益，而且要注意热情有度，内外有别，保守国家和企业的商业秘密。

（二）平等相待，礼尚往来

在涉外交往过程中，我们应该特别注意对任何交往对象都要一视同仁，给予平等的尊重与友好，不要对大国小国、强国弱国、富国穷国亲疏有别，区别对待。除此之外，应该做到不以貌取人，不根据对方的外貌与衣着来决定自己的态度。

人与人之间，企业与企业之间，国与国之间只有共同努力、平等相待才能相互理解，消除误会，从而建立起稳定、良好的关系，达到双赢的效果。如果只有单方面的热情，另一方反应冷淡，唯我独尊，不予理睬，甚至冷嘲热讽，是非常失礼的表现，严重的还有可能致使双方断交或产生敌对情绪。所以孔子曰："礼尚往来，往而不来，非礼也；来而不往，亦非礼也。"

（三）表态慎重，信守约定

古今中外人士都一致推崇做人应该“言必信，信必果”。特别是在对外交往过程中，言行一定要谨慎，表态要慎重。西方人常常把信誉、商誉和荣誉联系在一起，做事很认真、很有计划性，一旦做出决策，不轻易改变。在外交场合有两种人是最不受欢迎的：第一种就是那些答应了要参加但未到达，并且也不事先打招呼的人。在西方上流社会，这种人不大可能被再次邀请。第二种就是那些不守时的人，尤其是常常迟到的人，他们不尊重别人的时间，没有礼貌，所以也不受欢迎。

在今天这个生活和工作节奏越来越快、国际交往也越来越密切的新时代，人们的观念必须发生改变，必须认真而严格地遵守自己的承诺，做到言而有信。

随着我国对外开放的不断深入，越来越多的大型国际展会、论坛等外事活动相继增多，日益频繁的对外经济和社会活动为加快我国的国际化进程提供了良好的氛围，同时也为其他国家提供了认识、了解我国的机会。因此涉外礼仪这一重要的“名片”，对于外事活动的成功与否有着不可忽视的作用。从宏观意义上讲，涉外礼仪代表的是整个国家在国际上的形象和地位。从个人角度来讲，涉外礼仪不仅代表个人的形象和素质，还是文化修养、精神面貌的重要表现；从文化层面讲，涉外礼仪可以有效地避免文化冲突。礼仪与文化密不可分，文化蕴含着礼仪，掌握涉外礼仪可以在国际社交场合中有效地减少由于地区、文化差异所造成的误会、矛盾、隔阂；作为铁路客运服务人员，在与外国旅客交流时的言谈举止，不仅仅是一种私人的行为，更会产生一定的对外影响。因此，我们在为外国旅客服务时，要在互相尊重的基础上，提供给他们满意的服务。

二、涉外礼仪基本要求

当今世界，尽管各国社会形态各不相同，经济发展水平各不相同，民族人口有多寡之别，国家有大小之分，但是有一点是共同的，即文明民族都很注重礼貌礼节。一个国家或民族的文明程度越高，其国民或族人就越讲礼貌懂礼节，其国际形象就越佳。

（一）注重形象，仪表得体

在国际交往中，人们普遍对交往对象的个人形象倍加关注，不仅因为个人形象真实体现着个人的教养和品位、精神风貌和生活态度，还因为个人的形象总是与国家形象、民族形象、企业形象密切相关，通过个人形象可以如实地体现出对交往对象的重视程度。在对外交往中，很多外国人对中国的了解和看法，主要来自他有机会接触到的中国人。因此，在对外交往中，要是不注意维护自身形象，从某种程度上说，就有可能会损害中国的国际形象和整个中华民族的形象。

在与外国人打交道时，每一名涉外人员衣着的基本礼仪要求是：得体而应景。涉外人员应当懂得依照自己所处的具体场合，选择与其相适应的服装。

在日常生活中，服装是“人的第二肌肤”。每个人的服装穿着不仅会给人以深刻的印象，而且也被视为其身份、地位、修养与品位的客观体现。在涉外交往中，这一点表现得尤为突出。在公务场合，涉外人员的着装应当既端庄大方又严守传统，重点突出“庄重保守”的风格，不可太强调个性。具体而言，男士最好选择身着藏蓝色、灰色的西服套装或中山装套装，内穿白色衬衫,脚穿深色袜子和黑色皮鞋。穿西服套装时,务必要打领带。女士的最佳衣着则是,身穿单一色彩的套裙,内穿白色衬衫,脚穿肉色长筒丝袜和黑色高跟皮鞋。有时,穿着单一色彩的连衣裙亦可,但是尽量不要选择以长裤为下装的套装。在公务场合,不得穿夹克衫、牛仔装、运动装、健美裤、背心、短裤、旅游鞋和凉鞋等休闲装。尤其应避免穿着过于时髦、过于随便、过于暴露、过于透视、过于短小、过于紧身的服装。

在观看演出、出席宴会、参加舞会、登门拜访、参与聚会等最常见的社交场合,涉外人员的着装就可以重点突出"时尚个性"的风格。最为常见的主要有时装、礼服、具有民族特色的服装以及个人缝制的服装。在西方国家,最正规的礼服,男士的是黑色的燕尾服,女士的则是袒胸、露背、拖地的单色连衣裙式服装。

目前,我国的具体做法是,在需要穿着礼服的场合,男士穿着深色的中山装套装或西装套装,女士则穿着单色的旗袍或下摆长于膝部的连衣裙。其中,尤其以深色中山装套装与单色旗袍最具有中国特色,并且应用最为广泛。

在社交场合,最好不要穿制服。若非职业军人或公、检、法人员,切勿身穿军服或公、检、法专用的制服,前去参加有外国人参加的社交活动。

在居家休息、健身运动、浏览观光、街市漫步、商场购物等休闲场合,涉外人员的着装应当穿出"舒适自然"的风格。牛仔装、运动装、夹克衫、T恤衫、短袖衬衫、短裤等是休闲场合着装首选。

(二)以礼待人,称呼得当

在对外交往过程中,人们遇到的第一个问题就是怎样称呼对方才合乎礼仪。在对外交往中,应该严格遵循国际上通行的称呼习惯,丝毫不能大意。在国外,男士通称为"先生",未婚女士被称为"小姐",已婚女士被称为"夫人"。对不了解其婚姻状况的女士可称为"小姐"。在外交场合,女士都可以被通称为"女士"。对军人可以军衔相称,对医生、律师、法官以及有学问的人可以职称或学位相称。总之,涉外称呼一定要符合礼仪要求,否则,容易伤害对方的感情,或者被对方认为缺乏教养。

与外国人交往应酬时,尤其是在比较正式的场合,应当选用的称呼主要有以下几种。

1. 尊称

尊称几乎适用于任何场合,主要包括"先生""小姐""女士"。应当强调的是,在称呼一位女士时,最好根据其婚姻状况,分别以"小姐"或"夫人"相称。若一时难以判断,则可以称其为"女士"。在有的国家,"阁下"这一泛尊称也可以使用。

2. 荣誉性称呼

在人际交往中,若交往对象拥有在社会上备受重视的学位、学术性头衔、专业技术性头衔、军衔、爵位,如"博士""教授""医生""律师""法官""工程师""将军""公爵"等,均可用作称呼。

3. 公务性称呼

在公务活动中,一般可以直接以对方的职务相称。例如,可称其为"部长""经理""总裁""科长""主任"等。不过有的国家并不习惯采用此类称呼。

4. 一般性称呼

一般性称呼适用于普通场合,即直接称呼他人的姓氏或姓名,如“张三”等。

5. 特殊性称呼

特殊性称呼主要是指对于王室成员或神职人员的专门称呼,如“陛下”“殿下”“教皇”“大主教”“神父”等。

(三)知书达礼,遵纪守法

1. 尊重女士,礼让有节

尊重女士是国际社会公认的一条重要的礼仪原则,也是衡量男士是否具有文明教养与礼仪风度的重要标准。在西方社会,日常生活中讲究“女士优先”,是一位男士风度高雅的前提。尊重女士的具体体现是:一位男士,在日常生活的任何时候,任何情况下,在行动上从各个方面都要尊重女士、照顾女士、保护女士、体谅女士、关心女士,并尽心竭力地去为女士排忧解难。比如,在社会场合做介绍时,先把男士介绍给女士;参加社交聚会时,宾客见到站在一起的男女主人时,也总是应先与女主人打招呼;而女士进入聚会场所时,先到的男士应站起来迎接;当男女双方握手时,也只有等女士伸出手之后,男士方可与其相握;当上下车、上下楼梯、进出电梯时,均让女士先行,并主动予以照顾;在旅途中,遇到携带行李的女士,男士应帮助提携并放好行李;如果男女并排行走,男士应当自觉请女士走在人行道的内侧,自己走在外侧。在西方国家,人们都认为尊重女士,就是尊重人类的母亲,这是一个文明人所应有的教养。

2. 入乡随俗,谨言慎行

对外交往中,人们总认为语言不通是交往时的唯一障碍,其实在某些时候,不了解交往对象所在国的风俗习惯才是最大的障碍。若预先了解了对方的习俗禁忌,你就可以尽量避免犯忌,从而成为一个彬彬有礼、受人欢迎的客人或是一个知书达理、体贴周到的主人。当前,国际礼仪强调以人为本,要求尊重个人隐私,维护人格尊严,并将尊重个人隐私与否视为一个人在待人接物方面有无教养,能否尊重和体谅交往对象的重要标志之一。对于西方人来讲,凡涉及经历、收入、年龄、婚恋、健康状况、政治见解等均属于个人隐私,别人不应查问。

3. 爱护环境

爱惜和保护环境,从本质上讲,就是对整个人类的爱惜和保护。注重环保作为涉外礼仪的主要原则之一,是国际舞台上备受关注的焦点话题。在日常生活中,能否以实际行动“爱护环境”,已被视为一个人有没有教养、讲不讲社会公德的重要标志之一。

三、涉外礼仪实务

(一)礼宾次序礼仪

礼宾次序,是指在国际交往中对出席活动的国家、团体人士的位次,按某些规则和惯例进行排序的先后次序。它不仅体现着东道主给予外宾的礼遇,而且在一些国际性场合还表示各国平等的地位,这体现的是尊重与秩序。在同时接待来自不同国家、不同地区、不同单位的国外团体或个人时，必须按照国际惯例和本国的常规做法，来排定其尊卑先后的具体顺序，并且据此给予对方以相应的礼遇。

1. 位次排序的基本原则

(1)客方为尊

在涉外交往中，如果是双边交往，主方会把客方安排在尊位；如果是多方交往，尊位往往是主方。

(2)职位高低

位次排序的目的之一就是彰显身份与地位，以表示主方对客方的尊重。根据职位的高低排尊卑，位次由尊到卑。

(3)平等

位次排序一方面要强调等级，另一方面也要强调平等。要照顾低级别者、弱者和不便者，让每一位参与者都受到平等的对待。

2. 不同场合的位次排序

在不同的国家，礼宾序列的具体排列往往采用不同的方法。目前，我国在排列礼宾序列时一般采用下述做法：

(1)依照来宾的具体地位的高低排列其次序。在正式的政务、商务、文化、学术交往中，均可采用此种方法。若外国来宾系组团前来，则应按照团长的具体职位的高低来排列其先后次序。

依照国际惯例，多人进行并排排列时，最基本的原则是：以右为尊。这适用于各种类型的国际交往，包括政治磋商、商务往来、文化交流以及私人接触、社交应酬等。

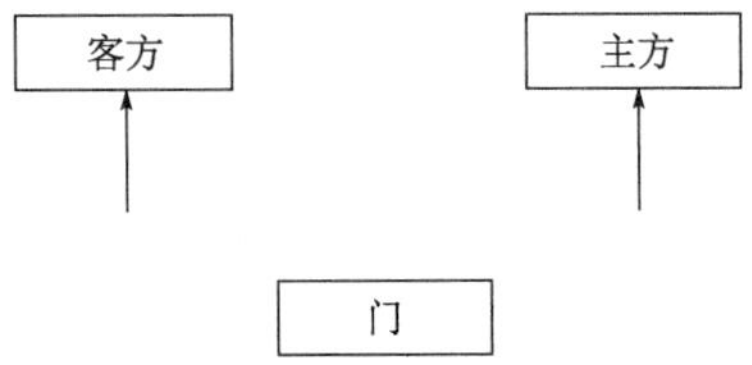

图3-27 位次排序基本排法

会见时：根据国际惯例，通常会将主人和主宾的座位安排在面向出口的位置，并让客方坐在主人的右侧。如有翻译，通常坐在主人和主宾的后面或各方紧挨本方主人一边的位置。(见图3-27)

在主席台举行会议就座时：会议主席台如果只有主客双方两个人时，还可按照会见时的“主左客右”的国际惯例就座，同时保证面门就座的位次排列。

如果主客双方人数较多，超过两个人时，可有以下两种排列方法：

一种是主方人员从高到低排列坐在左侧，级别高或者、尊贵者坐中间，级别低者坐边上。客方人员同样按照从高到低排列，坐在主人的右侧。这种方法比较适合总人数为双数的情况。(见图3-28)

6	5	4	3	2	1	1	2	3	4	5	6
客方						主方					

图3-28 主客超过两人时的排法(适用于双数)

一种是主客交叉排列。通常，主方一号坐在中间，客方一、二号分别坐在主方一号的右边和左边，然后按照主客交叉的原则、级别从高到低排列。这种方法比较适合总人数为单数的情况。(见图3-29)

6	5	4	3	2	1	1	2	3	4	5	6	7
主客交叉就座												

图3-29　主客超过两人时的排法(适用于单数)

(2)依照来宾所在国家或地区的名称的汉语拼音字母或拉丁字母的先后来排列其次序。在举行大型的国际会议或体育比赛时,通常可以采用此种排列方法。

(3)依照来宾抵达现场的具体时间的早晚来排列其先后次序。当各国大使同时参加派驻国的某项活动时,一般均以他们到达的具体时间的早晚来排定其礼宾序列。在非正式的涉外活动中,亦可采用此种排列方法。

(4)依照来宾告知东道主自己决定到访的具体时间的先后来排列其次序。在举办较大规模的国际性的招商会、展示会、博览会时,大都可以采用这一排列方法。

(5)不排列。所谓不排列,其实也是一种特殊的排列方法。当上述几种方法难以应用之时,便可采用这种排列方法。

在礼宾实践中,上述五种方法可以交叉采用。但是,不论采用何种排列方法,均应事先向外国来宾进行通报。

(二)涉外迎送礼仪

迎送,顾名思义,就是迎来送往或迎接送别,这是一种常见的社交礼仪。在国际交往中,对外国来访的客人,通常视其身份和访问的性质以及两国关系等情况,安排相应的迎接送别活动,称为"涉外迎送"。

1. 迎送类别

一般情况下,对外国国家元首、政府首脑和军方首领的正式访问,各国一般都要举行隆重的迎送仪式,如安排检阅仪仗队等。对一般代表团和人员的访问,一般不举行正式欢迎仪式。但是,对于应邀前来访问者,无论官方人士、专业代表团还是民间团体、知名人士,在他们抵达或离开时,都应安排相应身份的人员前往机场、车站或码头迎送。

2. 迎送原则

一般按照国际礼宾惯例,迎送规格依照"对等原则",主要迎送人员应与来宾的身份相当。当然,有时也需适当考虑两国之间的关系,灵活变通,综合平衡。如果由于各种原因而不可能完全对等时,可由职位相当的人士或副职出面,并向对方做出解释。

3. 迎送事项

客人到达之前,主人应做好各方面的准备工作,如对来宾名单的研究,对来宾的称呼,接待客人怎么穿着才得体,迎送规格、计划活动的安排,等等。

迎送人员必须准确掌握外宾乘坐的飞机(火车、船舶)抵达及离开的时间,迎接或送行时,不可迟到或早退。在迎候外宾的过程中迎候人员应始终面带微笑,以表示欢迎之意。在为外宾送行时,送行人员应在外宾临上飞机(火车、船舶)之前,按一定顺序同外宾一一握手告别。飞机起飞(火车、船舶开动)之后送行人员应向外宾挥手致意,直至飞机(火车、船舶)在视野里消失方可离去。

在参加迎送的主要领导人与客人握手后，由年轻女士或儿童献花，也有的由女主人向女宾献花。献花须用鲜花，并注意保持花束整洁、鲜艳，一般忌用菊花、杜鹃花、石竹花以及黄色花卉等。

迎送外宾时，宾主双方要互相介绍、引见。一般由礼宾人员或我方迎候人员中身份最高者，率先将我方迎候人员按一定顺序一一介绍给客人，然后再由客人中身份最高者，将客人按一定顺序一一介绍给主人。若宾主早已相识，不必介绍，双方直接行见面礼即可。外宾抵达后，从机场（车站、码头）到住地，或访问途中，或访问结束后，由住地到机场（车站、码头），主人都应陪车。

（三）涉外会谈礼仪

会谈是指双方或多方，就某些重大的政治、经济、文化、军事问题，以及其他共同关心的问题交换意见。一般地说，会谈内容较为正式，政治性或专业性较强。

如果是双边会谈，一般用长方形桌子；多边会谈用椭圆形桌子；小范围的会谈，也可不用长桌，只放沙发。

会谈时，宾主相对而坐，以正门为准，主人坐背对正门一侧，客人面向正门。如会谈的长桌一端朝向正门，则以入门方向为准，右为客方，左为主方，如图3-30和图3-31所示。主谈人居中，我们习惯把翻译人员安排在主谈人右侧，但有的国家亦让翻译人员坐在后面，一般应尊重主人的安排。其他人员按礼宾顺序左右排列。记录员可安排在后面，如参加会谈人数少，也可安排在会谈桌就座。

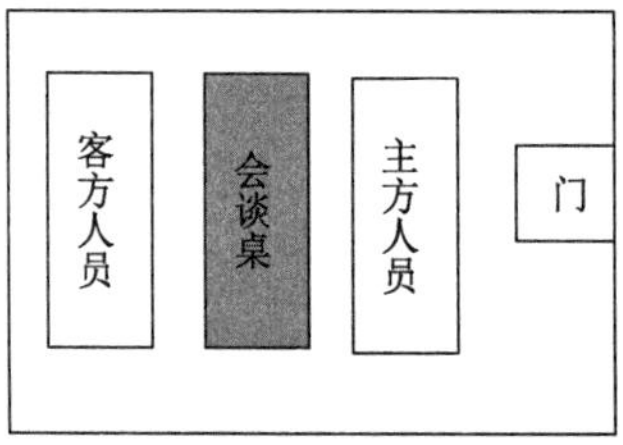

图3-30　涉外会谈（一）

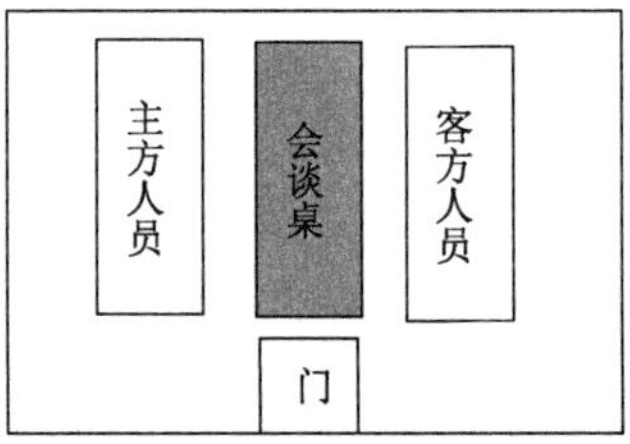

图3-31　涉外会谈（二）

（四）涉外宴请礼仪

涉外宴请，是指在国际交往中由于某种需要而设宴招待客人的礼仪活动。它是非常常见的交际形式之一。各国宴请都有本国和本民族的特点和习惯。

宴会大体上分为国宴、正式宴会、便宴和家宴四种。另外根据举行时间的不同，宴会又有早餐、午宴和晚宴之分。一般来讲，晚宴比白天的宴请更为隆重和正式。

正式宴会与国宴的安排大体相同，只是不挂国旗、不奏国歌以及出席规格有所不同。宾主按身份排位就坐。对餐具、酒水、菜肴道数、陈设以及服务员的装束、仪态的要求都很严格。通常菜肴包括冷盘、汤和几道热菜（中餐一般4～5道，西餐多为2～3道），最后上点心、甜食和水果。国外宴会前还要加上开胃酒，席间佐餐用酒，一般多用红、白葡萄酒，很少用烈性酒，尤其是白酒。餐后在休息室上一小杯烈性酒，通常为白兰地。我国在这方面做法简单，餐前一般在会客室稍做叙谈，通常只上茶和饮料，也可直接入席。席间一般用两种酒：一种甜酒，一种烈酒。餐后不再回会客室，也不必上餐后酒。

涉外宴请的位次排序主要考虑两个方面:排桌序和排座次。

关于排桌序,尊桌的标准主要有两个:一是以门的方向来确定,面朝门的中央位置为尊位;二是以靠主桌的位置来确定,主桌右边为尊,桌次高低以离主桌位置远近而定,右高左低。如图 3-32 所示。桌数较多时,要摆桌次卡。这种情况使用于两桌以上的情况。如果只有两桌,则右边的桌子为尊,如图 3-33 所示。

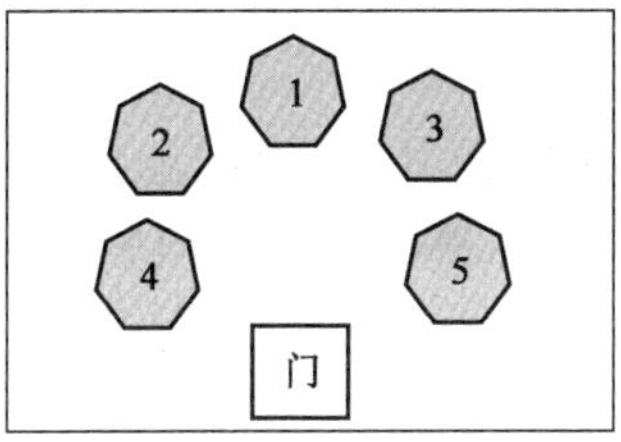

图 3-32　涉外宴请排桌序(一)

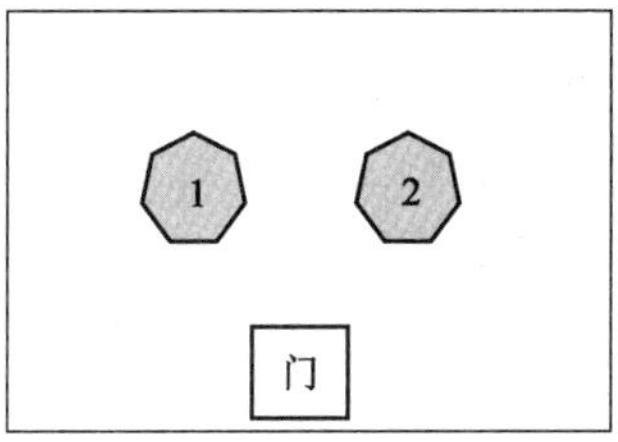

图 3-33　涉外宴请排桌序(二)

同一桌上,一般来说靠墙、面门的位置为主人位,主人位的右手是第一客人的位置,主人位的左手是第二客人的位置,以后依次按序排列。在具体安排座次时,可以把身份大体相同、使用同一语言者,或属同一专业的,排在一起。翻译一般安排在主人的右侧。在许多国家,翻译不上席,只安排坐在主人和主宾的背后,以便于工作。

关于桌子的形状,中国通常用圆桌,而欧美国家则喜欢用方桌。

当使用圆桌时,主客方人员的排位有三种最基本的方式,即之字式排位、交叉式排位和连线式排位,如图 3-34 所示。其中,深色代表主方人员,浅色代表客方人员。

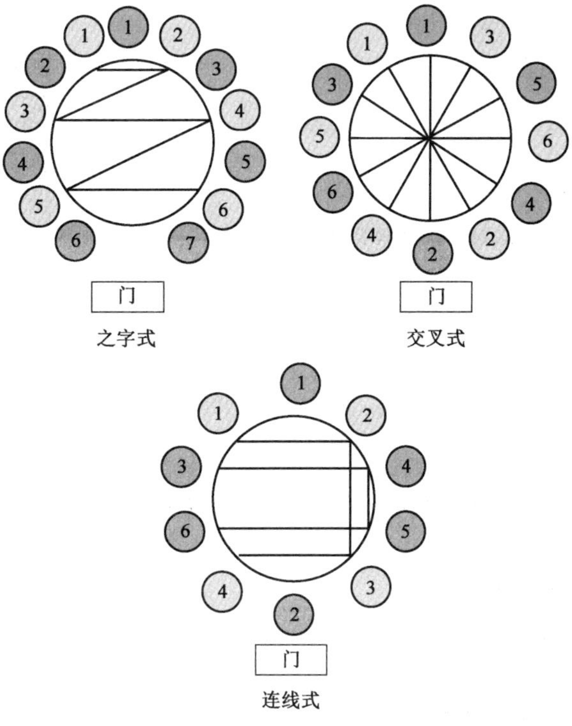

图 3-34　使用圆桌时的排位

之字式排位法：主人面门而坐，以主人为中心，各方人员各自按“以右为尊”的原则依次按“之”字形排列，同时要做到主客相同。

交叉式排位法：主方一号和二号相对而坐，其余人员按照“以右为尊”的原则以此类推，如三、四号相对而坐，五、六号相对而坐，同时主客方交叉而坐。客方人员也按此种方法排位。

连线式排位法：主方一号和二号相对而坐，主方其余人员和客方各按“以右为尊”的原则顺时针排列，同时要做到主宾相同。

当使用长条桌时（我们主要了解典型的英式排法），其中，级别最高者坐在长条桌的两端，如果是家庭式的邀请，第一主人通常是女主人，而不是男主人。但商务、公务场合没有这种规定，而以级别定尊卑。在进行家庭宴请时，如有女主人参加，宴请排位次序如图3-35所示。

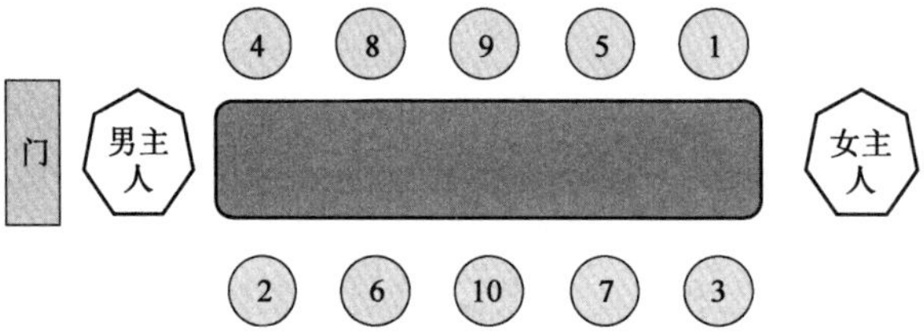

图3-35　使用长桌时的英式排法（家庭宴请）

如果宴请没有女士参加，属于公务或者商务类，宴请排位次序如图3-36所示。

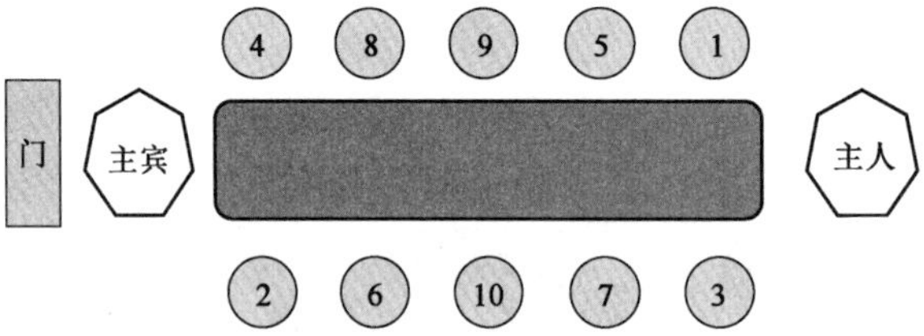

图3-36　使用长桌时的英式排法（公务、商务类）

知识拓展

课堂随练

一、多项选择题

1. 常言道“小是小非讲风格，大是大非讲原则”。在对外交往中，必须认真贯彻以下原则（　　）。

A. 不卑不亢，注重国格

B. 平等相待，礼尚往来

C. 表态慎重，信守约定

2. 涉外礼仪中，位次排序的基本原则是（　　）。

A. 客方为尊　　B. 职位高低　　C. 平等　　D. 女士优先

二、填空题

1. 一般按照国际礼宾惯例，迎送规格依照__________原则，主要迎送人员应与来宾的身份相当。

2. 在西方社会，日常生活中讲究__________，是一位男士风度高雅的前提。

3. 涉外宴请的位次排序主要考虑两个方面：__________和__________。

三、判断题

1. 在公务场合，涉外人员的着装应当既端庄大方又严守传统，重点突出“庄重保守”的风格，不可太强调个性。 (　　)

2. 国际礼仪强调以人为本，要求尊重个人隐私，维护人格尊严，并将尊重个人隐私与否视为一个人在待人接物方面有无教养，能否尊重和体谅交往对象的重要标志之一。 (　　)

3. 依照国际惯例，多人进行并排排列时，最基本的原则是以右为尊。 (　　)

模块小结

本模块主要介绍了见面礼仪、应酬礼仪、语言礼仪、电话礼仪、公共场所礼仪和涉外礼仪等日常交往礼仪。通过本模块的学习，广大铁路客运职工可以对日常交往礼仪的实施有更加深刻的了解，有利于在日常的社交生活、工作中合理地实施。在交往中，标准的、符合场景的社交礼仪，会给对方留下深刻而又美好的印象，对提升施礼者个人的礼仪修养，赢得他们的欢迎与尊重至关重要。同时，掌握好日常交往礼仪的相关技巧有助于铁路客运职工对内融洽关系，对外树立企业形象，营造和谐的工作和生活环境。

达标检测

一、单项选择题

1. 拜访他人应选择(　　)，并应提前打招呼。

A. 清晨　　B. 用餐时间　　C. 节假日的下午或平日的晚饭后

2. 接电话时，拿起话筒的最佳时机应在铃声响过(　　)之后。

A. 一声　　B. 两声　　C. 四声　　D. 五声

二、填空题

1. 接过名片后，要从头至尾把名片__________，意在表示__________，同时也可以了解对方的确切身份。

2. 常见的鞠躬礼分为一鞠躬礼和__________两种。

3. 人们沟通时互动双方的空间由近及远可以分为四类，即__________、__________、__________、__________。

三、判断题

1. 行握手礼时，与多人同时握手时，可以交叉握手。（　　）
2. 名片的递送是有严格讲究的，一般是身份高的向你递名片后，你才可以递上自己的名片。（　　）
3. 行鞠躬礼的基本要求是：行礼者和受礼者互相注目，不得斜视和环顾；行礼时不可戴帽。（　　）
4. 行鞠躬礼时，当对方是你的长辈、领导、师长时，应该先鞠躬；当你以主人身份欢迎客人时，也要先鞠躬，表示欢迎或尊敬。（　　）
5. 行亲吻礼时，动作要轻快，勿过重过长或出声；要注意口腔清洁无异味，不要把唾沫弄到对方脸上、额上或手背上。（　　）
6. 姿态语一般不是靠声音而是由全身或身体一部分的动作以传达意思的手段。（　　）
7. 在通话时，若电话中途中断，按礼节应由接电话者再拨一次。（　　）
8. 迎送外宾时，宾主双方要互相介绍、引见。一般由礼宾人员或我方迎候人员中身份最高者，率先将我方迎候人员按一定顺序一一介绍给客人，然后再由客人中身份最高者，将客人按一定顺序一一介绍给主人。（　　）
9. 尊桌的标准以门的方向来确定，面朝门的中央位置为尊位。（　　）

四、简答题

1. 见面打招呼应注意什么？
2. 称呼的基本原则是什么？有哪些注意事项？
3. 自我介绍的注意事项有哪些？为他人做介绍的基本原则是什么？
4. 握手的先后顺序如何决定？主要有哪些握手方式？握手的忌讳是什么？
5. 名片交换时的注意事项有哪些？
6. 行鞠躬礼有哪三项礼仪准则？
7. 馈赠的六个原则指的是什么？
8. 谈话的礼仪有“四不准”“个人隐私五不问”“六不谈”原则，分别指的是什么？
9. 倾听时有哪些技巧？
10. 在交际中常见的体态语言有哪三种？
11. 接打电话的礼仪有哪些？
12. 涉外礼仪的基本原则和基本要求是什么？
13. 根据所见所闻，谈谈你所知道的礼仪趣事。

技能训练

日常交往礼仪

1. 训练目的

(1)通过实训更好地掌握本章的理论知识。

(2)提高运用相关知识解决实际问题的能力。

(3)提高对日常交往礼仪在人际交往中的重要性的认识。

(4)提升个人礼仪素养。

2. 训练内容

(1)分组进行握手、鞠躬、拥抱、亲吻、拱手、合十等见面礼仪行礼规范的训练。

(2)分组设计不同场景进行招呼、称呼、介绍、名片、问询与答询等技能技巧展示。

(3)出场后先由同学介绍剧情及设计思路;实际演练过程中,老师可以临场发挥,如增设模拟角色或任务;演练结束后,老师可以与全体学生一起对小组的演练情况进行评论。

3. 考核标准

根据实训要求,采取同学和师生共同评分的办法,根据每次实训的成绩积分,得出最后成绩。该分数主要在综合实训结束时体现,记入最后学期考核中。

(1)实训考核共分为三部分综合评价:

①态度(20%):参与的积极性、主动性等。

②知识的掌握(30%):对各种日常交往礼仪的礼仪规范的掌握程度。

③知识的迁移(50%):运用相关理论知识解决实际问题的能力。

(2)日常交往礼仪考核评分表见下表。

见面礼仪考核评分表

内　　容	招　　呼	介　　绍	名　　片	问询与答询	……	总　　分
考核标准	10	10	10	10	……	100
态度(20%)						
知识的掌握(30%)						
知识的迁移(50%)						

铁路职业礼仪篇

模块4　铁路客运服务礼仪概述

课前导读

随着社会的不断发展、进步，人们的出行运输方式也有了更多选择，各种旅客运输方式之间的竞争越来越大，铁路旅客运输（即铁路客运）的地位和优势受到挑战。铁路旅客运输行业作为一个服务性行业，服务质量是其生存和发展的根本。

单元4.1　铁路客运服务认知

知识目标

1. 了解铁路客运服务的特点，掌握铁路客运服务礼仪应遵循的原则，理解铁路客运服务礼仪应遵循的重点；

2. 掌握铁路客运服务人员应具备的基本素质及综合素质。

能力目标

对铁路客运服务工作进行较深入的了解，能系统地把握铁路客运服务工作的特点、原则及重要性，初步具备铁路客运服务人员应具备的基本素质及综合素质。

素质目标

树立铁路客运服务理念，具备从事铁路客运服务工作相关的基本素质。

案例导学

小王是上海铁路12306客服中心的一名客服代表，主要承担客服中心的后台业务处理，包括投诉、遗失物品查找、重点旅客预约服务、信息发布和电话质量评定。熟悉受理程序、了解客运业务，研究旅客心理、掌握交流技巧，是她需要的基本技能。

有一次，小王接了一通超长电话，耗时3717秒。原来一位旅客由于操作失误，把已购车票在手机上办理了退票，小王已经解释了已办理退票的车票无法恢复，可重新购票，但旅客并不满意，要求她阅读相关规定1个多小时。面对旅客的刻意刁难，小王内心也会觉得委屈,但她说:“我们平均每天都会接到800多通电话,遇到各种各样的旅客和各式各样的问题,如果自己不想开点,那么就没办法继续为其他旅客服务。何况,工作时间长了看待事情的角度和心态会有一些转变,我能理解旅客的焦急,也许发泄一下能让他们心里痛快点。”

(资料来源:人民铁道网)

请大家结合接下来学习的内容,思考并回答以下问题:

在该案例中,小王作为一名客服代表,除了具备基本的职业技能以外,还应具有哪些基本素质呢?

必备知识

一、铁路客运服务特点

铁路客运服务是服务礼仪在铁路客运过程中的具体化,它既有其他服务行业的共性,也有其本身的个性,主要特征如下:

(1)铁路客运服务的主要服务对象是旅客,其次是行李、包裹和邮件。

(2)铁路客运服务向社会提供的是无形产品,其核心产品是旅客的空间位移,它只有在特定的时间内和方向上才被需要,不同时间或者不同方向上的供应和需求不能互相满足。它被旅客本身所消耗,其使用价值具有不确定性,其创造的社会经济效益远大于自身的经济效益。

(3)铁路客运产品具有易逝性。旅客位移的生产和消费过程同时进行,产品不能储存,不能调拨,只能满足当时当地发生的旅行需求。

(4)铁路客运企业应向旅客提供不同服务等级、旅行速度的运输产品,供不同出行需求的旅客选择。

(5)铁路客运服务在时间上具有较大的波动性。

(6)铁路客运服务生产方式是以列车运行的方式实现的。而铁路旅客列车都是根据需要,事先编组好并按固定时刻表运行,旅客根据自己旅行的需要选择乘车日期、车次、到站、座别。在运输过程中,要确保旅客人身、财产安全,一旦造成旅客伤亡,就会造成难以挽回的损失。

(7)铁路客运服务的消费过程与生产过程是结合在一起的。列车上的席位只有被旅客使用才是有效的生产,否则,只能被浪费。因此,铁路客运服务多采用先销售(售票)再生产的模式,少数是销售与生产同时进行。

(8)目前,各种运输方式之间竞争激烈,铁路客运服务要想在激烈的市场竞争中取得主动地位,必须强调客运服务质量,尽最大努力,满足旅客在旅行中不同的物质文化生活需求,如饮食、盥洗、休息、通风、照明、温度等,并且还应积极创造良好的旅行环境并提供优质的服务,使旅客心情愉悦。高质量的服务是提升铁路客运服务市场竞争力的重要影响因素。

(9)客运服务质量的控制主要在于过程控制。它不同于工业产品质量(最终产品或生产过程),铁路客运服务对售票、候车、乘降工作、列车服务等的全过程进行控制。

二、高速铁路客运服务的特点

高速铁路与普速铁路相比具有速度快、开行时间间隔短、开行密度大等特点，候车模式将实现"等候式"向"通过式"转变，旅客换乘接续和候车时间短。这些特点反映到客运服务上，也呈现出独有的特点，主要有以下几方面。

(一)服务质量高

高速铁路客运服务对象主要是普速铁路转移客流、航空转移客流和部分诱增客流，这类旅客需求水平高，需要提供高质量的车站和列车服务，如良好的候车环境，干净的卫生条件，便捷的购、检票方式，舒适、整洁的列车环境，运行状态良好的设备等。

(二)服务效率高

高速铁路客运站改变了过去以"等候式"为主的候车模式，"通过式"的旅客流线最大限度地增加了客运站的通过能力和接待能力。因此，客运站的各项服务必须与各类旅客流线密切配合，使旅客方便、快速地获得服务。

(三)换乘服务周到

很多高速铁路客运站集高速铁路、普速铁路、地铁、地面公交等交通方式于一体，这就要求铁路提供良好的衔接换乘服务、清晰明确的信息引导标志和便捷的换乘通道，尽量缩短旅客的换乘时间和走行距离，体现客运服务"人性化"的理念。

(四)信息化程度高

高速铁路客运服务从旅客信息查询到售检票服务，从揭示引导到安检服务等都实现信息化管理和服务。这既给旅客带来方便，又便于客运人员管理，这是客运服务发展的一个新趋势。

三、铁路客运服务礼仪应遵循的原则

(一)旅客至上的原则

随着市场经济的不断发展，各种运输方式之间的竞争日趋激烈，铁路客运服务以前的绝对优势已不复存在。要想在激烈的竞争中立于不败之地，铁路客运服务必须在服务理念上进行更新，树立"以人为本、旅客至上"的服务理念。旅客至上就是以旅客为中心，为旅客提供他们真正需要且能够提供的服务，以旅客的需要作为企业经营的出发点和归宿，为旅客的利益负责，尽可能多地为旅客提供平等、主动、热情、体贴、周到的尽善尽美的服务，最大限度地提高旅客的满意度。只有这样，才能提高铁路的企业形象和竞争水平，才能获得长远的发展。

(二)用心服务的原则

用心服务才能做到称职，用心服务才能做到优秀。铁路客运站每天都要接待数以万计的旅客，特别是在春运、节假日等特殊时期，客流量更大，铁路客运服务人员的工作量也会增加。要想在繁杂劳累的工作中保持良好的服务礼仪，就必须从内心真正认识到用心服务的重要性，养成用心服务的职业习惯，做到服务发自内心。用心服务还包括通过各种方式获知旅客的需求信息，主动发现服务机会，并提供及时、恰当、满意的服务，以满足旅客的高期望值。

（三）持之以恒的原则

服务礼仪既然作为规范化服务的重要内容之一，就表明它不会自发形成，而是需要进行系统的岗位培训、规范岗位纪律和要求。为此，铁路客运服务人员要善于保持心理平衡，维系一种良好的服务心态，才能将职业要求逐步变成职业习惯，持之以恒。只有保持持之以恒的服务礼仪，才能从根本上形成良好的服务规范。

（四）服务种类多样化、人性化

铁路客运服务通过多样化的服务满足各类特殊旅客的需求，提高旅客的满意度，增加市场份额。如客运站配备专用的站台升降梯，为残疾人提供全面的助残服务；在列车上、客运站内开辟专供商务人士使用的办公区域等。

四、铁路客运服务礼仪的重要性

（一）服务礼仪是提高铁路客运服务水平和服务质量的重要手段

服务质量是企业管理水平的综合反映，服务质量的优劣是判断企业管理水平的重要标志。旅客是铁路客运生存和发展的基础和条件，只有提供优质的服务，才能获得旅客的好评，才能吸引更多的客源。近年来，铁路部门以员工服务礼仪培训为基础，努力提高员工素质和岗位技能，使铁路客运服务的质量和水平有了很大的进步和提升，对全面提高铁路服务水平和服务质量起到了促进作用。

（二）服务礼仪是铁路客运服务赢得市场竞争的重要筹码，是铁路企业增强竞争力的重要环节

铁路作为国家重要的基础设施，是国民经济的大动脉和大众化交通工具，在综合交通运输体系中处于骨干核心地位。随着航空、公路运输的迅速发展，铁路运输面临着严峻的市场竞争。

如何增强企业的核心竞争力，如何赢得客源市场是现代铁路发展必须解决的问题。只有不断提高服务质量，才能站稳脚跟。服务礼仪作为现代企业管理的一个重要组成部分，变得更为重要。服务礼仪是铁路企业增强竞争力的有效手段，也是铁路企业赢得市场的重要举措。

（三）服务礼仪是铁路企业塑造形象的有力工具

在综合交通运输体系中，航空服务在礼仪方面一直起着表率作用。中国国际航空公司依据“用心服务”的理念开展了“四心服务”工程。这“四心”就是要让旅客放心、顺心、舒心和动心。以安全的飞行让旅客放心；以保证购票、登机等方面的无障碍服务让旅客顺心；以空乘服务员的美丽、温婉让旅客舒心；以用心用情的真诚服务来让旅客动心。

铁路客运服务，特别是高速铁路的服务，当以航空服务为榜样，以“用心服务”为理念，以细节服务为内涵，全面提升服务质量和服务水平，成为铁路企业的一道靓丽的风景，提升铁路企业的形象。

五、铁路客运服务人员的基本素质

一般说来,铁路客运服务人员应具有以下基本素质。

(一)职业道德

职业道德,是指同人们的职业活动紧密联系的符合职业特点所要求的道德准则、道德情操与道德品质的总和,它既是对本职人员在职业活动中行为的要求,同时又是职业的道德责任与义务。

铁路站车客运服务工作是与人打交道的工作,铁路客运服务人员的一言一行所表现的不仅是个人素质和形象,还直接影响铁路企业乃至国家的形象,所以铁路客运服务人员必须有爱国、爱企业的道德素质,有强烈的事业心和责任感,有良好的职业道德等。这是做好服务工作的前提,也是选拔不同等级铁路客运服务人员最基本的标准。

(二)职业修养

铁路客运服务人员的业务素质直接影响服务的质量。铁路客运服务人员应具备的业务素质包括丰富的文化知识(基础文化知识和业务文化知识)、良好的礼仪修养和全面的服务技能。客运服务人员所具备的业务素质来自先天的潜质和就业前的学习,但更为重要的是良好企业文化的熏陶和培训、考核、激励机制的培养等。因此铁路客运服务人员应努力钻研业务、丰富社会知识、研究旅客心理、探索旅客需求、不断提高服务技能、提高处理突发事件的能力,以适应铁路事业的发展和搞好客运服务工作的需要。所以,根据不同类型旅客的需求,铁路企业应有针对性地对客运服务人员的素质要求制订相应的选聘、培训、考核制度等。

(三)心理素质

心理素质所包含的内容十分广泛,如感觉、知觉、记忆、注意、思维、想象、情绪、意志、能力、气质、个性等。铁路客运服务人员主要应具备以下心理素质。

1. 情绪的自我调控能力

铁路客运服务人员在工作中会遇到各种类型的旅客和种种突发情况,这就要求客运服务人员有较强的情绪控制能力和调节能力,即不能受外界因素干扰的心理素质。面对旅客,要一直保持良好的心情,绝不能把丝毫的不悦情绪带到工作中。

2. “处变不惊”的应变能力

在铁路客运服务过程中,要始终保持头脑清醒,处事沉着冷静,有条不紊。当遇到突发事件时,要严格按照工作规范进行处理。

3. 挫折打击的承受能力

铁路客运服务人员每天要接触很多不同的旅客,当遇到一些刁蛮或素质较低的旅客时,铁路客运服务人员要有承受挫折及打击的能力,这样才能做好服务工作。

铁路客运服务人员的心理素质会影响其业务水平和服务技巧的发挥。铁路客运服务人员的心理素质首先与其性格有关,但后天的培养和磨炼也十分重要。因此,心理素质需要经过一定的培训和磨练才能提高。

(四)服务规范

铁路客运服务人员的服务规范,主要是指对铁路客运服务人员在工作中表现出来的站立、行走、坐姿、蹲姿、指引、微笑、语言等方面的要求。铁路客运服务人员的规范服务可以体现出一名铁路客运服务人员的性格和心灵,能够反映出铁路客运服务人员的文明程度和心理状态。它是旅客评价铁路客运服务人员态度以及我国铁路企业的重要标志之一。铁路客运服务人员行为大方文雅、端庄热情,会获得旅客的正面评价,提高旅客的满意度。

铁路客运服务人员的站姿要给旅客留下挺拔、舒缓、健美的印象;行姿要“轻、稳、灵”,不要给旅客留下忙乱无章、慌慌张张的感觉;坐姿要稳,并注意手脚的空间位置,要表示对客人的尊重。

同时,铁路客运服务人员对重点旅客服务,应做到细心周全;对非常规服务,要真诚贴心;对待旅客服务建议,要快速响应。

六、高速客运服务人员的综合素质

(一)道德修养

(1)热爱祖国,热爱铁路事业,热爱本职工作。

(2)遵守国家法律、法规和铁路行业管理规章制度,自觉维护旅客合法权益。

(3)尊重旅客的民族习俗和宗教信仰,对不同种族、国籍、民族的旅客一视同仁。

(4)有高度的责任心,诚实守信,爱岗敬业,忠于职守。

(5)爱护站车设备设施,不占有、不浪费服务备品和餐饮供应品,廉洁自律,公私分明。

(6)尊老爱幼,谦虚谨慎,真诚热情,努力树立高速铁路站车服务人员的良好形象。

(二)职业风范

(1)听从指挥,团结协作,工作认真,有严谨的工作作风。

(2)精神饱满,仪容整洁,行为端庄,举止文明,有健康向上的风貌。

(3)服务主动,细致周到,表情亲切,言语和蔼,有亲和力。

(4)遵章守纪,落实标准,有严于律己的自觉性。

(三)职业素质

(1)勤奋学习,钻研业务,有较高的文化素养和较全面的业务能力。

(2)能运用普通话,熟练掌握常用英语会话,具备良好的文字表达和文字写作能力。

(3)了解旅客不同需求及心理特点,掌握相应的服务技巧。

(4)熟知作业程序和标准,熟练使用服务设备设施,能为旅客提供及时、准确的服务。

(5)熟知安全措施和应急预案,熟练使用安全设备设施,具备妥善处理突发事件的应急应变能力。

课堂随练

一、多项选择题

1. 高速铁路客运服务的特点包括(　　)。
A. 服务质量高　　B. 服务效率高　　C. 换乘服务周到　　D. 信息化程度高
2. 铁路客运服务礼仪应遵循的原则包括(　　)。
A. 旅客至上　　B. 用心服务
C. 持之以恒　　D. 服务种类多样化、人性化
3. 一般说来,铁路客运服务人员应具有的品质与素质包括(　　)。
A. 职业道德　　B. 职业修养　　C. 心理素质　　D. 服务规范

二、填空题

1. 高速铁路与普速铁路相比具有速度快、开行间隔时间短、开行密度大等特点,候车模式将实现"等候式"向__________转变。

2. 铁路客运服务人员应具备的业务素质包括丰富的__________、良好的__________和全面的__________。

三、判断题

1. 铁路客运服务人员对重点旅客服务,应做到细心周全;对非常规服务,要真诚贴心;对旅客服务建议,要快速响应。(　　)

2. 铁路客运服务人员的心理素质不会影响其业务水平和服务技巧的发挥。(　　)

单元4.2　铁路客运服务礼仪的基本理论

知识目标

了解铁路客运服务礼仪的基本理论知识。

能力目标

能对照角色定位、"敬人三A"、首轮效应、末轮效应、亲和效应、零度干扰等理论知识的要求,为旅客提供满意的服务。

素质目标

树立铁路客运服务理念,具备从事铁路客运服务工作的相关理论知识基础。

案例导学

一次北京至珠海的列车上，商务座是满客，还有 5 名 VIP 旅客，其中一位是外籍旅客，其入座后对列车员十分友善，还不时和列车员聊天，开开玩笑。列车开车后不久，这名外籍旅客就睡着了，列车员也忙着为其他旅客提供餐饮服务。两个小时后，这名外籍旅客忽然怒气冲冲地走到服务区，大发雷霆用英语对列车员说："两个小时的时间里，你们竟然不为我提供任何服务，甚至连一杯水都没有！"说完就返回座位了。旅客突如其来的愤怒使列车员们很吃惊。商务座列车员 A 很委屈地说："列车长，是他一直在睡觉，我不便打扰他呀！"说完立即端水送过去，但是被这位旅客拒绝；接着她又送去一盘点心，旅客仍然不予理睬。如果是你，你会怎样处理？眼看着将进入停车靠站阶段，不能让旅客带着怒气下车，列车长灵机一动，用水果制作了一个委屈脸型的水果盘，端到客人的面前，慢慢蹲下来轻声说道："先生，我非常难过！"

旅客看到水果拼盘制成的脸谱很吃惊。"真的？为什么难过呀？""其实在行车过程中我们一直都有关注您，列车开行后，您就睡觉了，我们为您盖上了毛毯，关闭了通风孔，后来我发现您把毛毯拿开了，继续在闭目休息。"旅客情绪开始缓和，并微笑着说道："是的！你们如此真诚，我误解你们了，或许你们也很难意识到我到底是睡着了还是闭目休息，我为我的粗鲁向你们道歉，请原谅！"说完他把表示难过的水果盘 360 度旋转，立即展现的是一个开心的笑容果盘。

（资料来源：搜狐网）

请大家结合接下来学习的内容，思考并回答以下几个问题：

1. 在上述案例中，列车乘务人员在旅客沉睡时没有选择叫醒旅客为其服务，主要是基于哪一客运服务基本理论呢？

2. 列车长为了不让旅客带着怒气离开，非常诚恳地向旅客表达了歉意，解释清楚了事情的原委，最终获得了旅客的谅解。在此过程中，体现了哪些客运服务基本理论？请简单叙述。

必备知识

服务礼仪的基本理论是运用服务礼仪的一般规律，它是对服务礼仪及其运用过程的高度概括。深入理解并掌握铁路客运服务礼仪的基本理论，有助于铁路客运服务人员更好地领会、运用服务礼仪，并且在实践中融会贯通。

一、角色定位

角色定位理论，主要是要求铁路客运服务人员在为旅客提供服务之前，必须准确确定好在当时特定的情况之下，彼此双方各自扮演的特定角色。这样，铁路客运服务人员为旅客所提供的服务，才能是旅客真正所需要的。

在铁路客运服务过程中，服务人员将自己正确地定位于"服务于人"的角色之后，就必须恪守本分,以朴素、大方、端庄、美观为第一原则。在工作岗位上,铁路客运服务人员的一切作为,包括仪容、仪态、服饰、语言乃至待人接物等,均不得与该原则背道而驰。

二、敬人三 A

根据服务礼仪规范,铁路客运服务人员欲向服务对象表达自己的尊敬之意时,必须善于抓住如下三个重点环节,即接受对方、重视对方、赞美对方。因为在英语里,“接受”“重视”“赞美”这三个词汇都以“A”字母开头,所以它们又被称作“敬人三 A”理论。

第一,接受服务对象。接受服务对象,主要体现为铁路客运服务人员对一切旅客须热情相迎,来者不拒。不能怠慢、冷落、排斥、挑剔、为难旅客,应该积极、热情、主动地接近旅客,淡化彼此之间的戒备、抵触和对立的情绪,恰到好处地向对方表示亲近友好之意,给对方足够的尊重。

第二,重视服务对象。重视服务对象是铁路客运服务人员对服务对象表示尊重之意的具体化。

(1)牢记服务对象的姓名。对于每一个人来说,姓名都是自己百听不厌、百看不烦的最美妙的词汇。牢记交往对象的姓名,这件事本身就意味着对对方的重视有加。

(2)善用服务对象的尊称。对交往对象表示尊重的一种常规做法就是要对其采用尊称。铁路客运服务人员在为旅客提供各类具体服务时对其采用尊称早已约定俗成。

特别要指出的是,铁路客运服务人员在以尊称称呼自己的服务对象时,首先必须准确地对对方进行角色定位,力求使自己对对方所使用的尊称可以为其所接受;不然,即使采用了某种尊称去称呼对方,也不会令对方高兴。

(3)倾听服务对象的要求。当旅客提出某些具体要求时,客运服务人员最得体的做法是认真倾听,并尽量满足其要求。从某种意义上讲,耐心倾听服务对象的要求本身就会使对方在一定程度上感到满足。所谓倾听,主要是指在他人阐述见解时,专心致志地认真听取。倾听本身就是对说话者的一种重视。

第三,赞美服务对象。赞美服务对象是对对方的肯定,也是对对方的尊重。从心理上来讲,所有的正常人都希望自己能够得到他人的欣赏与肯定,而且越多越好。

赞美服务对象,主要是要求客运服务人员在向旅客提供服务的过程中,要善于发现对方所长,并且及时、恰到好处地对其表示欣赏、肯定、称赞与钦佩。这种做法可以争取旅客的自觉合作,实现双方在整个服务过程中和睦、友好的相处。

三、首轮效应

首轮效应,亦称首因效应,主要是指一个人留给他人的客观印象是如何形成的问题。换言之,它是一种有关个人形象成因及其塑造的理论。有鉴于此,服务行业及其全体从业人员理当对其给予高度重视。

首轮效应理论告诉我们,在服务过程中,人们的第一印象至关重要,第一印象甚至会决定一切。所以,有人据此将首轮效应称为第一印象效应,进而将首轮效应理论直接叫作“第一印象决定论”。

直接影响外界对客运服务人员的第一印象的因素,主要有以下五个方面:

(1)仪容。一个人如果仪容整洁,神采奕奕,相貌端庄,往往会给人带来好感;反之,便难以被他人所欣赏与接受。

(2)仪态。仪态包括人们的举止与表情,它犹如人们的一种“身体语言”。在许多情况下,人们的“身体语言”所传递的信息,较之口头语言与书面语言,通常会更为真实、更为准确。

(3)服饰。在现实生活里,一个人的服饰,不仅仅是其遮羞、御寒、防暑之物,更重要的是,它还是一个人的个人修养、生活阅历和审美品位的体现。

(4)语言。在人际交往中,语言是最重要的交际工具。语言,除了可以传递信息之外,亦可向交往对象传达自己的态度。对客运服务人员来讲,重要的不是会不会说话,而是如何才能把话说好。

(5)态度。在服务过程中,与服务对象交往的态度、表现,往往会给交往对象留下极其深刻的印象。

四、亲和效应

在人际交往中往往存在一种倾向,即人们把自己较为亲近的对象,称为“自己人”。在现实生活里,人们往往更喜欢把那些与自己志向相同、利益一致,或者同属于某一团体、组织的人,视为“自己人”。

所谓亲和效应,是指人们在交际应酬中会因为彼此存在某些共同之处或近似之处,从而感到相互之间更加容易接近;而这种相互接近,通常又会使交往对象之间萌生亲切感,并且更加亲密、相互体谅。交往对象由接近而亲密、由亲密而进一步接近的这种相互作用,就是所谓的“亲和效应”。一个人如果想要让身边的人把自己当成“自己人”,就要懂得与他人的相处之道。只有这样,才会让别人认同自己。在交往对象属于“自己人”的这一认识前提下,大都会让人们形成肯定的心理定式,从而对对方表现得更为亲近和友好,并且在特定的情境中,更加容易发现和确认对方值得自己肯定和引起自己好感的事实。所有这一切,反过来又会进一步巩固并深化自己对对方已有的积极性评价。

五、末轮效应

末轮效应是相对于首轮效应而言的,强调服务结尾的完美和完善,即要“功德圆满”。末轮效应是指在人际交往中,人们留给交往对象最后的印象,通常也是非常重要的。在许多情况下,它往往是一个单位或一个人所留给交往对象的整体印象的重要组成部分。有时,它甚至可能直接决定该单位或个人的整体形象是否完美,以及完美的整体形象能否继续得以维持。末轮效应理论的核心思想是要求人们在塑造单位或个人的整体形象时,必须有始有终,始终如一。相对而言,它尤为强调“有始有终、始终如一”中的“终”字。一个单位或一个人在有意识地塑造自己良好的整体形象时,假如有始无终,便往往有可能前功尽弃。所以,在人际交往的最后环节,要努力争取最后给自己的交往对象留下一个尽可能完美的印象。

将末轮效应理论运用于铁路客运服务过程,至少有三大好处:

(1)有助于铁路与铁路客运服务人员始终如一地在旅客面前维护自己的完美形象。

(2)有助于铁路与铁路客运服务人员获得来自旅客的对于热情服务的认可。

(3)有助于铁路与铁路客运服务人员在服务过程中克服短视行为,从而赢得服务对象的真心,逐渐提高铁路的社会效益与经济效益。

六、零度干扰

零度干扰理论的基本内容是:铁路客运服务人员在为旅客提供服务时,必须主动采取一切行之有效的措施,将对方所受到的一切有形或无形的干扰减少到最低程度,也就是要力争达到干扰为零的程度。

零度干扰理论的主旨是:铁路客运服务人员在服务过程中为服务对象创造一个宽松、舒畅、安全、自由、随意的环境。实践证明:一个社会的文明程度越高,其社会成员对于服务领域内的干扰现象便越难以容忍。服务对象的文化程度越高,在其享受服务的整个过程之中便越不希望受到任何形式的干扰。

总之,零度干扰理论的核心,就是要使服务对象在服务过程中所受到的干扰越少越好。所以,铁路客运服务人员应当特别注意两个方面:

(1)创造无干扰环境,即注意卫生和噪声。

(2)保持适当的距离。心理学实验证明:人际距离过大,容易使人产生疏远之感;人际距离过小,则又会使人感到压抑、不适或是被冒犯。总之,人际距离过大过小均为不当,它们都是有碍于正常的人际交往的。

课堂随练

一、多项选择题

1.“敬人三A”理论包括(　　)。

A.接受服务对象　　B.重视服务对象

C.赞美服务对象　　D.对服务对象百依百顺

2.直接影响外界对铁路客运服务人员的第一印象形成的因素,主要有以下哪些方面(　　)?

A.仪容　　B.仪态　　C.服饰　　D.语言

E.笑容　　F.态度

二、填空题

1.铁路客运服务人员在服务过程中,需将自己正确地定位于“服务于人”的角色,这是根据__________理论得出的结论。

2.首轮效应理论告诉我们,在服务过程中,人们的__________至关重要。

三、判断题

1.末轮效应是相对于首轮效应而言的,强调服务结尾的完美和完善,即要“功德圆满”。(　　)

2. 零度干扰理论主张铁路客运服务人员在为旅客提供服务时,必须主动采取一切行之有效的措施,将对方所受到的一切有形或无形的干扰积极减少到最低程度。　(　　)

单元4.3　铁路客运服务的理念及内容

知识目标

1. 了解培养服务意识的方法;
2. 掌握铁路客运服务的相关理念;
3. 掌握铁路客运服务的内容,以及为重点旅客服务应注意的事项。

能力目标

能够树立主动服务的意识,强化服务理念,按照“全面服务、重点照顾”的原则为旅客提供优质的服务。

素质目标

树立铁路客运服务理念,具备从事铁路客运服务工作的相关基本素质。

案例导学

2018 年 10 月 7 日,G77 次列车终到深圳北站,列车员黄某巡视车厢时,在商务座发现一名旅客落下日记本和三元钱硬币。在多方联系到这名旅客后,黄某自己花了十几块钱将物品快递给失主。黄某作为武汉客运段“凤舞楚天”乘务组的一员,坚持服务不分价值大小,尽心尽力帮助旅客,受到旅客和社会人士的广泛赞誉。

(资料来源:人民铁道网)

[案例启示]

上述案例中,通过一件非常细小的服务事件,折射出在改革开放和铁路发展的进程中,铁路人秉持初心,贯彻执行“服务无小事”这一服务理念,不断提升铁路客运服务质量,让旅客出行体验更加美好。

必备知识

铁路旅客运输应贯彻“以人为本、旅客至上、执行标准、灌输热忱”的服务方针,实现优质的铁路客运服务。

一、服务意识

1. 重视服务意识

服务意识是指企业全体员工在与一切企业利益相关的人或企业的交往中所体现的为其提供热情、周到、主动的服务的欲望和意识。

服务意识是发自服务人员内心的;它是服务人员的一种本能和习惯;它是可以通过培养、教育训练形成的。

服务经济时代已经到来,服务是企业生存的命脉。提高对旅客的服务意识,应牢牢扎根于铁路客运系统的每一位员工,特别是客运员、列车员等一线服务人员心中。首先要让员工克服"服务业就是伺候人的行业"这种旧观念,树立"以全新的服务文化提升企业竞争力"的新理念;其次要使员工认识到服务业是一个用心来做的行业,"服务就是发展""服务就是效益""服务就是市场竞争力",员工的投入程度直接影响服务的质量。铁路客运服务的敬业精神和有礼有节的态度可以获得旅客的高度评价,从而提高铁路企业的形象。

在铁路客运服务这个以服务为导向的工作中,对服务意识的强调,早已经超出了"微笑服务""关怀服务"的范畴。铁路客运服务不仅要设身处地为旅客着想,还要把旅客当作事业伙伴,当作一起来实现共同目标的伙伴。服务意识不强,服务工作质量跟不上去,铁路企业就难以生存和发展。因此,铁路企业领导和员工必须重视服务意识的培养。

2. 培养服务意识

培养服务意识就要树立预测并提前或及时到位地解决旅客提出问题的意识;就要树立按规范化服务程序解决旅客提出问题的意识;就要树立遇到特殊情况,提供专门、超常服务以满足旅客特殊需求的意识;就要树立防止发生不该发生的事情的意识。

为旅客着想,才是真正优秀的员工。有了这种意识,才能具备相应的能力。从事铁路客运服务工作,必须把服务意识作为对铁路客运服务基本素质的要求加以重视。每一名员工必须树立起自己的服务意识。一个重视服务、不断改善服务品质、提高服务质量的员工总会得到旅客的赞赏,也更容易受到提拔和重用。

3. 服务无小事

在现实生活中,人们对于小问题往往采取迁就、宽容的态度。有些小事可能旅客并不在乎,有些需求可能连旅客本人都没有意识到,但如果客运服务人员能够洞悉这些需求并满足他们,不仅能给旅客带来更多的满意、更大的惊喜,而且企业盈利的期望、员工自身发展的期望也都可以在这些小事中得到实现。因而在客运服务中就应以另外一种态度和做法对待小事,即"小题大做"。

客运服务人员不能留长指甲、涂指甲油,不能戴首饰,头发不能过肩;见到旅客要使用敬语问好打招呼;对旅客交办的事情要想办法解决,不能说"不";按规范作业,操作轻、走路轻、说话轻……在外人看来,这些好像都是鸡毛蒜皮的小事,但对这些小事专注投入的程度足以反映出铁路客运服务的质量好坏以及管理水平的高低。

对"小题大做"的意识不足,实质上就是服务意识不强,每位员工都认真对待"小题大做”,服务工作的质量就有保障了。

二、服务理念

铁路客运服务人员提供的是服务,并且是高标准的优质服务。因此,必须在强调服务意识的基础上,强化服务理念。

我国铁路的快速发展不仅是机车、车辆等设备的更新,同时也需要铁路所有员工更新服务理念,在服务标准上向民航等行业看齐。为此,必须强化以下服务理念。

1.“旅客永远是对的”

优质的服务就是要让旅客满意。这就要求铁路员工站在旅客的立场上去考虑问题,了解旅客的需求与期望,给予旅客充分的尊重,并最大限度地满足旅客的需求。树立“旅客永远是对的”这一服务理念,一切服务工作必须围绕旅客来进行,必须以使旅客满意的方式来解决问题。

2. 专业能力

客运服务人员必须具备所需的专业知识、专业能力及服务技能,熟练掌握业务知识,随时为旅客提供优质服务。

3. 注重礼仪

为旅客提供服务时要态度良好,要不卑不亢、礼貌、热情,发自内心微笑。牢记自己代表的是铁路企业的形象,绝不能持无所谓的态度。

4. 给予信心

当我们提供的服务让旅客满意之后,旅客才会认可我们,对我们产生信心。旅客对我们有信心,才会愿意接受我们提供的服务。只有这样,旅客才能优先选择铁路出行,甚至全心全意地介绍亲友选择铁路出行。要做到这一点,必须懂得“信心来自实力”。

5. 善于沟通

为了了解旅客的需求与期望,必须要与旅客进行沟通,倾听旅客的声音,为旅客解决问题。旅客有抱怨,要以婉转的语气、心平气和的态度对抱怨的问题加以解释,如果没必要解释的,不说为宜。处理旅客抱怨时不要拖延,要让旅客看到你在努力解决问题,以平息旅客的不满情绪。

6. 加深理解

想旅客之所想,急旅客之所急。老人、聋哑和智力低下旅客等特殊旅客咨询问题时,往往词不达意,服务人员要耐心倾听,弄清他们想要了解的问题。另外,向旅客道歉时要有诚意,绝不能口是心非,应发自内心、设身处地为旅客着想。

7. 互相配合

在铁路客运服务人员进行服务时,旅客往往会参与其中而且还会提出他们的意见与建议,因此铁路客运服务人员要与旅客密切配合。同时,相关部门或同事彼此也需要团结合作、相互配合与支援。

8. 一诺千金

一旦对旅客的服务要求做出承诺,就必须履行。对旅客所做的承诺必须实现,而且要有效率,让旅客满意。否则,会影响铁路企业的良好口碑与信誉。

9. 换位思考

换位思考就是要设身处地为他人着想,即想人所想、理解至上。只有这样,铁路客运服务人员才能站在旅客的立场理解旅客的需求与感受,为旅客提供贴心的服务,快速、妥善地为旅客解决问题。

10. 平等待客

为旅客提供服务的质量要一致,不能因时间、旅客或铁路客运服务人员的不同而有所差异。由于铁路客运服务人员心理、情绪因素或因与旅客有某种私人关系而擅自降低或提高服务标准的现象,更不允许发生。

11. 遇事冷静

旅客不同,问题各异。当遇到棘手的难题或旅客情绪波动较大时,铁路客运服务人员必须克制自己的情绪,避免头脑发热、失去理智而影响工作。在措辞上必须要谨慎,要用平缓的语气说话,争取思考时间,才能想出好的对策去解决问题。

12. 果断决策

当遇到重大问题或突发事件时,铁路客运服务人员要沉得住气,在充分估计客观情况的基础上,勇敢、有智慧地做出决定,果断、干脆地解决问题。

三、铁路客运服务内容

铁路客运服务应最大限度地满足旅客在旅行中的物质、文化生活等方面的需求,要树立全心全意为人民服务的思想,坚持“全面服务、重点照顾”的原则,文明、礼貌地为旅客提供优质服务。按照出行过程,铁路客运服务可以分为出行前服务、车站服务、列车服务和延伸服务。

(一)出行前服务

旅客出行前服务主要以提供信息查询为主。铁路企业提供多种形式的查询方式,使铁路与旅客之间的联系逐步由单一的人工方式扩展到短信、自助、互联网查询等多种方式,这些方式能够为旅客提供24小时不间断的服务。查询内容丰富,主要包括:

(1)查询旅程区间乘坐车次信息。

(2)查询开车时间、停靠站名、到站时间。

(3)查询客票信息,包括席位、票价、里程等。

(4)查询市内售票点及其他售票渠道信息。

(5)查询站内环境与服务设施。

(6)查询市内交通、天气情况、旅游等信息。

(二)车站服务

车站服务包括票务服务、问询服务、候车服务、旅客乘降服务、信息服务以及“人性化”服务等。

1. 票务服务

票务服务是车站为旅客提供的重要服务内容。车站采用多种售票方式,合理安排售票窗口、自动售票机的数量和位置,以方便旅客购票,并且及时公布售票服务的相关信息(余票、变更信息)。售票人员应具备熟练的业务技能和良好的工作态度,按相关标准与规范做好票务工作,根据旅客要求按规定售票、换票、退票,并及时向列车和配餐公司递交售票统计信息;同时售票员应向旅客提供导购服务(推荐异地票、联程票)、车票挂失补办、重点旅客全程服务等特色服务,满足旅客的需求。图4-1为售票员在办理售票业务。

2. 问询服务

问询处应设在旅客比较集中的地方,问询处工作人员应正确、迅速、主动、热情、耐心地解答旅客旅行中提出的各种问题,使旅客在购票、上车及中转换乘等方面获得便利。问询处工作人员应根据客流动态及车站具体情况进行宣传和组织工作,尽可能使旅客在旅行中避免出错。解答旅客问询的方法可分为口头解答(包括电话问询、广播通知、电视问询)和文字解答(包括文字张贴、揭示牌提示)。口头解答问询时要做到"有问必答,答必正确,百问不烦",让旅客满意。文字张贴内容应通俗易懂,版面要鲜明、美观,夜间应有充足照明。电子揭示牌提示的内容应连续、滚动地显示,为旅客提供方便。图4-2为客运服务人员在解答旅客问询。

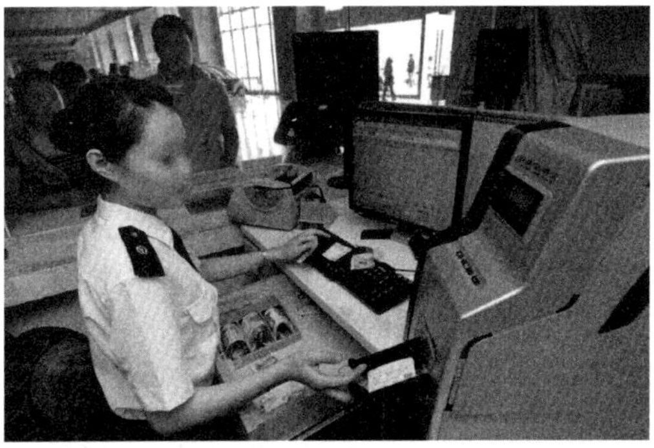

图4-1 售票员办理售票业务

图4-2 客运服务人员解答旅客问询

3. 候车服务

随着我国铁路的快速发展,其"通过式"的候车模式使得旅客候车服务内容逐步减少,带来了服务方法和接触模式的改变,即有越来越多的自助式服务设施设备代替高接触度的人工服务模式,这既提高了服务的规范性和标准化程度,又提高了服务效率。图4-3为候车室的温馨服务。

(1)旅客旅行生活服务

旅客旅行生活服务包括旅客在旅行过程中的生活、工作、学习等方面需要的服务。客运站专门设有休息室、贵宾休息室、快餐店、咖啡厅、洗手间、吸烟区等处所,以满足旅客在休息、餐饮、卫生、吸烟等方面的需求。许多高速铁路客运站还设有网吧、手机充电器、阅览室等,以满足旅客在工作、学习方面的需求。

(2)寄存服务

随身携带品暂存处是为旅客临时寄存物品的地方,做好寄存工作能给上车前、下车后的旅客寄存物品创造便利条件，所以应安全、正确、迅速地为旅客办理寄存。图4-4为行李寄存服务。

图4-3　候车室温馨服务

图4-4　行李寄存设备

(3)购物、娱乐服务

许多客运站设有特产店以及一些娱乐场所，这既可以满足旅客的需求，又可以增加车站的收入。

(4)旅客乘降服务

旅客乘降服务工作的目的是迅速集散与疏导旅客，维持车站秩序，对进站人员持用的车票进行检验和加剪。铁路客运服务人员在检票前应清理站台，安排上要先重点旅客（老、幼、病、残、孕、带婴儿的旅客），后团体乘客，再一般乘客。进站检票时执行"一看(看日期、车次)、二唱(唱到站)，三剪"制。

站台客运服务人员应坚守检票口、天桥口、地道口及进站通路交叉地点，按距离最短、交叉最少的进出站流线组织旅客进出站、上下车。随时做到扶老携幼，督促购物旅客及时上车，保证旅客安全。图4-5、图4-6为站台客运服务人员在为旅客服务。

图4-5　站台客运服务人员组织旅客有序乘降

图4-6　站台客运服务人员解答旅客问询

客运服务人员应维持站台正常秩序。在进出站流线上设置路标、指示牌等，以指明道路。客运服务人员应在进出站检票口做好检票工作、客流统计工作；查堵无票旅客与危险品、爆炸品、易爆品；加强站台巡视，确保旅客安全。

客运服务人员应组织中转换乘的旅客在适当地点候车、换乘，保证乘降工作安全、迅速、不乱、不错。

(5)信息服务

旅客在客运站所需的信息包括客运业务类服务信息，如列车基本情况信息、列车运行动态信息、交通换乘信息、客票余额及票价信息等。这些信息可以通过车站广播和电子屏来实现。还可以通过电视、宣传栏等向旅客提供旅行常识类信息和社会服务类信息，以满足各种需求(见图4-7～图4-10)。

图4-7 车站售票大厅票额显示屏

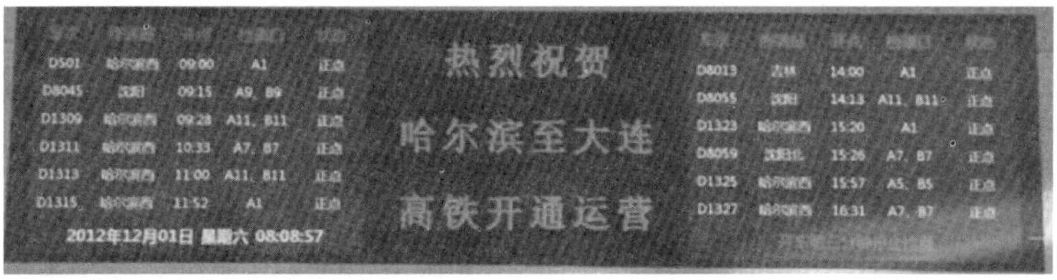

图4-8 车站进站口显示屏

图4-9 车站出站口显示屏

图4-10 车站站台显示屏

4."人性化"服务

铁路客运车站不仅要为普通旅客提供舒适、便捷的服务,而且还应该满足特殊旅客的需求,充分体现"人性化"服务的理念。特殊旅客主要包括重点旅客、贵宾、团体旅客及其他特殊旅客(如醉酒旅客、犯人及押送人员等)。

(1)重点旅客

由于健康、年龄、生理等方面的原因,某些特殊旅客很难灵活自如地完成自己的旅行。铁路提倡"人性化"服务,应该为他们创建一个方便、安全的活动空间,提高其日常生活、旅行的自理程度,如免费提供轮椅护送旅客上车、设置母婴候车室等。

(2)贵宾

由于身份、职务或知名度等方面的特殊性、重要性,无论是到站、购票,还是候车、乘降时,车站都要为贵宾提供及时、周到、舒适的特殊服务。

(3)团体旅客

团体旅客以团队的形式集体出行,非常强调团结性、组织性、整体性等方面的特殊需求。车站应重视团体旅客的特殊需求,为其提供专门的购票、候车、检票等服务。

(三)列车服务

列车服务包括车厢服务、列车广播和餐车供应工作。列车出发前列车员应做好各种准备工作,严守车门,扶老携幼,迎接旅客,检票上车,为上车旅客安排座席及随身携带品的放置位置。列车开车后,列车员按作业流程进行工作,态度应主动、热情,语言文明、表达得体准确,举动稳重、大方,处理问题机动灵活、实事求是;到站前及时准确通报站名,组织旅客安全上下车。

1.乘车服务

高速铁路列车与普速铁路列车相比,其车厢服务更舒适、更科学,这主要体现在硬件设施设备、服务备品供应、铁路客运服务人员三个方面。首先,在硬件设施设备方面,高速铁路列车的座椅较以前有很大创新:前座可放下小桌板,座椅可以根据乘客的需要前后调试;整排座椅最大旋转角度为180度,不仅前后排乘客可以面对面交谈,座位方向也可以始终与列车运行方向一致;头顶的货架有紧密的缝隙,抬头便可以看到自己的包裹。其次,在服务备品供应方面,以CRH3型车为例,客运服务备品有保险柜、便民服务箱、收垃圾清洁车(含防漏盘)、衣架、重点旅客置物架、备品柜、披肩、药箱等,这比以前更全面、更人性化。再次,列车员更加注重服务礼仪和服务技巧。列车餐饮服务由专业的餐饮和保洁公司承担,铁路客运服务人员提供的餐饮和应急服务、保洁人员提供的卫生服务等都有严格的规定和明确的标准。列车上不再配有餐车,取而代之的是吧台式服务。

2.信息服务

高速铁路主要通过乘务人员广播、现场解答,提供《CRH动车旅客服务指南》(见图4-11)、《休闲杂志》、《安全须知》、CRH宣传图片、简明时刻表、旅行常识等向旅客提供以下几类信息:①列车基本情况信息、列车运行动态信息、交通换乘信息、车票余额及票价信息等客运业务类信息；②公告通知、引导揭示信息、法律法规、旅行常识、旅行安全、旅行服务等列车自供服务信息；③旅游、住宿、市政交通、气象、新闻、娱乐、医疗、金融等社会服务信息。

关于广播服务，运行时间在3小时以内的列车，一般只播迎送词、服务设备介绍、安全提示、站名和背景音乐。运行时间超过3小时的列车，可在不干扰旅客休息的前提下，适当增加播放内容。列车旅客信息服务及影音播放系统播放的内容应由客运部门提供，由车辆部门录入。

为了给重点旅客提供“人性化”服务，高速铁路列车的一等座位车厢的厕所里，设有供残疾人使用的坐便器，坐便器上的垫圈还能根据天气和温度变化感应温控（见图4-12）。在坐便器旁边，还有为残疾人准备的SOS紧急呼叫设施。墙壁上有可拉下的婴儿护理台，可以将婴儿放在上面更换尿片（见图4-13）。

图4-11 《CRH动车旅客服务指南》

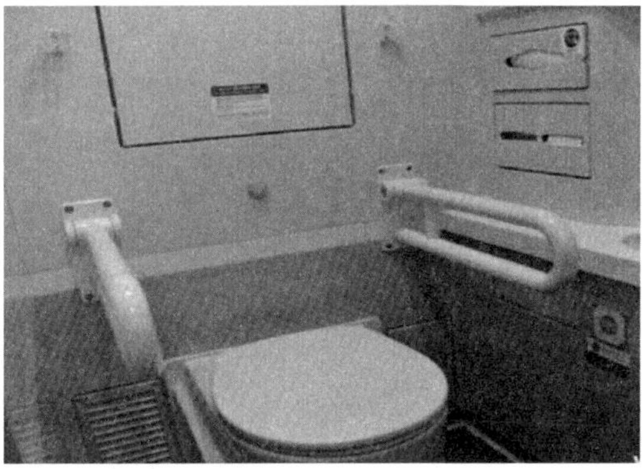
图4-12 高速铁路列车残疾人卫生间

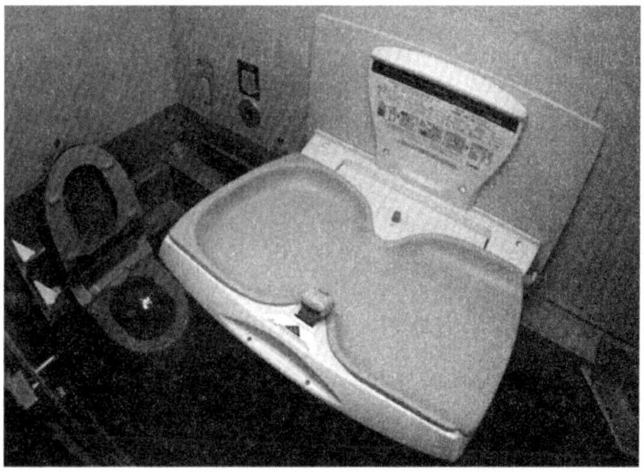
图4-13 高速铁路列车卫生间婴儿处理台

（四）旅程结束服务

旅程结束服务主要以投诉受理、意见建议收集为主，包括：

（1）旅客投诉受理、处理及反馈：旅客服务中心和车站都设置了投诉处理平台（中心）（见图4-14），旅客可以通过网络、电话、电子邮件、信函等形式进行投诉和建议。列车上还有旅客留言簿（见图4-15），旅客可对客运服务方面进行评价或提出意见建议。

（2）意见、建议的收集及反馈：投诉中心对投诉信息进行收集、分类、归档、存储；对不能自动收集的信函、电话录音等，进行人工编辑整理；对投诉和建议分别归类，按不同的方式进行应答和处理。

（3）统计分析与报表：投诉中心对投诉和建议信息进行统计分析，形成报表，对以后工作的改进提供参考。

图 4-14　旅客投诉电话

图 4-15　旅客留言簿

四、高速铁路重点旅客服务

（一）老年旅客

（1）设立重点旅客候车室，并为老年旅客候车提供帮助。

（2）客运服务人员应主动帮助老年旅客搬运携带品并引导其进站优先上车。

（3）老年旅客上车时，需主动上前搀扶并送到座位上。

（4）老年旅客腿部容易怕冷，乘务员应根据车上备品配备情况主动提供毛毯等保暖物品；服务时应注意把脚、腿盖上，适当垫高下肢。

（5）由于老年人听力较弱，乘务员应主动告知广播内容和介绍车厢服务设备、洗手间位置等情况。

（6）为老年人提供饮品时，应适当提高音量，主动介绍品种，告知饮品成分（如是否含糖等）。

（7）老年旅客在用餐时，主动为其打开餐盒及餐具。

图 4-16　客运服务人员搀扶老人进站候车

（8）旅途中经常看望老年旅客，主动嘘寒问暖，工作空余时多与其交流，尽量消除其寂寞感。

（9）当老年旅客需要用洗手间时，应及时满足并帮助放好马桶垫。

（10）主动帮助老年旅客填写意见卡。

（11）到达目的地，提醒、帮助老年旅客整理携带物品，搀扶其下车，与接站人员做好交接等。

图 4-16 为客运服务人员搀扶老人进站候车。

（二）儿童旅客

（1）主动帮助携带婴儿的旅客提拿随身携带物品，并妥善安放（事先提示旅客把婴儿要用的物品取出，放在便于拿取的位置）。

（2）主动为婴儿提供枕头垫其头部，关闭通风孔防止受风。

（3）用餐时，提醒旅客注意小桌板上的饮料（尤其是热饮），避免泼洒到婴儿身上，同时主动询问大人是否需要为婴儿准备食物，需不需要冲奶粉，需要什么时候冲，有无特殊要求等。将冲好奶粉的奶瓶用小毛巾或餐巾纸包好，送给婴儿的母亲。

（4）带婴儿的旅客需要客运服务人员的时刻关注，但除非旅客请客运服务人员帮忙，否则不要主动去抱婴儿。

（5）在洗手间给婴儿换尿布，如没有该设备可以在座椅上换。为了不影响其他旅客，可在乘务员座椅上铺上毛毯，准备好清洁袋。换完后请母亲洗手或用热毛巾擦手。

（6）到站后，帮助婴儿的陪同人整理好随身携带物品并帮助提拿送下列车。

（7）饮品需交给监护人，冷饮服务需同时提供吸管，由监护人转给儿童或婴儿。

（8）儿童上车时，乘务员应弯腰，表示欢迎及爱护。对于首次乘车的儿童，要告知其陪同人在列车运行期间不要让儿童随便跑动，以免发生危险。

（9）儿童旅客好动，发现其有危险举动时，要及时制止，提醒其监护人看好儿童，同时注意观察儿童旅客是否还有类似的危险举动。

（10）根据车上现有条件提供一些儿童喜欢和感兴趣的读物、玩具、糖果等。

图4-17、图4-18为乘务员为儿童旅客服务。

图4-17 乘务员陪小朋友玩耍，安抚儿童旅客情绪

图4-18 客运服务人员帮助带小孩的旅客进站乘车

（三）孕妇

（1）设立重点旅客候车室，并为孕妇候车提供帮助。

（2）客运服务人员应主动帮助孕妇引导其进站优先上车。

（3）孕妇上车时，应主动帮助提拿、安放随身携带物品，并注意调节通风口。

（4）客运服务人员在条件允许的情况下应提供毛毯等物品，主动询问孕妇乘车感受，随时给予照顾。

（5）孕妇旅客行动不方便且容易疲劳，可帮助其安排一个方便走动的下铺或座位，提醒周围旅客轻走动、轻交谈，给孕妇创造良好的乘车环境。

(6)下车时客运服务人员应协助旅客提取行李，并送至车门口。

(四)残疾旅客

1. 视力残疾旅客(盲人和低视力旅客)

(1)遇到视力残疾旅客时，应先打招呼，在打招呼之前不能触碰旅客的身体。另外，视力残疾旅客能够根据声音来推测客运服务人员的表情，所以打招呼时要面带笑容。

(2)帮助视力残疾旅客时，应先说明身份，打消旅客疑虑，征得旅客同意后，再进行服务。

(3)帮助视力残疾旅客提拿随身携带物品时，应先征得旅客同意，再触碰旅客物品，并让旅客能够感知被陪伴。

(4)引导视力残疾旅客行走时，要先征得旅客同意。

(5)引导使用盲杖的旅客上车时，在车门口处，应告知视力残疾旅客提起盲杖，听从指挥"迈一大步"，带领盲人旅客上车。登车后，可让视力残疾旅客触摸车厢。进入车厢前，应先语言提示"向左(或向右)转，进入车厢"。

(6)引领方向、方位时，应以视力残疾旅客所在位置与方向作为说明的基准。遇到阶梯时，一定要说清是"上"，还是"下"。路况有变时，应提早告知，避免突然停止。突发不寻常声响，应主动说明声源，以免视力残疾旅客紧张恐惧。

(7)引导就座时，应引导视力残疾旅客的手触碰椅背、扶手及桌沿，以使其了解座位周边环境。

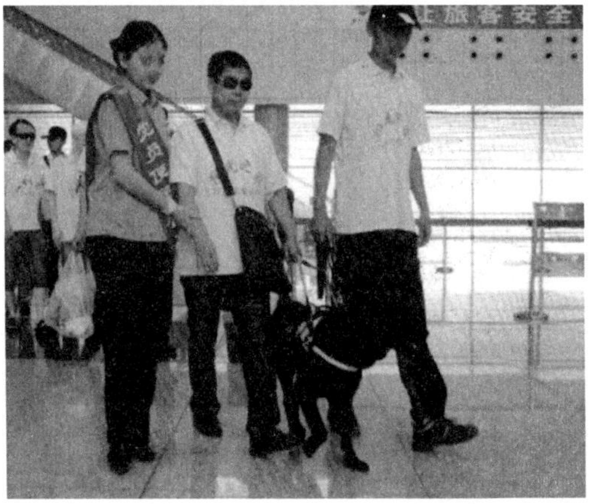

图4-19 铁路客运服务人员帮扶视力残疾旅客进站乘车

(8)放置旅客随身物品时，要尽可能放置于旅客可感知的位置，如身边及旅客的座位下方。如必须放置于行李架上，则在放置完毕后，要让视力残废旅客亲手触摸，以确认物品的存在及具体位置，方便其照管和取放物品。

(9)在无危险的情况下，多引导视力残疾旅客以手触碰物体，以使其了解周围情况。

(10)视力残疾旅客使用厕所或特殊用途的物品时，为方便其使用，应引导旅客事先自行操作一遍。

图4-19为铁路客运服务人员帮扶视力残疾旅客进站乘车。

2. 听力障碍旅客

听力障碍旅客乘车时，客运服务人员的眼睛要正视对方，应通过握手、拍肩膀等动作表示问候。与听力障碍旅客进行交流的方式有一般的对话、手语、笔谈等。如果不会手语，采用在纸上写字的笔谈方式最为保险。帮助听力障碍旅客，如果不懂手语，不要乱打手势，以免造成误解和误会。

(1)了解旅客的乘车信息，及时提醒旅客检票上车。

(2)了解旅客到达站，及时提醒旅客是否已到目的地，并将目的地车站名称、到达时间、换乘车次及时间等信息以相应的方法告诉旅客。

(3)将车上设备使用方法、洗手间位置等内容以相应的方法告诉旅客。

(4)随时观察旅客需求,适时为旅客提供服务。

3.肢残旅客

客运服务人员对于肢残旅客使用的辅助器具不要好奇,看到假肢不要惊讶,更不要随意触动和移动这些器具,以免给旅客使用带来不便。与旅客交谈时,不要询问其伤残情况,淡化残疾色彩。

(1)遇使用拐杖和轮椅的旅客,应先与旅客打招呼,询问是否需要帮助。如果需要帮助,再询问需要什么样的帮助。

(2)帮助旅客时,应将手套摘下(手表等如果有可能伤着旅客,需预先摘下,放入兜中)。如果出现人手不够等迫不得已的情况,可请周围的旅客协助。

(3)使用轮椅的旅客需要护理时,要握紧轮椅的把手,招呼一声后再开始移动。

(4)向上抬时要注意不要吆喝,可使用"一、二、三,起"等简洁的词句。倒下时要有"身体会往后倒"等语言提示后,再进行下一个动作。

(5)上车后,经旅客同意,可将轮椅折叠好放在不影响通行的位置。旅客如果希望一直坐在轮椅上,则可将轮椅推到轮椅停放处或者座椅的边上,在与列车的前进方向呈直角的位置停好并且一定要将轮椅制动。

(6)使用轮椅的旅客需要上厕所时,应询问其如厕习惯,并予以帮助。

(7)对于使用电动轮椅的旅客,除了上述要求外,还有一些其他注意事项。如果旅客不采用电动方式而是采用手动方式,并且希望接受护理时,需握紧用于护理的把手,按照手动轮椅的护理方法进行。

电动轮椅种类很多,质量、尺寸大小也会因轮椅种类的不同而不同。需要抬起轮椅时,一般情况下需要5~6人。基本的应对方法与手动轮椅一样,但由于其不能折叠,需要根据车内的情况考虑停放的场所。如果旅客希望自动行驶,其操作可任由旅客进行,但需要随时提醒旅客确认制动的情况。

(8)需要暂时让旅客等待时,请旅客将轮椅的车轮方向与线路平行并解除自动功能。

图4-20为铁路客运服务人员帮扶肢体残疾旅客进站乘车。

图4-20 客运服务人员帮扶残疾旅客进站乘车

(五)患病旅客

(1)发现有突发性精神病的旅客,及时给旅客创造一个相对隔离、安静的环境。迅速通过广播寻找医生,指定专人看护,安排看护人员多对病人说些宽慰的话,播放一些节奏舒缓、旋律优美的音乐,尽量减轻病人的压力,转移病人的注意力,以助病人恢复平静的心情。

(2)对气短脸红、患有心脏病的旅客,应引起警惕,及时关注,了解其急救药品的存放位置,并委托其同行的旅客或周围旅客及时给予关照,以免发生不测。

(3)对刚做过手术或患有糖尿病的旅客,应及时主动与其联系,关心他们的起居饮食,必要时可请餐车做特殊的"病号饭"。

图4-21为客运服务人员安抚照顾生病旅客。

图4-21 客运服务人员安抚照顾生病旅客

课堂随练

一、单项选择题

检票前清理站台,安排上要按照( )的顺序。

A.先重点旅客,后团体旅客,再一般旅客　　B.先团体旅客,后重点旅客,再一般旅客

C.先一般旅客,后团体旅客,再重点旅客　　D.先一般旅客,后重点旅客,再团体旅客

二、多项选择题

1.按照出行过程,铁路客运服务包括( )。

A.出行前的服务　　B.车站服务

C.列车服务　　D.延伸服务

2.高速铁路列车与普速铁路列车相比,其车厢服务更舒适、更科学,这主要体现在( )这些方面。

A.硬件设施设备　　B.服务备品供应

C.客运服务人员　　D.旅客素质

三、填空题

1.__________是指企业全体员工在与一切企业利益相关的人或企业的交往中所体现的为其提供热情、周到、主动的服务的欲望和意识。

2.树立__________这一服务理念,一切服务工作必须围绕旅客来进行,必须以使旅客满意的方式来解决问题。

3. 铁路客运服务,要树立全心全意为人民服务的思想,坚持__________的原则,文明、礼貌地为旅客提供优质服务。

四、判断题

1. 服务就是发展,服务就是效益,服务就是市场竞争力。 (　　)

2. 在服务过程中发生的一些鸡毛蒜皮的小事,铁路客运服务人员也应做到"小题大做",树立服务无小事的意识。 (　　)

3. 服务过程中,铁路客运服务人员应该想旅客之所想,急旅客之所急。 (　　)

模块小结

本模块主要介绍了铁路客运服务礼仪的基本理论以及铁路客运服务理念的内容,详细分析了铁路客运服务所具有的特点及服务礼仪的重要性和应遵循的原则,由此引出铁路客运人员应具备的基本素质和综合素养,为培养优质的铁路客运服务人员打好基础。通过对铁路客运服务礼仪的基本理论(角色定位、敬人三A、首轮效应、亲和效应、末轮效应、零度干扰等理论)进行分析,帮助铁路客运服务人员理解、学习铁路客运服务礼仪,树立好的服务意识和服务态度。本模块还介绍了铁路客运服务的基本内容及重点旅客服务内容。通过本模块的学习,广大铁路客运服务人员可以对铁路客运服务的基本内容以及服务过程中应遵守的基本服务理念有更加深刻的了解,有利于其在铁路客运服务过程中合理地施行,树立为旅客服务的意识,培养良好的服务理念,提供优质的服务给旅客。

达标检测

一、多项选择题

1. 高速铁路客运服务的特点包括(　　)。

A. 服务质量高　　B. 服务效率高　　C. 换乘服务周到　　D. 信息化程度高

2. 铁路客运服务礼仪应遵循的原则包括(　　)。

A. 旅客至上　　B. 用心服务

C. 持之以恒　　D. 服务种类"多样化"、"人性化"

3. 一般来说,铁路客运服务人员应具有的品质与素质包括(　　)。

A. 职业道德　　B. 职业修养　　C. 心理素质　　D. 服务规范

4. "敬人三A"理论包括(　　)。

A. 接受服务对象　　B. 重视服务对象

C. 赞美服务对象　　D. 对服务对象百依百顺

5. 直接影响外界对客运服务人员第一印象形成的因素,主要有以下哪些方面(　　)。

A. 仪容　　B. 仪态　　C. 服饰　　D. 语言

E. 笑容　　F. 态度

6. 按照出行过程,铁路客运服务包括(　　)。

A. 出行前的服务　B. 车站服务　C. 列车服务　D. 延伸服务

7. 动车组列车与普速列车相比,其车厢服务更舒适、更科学,这主要体现在(　　)。

A. 硬件设施设备　B. 服务备品供应　C. 客运服务人员　D. 旅客素质

二、填空题

1. 铁路客运服务人员在工作中会遇到各种类型的旅客和种种突发情况,这就要求客运服务人员要有较强的情绪__________和__________,即不能受外界因素干扰的心理素质。

2. 车站服务包括__________、__________、候车服务、旅客乘降服务、信息服务以及“人性化”服务等。

3. 解答旅客问询的方法可分为__________和__________。

4. 特殊旅客主要包括__________、贵宾、__________及其他特殊旅客(如醉酒旅客、犯人及押送人员等)。

5. 列车服务包括__________、__________和餐车供应工作。

6. 运行时间超过__________的列车,可在不干扰旅客休息的前提下,适当增加播放内容。

7. 旅程结束服务主要以__________、__________为主。

8. 高速铁路重点旅客包括__________、__________、__________、__________、__________旅客。

三、判断题

1. 在铁路客运服务过程中,要始终保持头脑清醒,处事沉着冷静,有条不紊。当遇到突发事件时,要严格按照工作规范进行处理。(　　)

2. 末轮效应理论的核心思想是要求人们在塑造单位或个人的整体形象时,必须有始有终,始终如一。(　　)

3. 亲和效应使人与人之间更加容易接近,而这种相互接近,又会使交往对象之间萌生亲切感,并且更加亲密、相互体谅。(　　)

4. 在人际交往中,语言是最重要的交际工具。语言除了可以传递信息之外,亦可向交往对象传达自己的态度。(　　)

5. 当旅客提出某些具体要求时,铁路客运服务人员最得体的做法是认真倾听,并尽量予以满足。(　　)

6. 旅客出行前的服务,主要以提供信息查询为主。(　　)

7. 口头解答问询时要做到“有问必答,答必正确,百问不烦”。(　　)

8. 问询处应设在旅客比较集中的地方。(　　)

9. 铁路客运服务人员应主动帮助携带婴儿的旅客提拿随身携带物品,并妥善安放。(　　)

10. 带婴儿的旅客需要铁路客运服务人员的时刻关注,铁路客运服务人员应主动帮忙抱婴儿。(　　)

11. 儿童上车时,乘务人员应弯腰,表示欢迎及爱护。(　　)

四、简答题

1. 铁路客运服务礼仪应遵循的原则是什么?
2. 铁路客运服务人员应具备哪些基本素质?
3. 直接影响外界对铁路客运服务人员第一印象形成的因素包含哪几个方面?
4. "敬人三A"理论指的是哪三A?
5. 什么是服务意识?
6. 铁路客运服务理念包含哪些内容?
7. 按照出行过程,铁路客运服务包含哪几部分内容?
8. 重点旅客指的是哪几类旅客?
9. 对老年旅客铁路客运服务人员在提供服务时应注意哪些方面?
10. 对残疾旅客铁路客运服务人员在提供服务时应注意哪些方面?

技能训练

重点旅客服务

1. 训练目的

强化学生熟悉重点旅客服务流程,增强其服务技能,为将来的就业夯实基础。

2. 训练内容

分组进行各种需要重点服务情境的模拟,针对不同情况的重点旅客,根据其需求及时提供服务,如重病旅客、残疾旅客、独自带小孩的旅客及老年旅客等,充分体现铁路客运"人文关怀"和创建"和谐铁路"的精神要求。

3. 考核标准

教师评分,评分为百分制(10分一个等级,如100,90,80,…)

重点旅客服务考核评分标准

序　　号	项　　目	分　　值	得　　分
1	服务技能是否运用恰当	30	
2	情境表演是否自然、内容是否创新	30	
3	服务是否主动	20	
4	团队合作情况	20	
总分合计			

模块 5　铁路客运服务技能

课前导读

爱在人间　爱在高铁

某日,E6431 次列车从上海虹桥站开出。列车员小石看到 2 号车厢车门旁站着一位母亲,手中抱着一个 1 岁多的孩子,说要补延长票至绍兴北,小石先帮她补好车票,心想这位年轻妈妈独自一人带小孩乘车,没有座位实在不方便,于是向列车长小王请示将他们带到 3 号车服务台的座位上休息。列车长同意了。

当小石带着这对母子来到 3 号车服务台座位旁时,座位上已经坐了一名旅客。

小石简单介绍了一下这对母子的情况,希望他能让一下座位。这位旅客看到这个情况,没有犹豫,就站起来让座了。

当这位母亲坐下后,诚恳地向小石和让座的旅客说:“谢谢你们,你们太善良了!”

在接下来的列车运行途中,母亲给孩子冲奶粉,小孩淘气,手舞足蹈,把冲好的奶粉洒了一桌。小石赶紧拿来抹布和纸巾清理,帮这位母亲哄孩子,直到孩子喝完奶粉,带着天真的微笑进入睡梦。那位母亲也会心地笑了。

大约一小时后,孩子醒了,拿起自己的小汽车玩,只要有旅客逗他,他就开心地哈哈笑,那笑声感染了整个车厢。

后来这位母亲告诉小石,他们下了火车后还要转汽车才能回家,幸好今天碰到这么多好心人,不仅给她找座位,还帮助她一起照顾小孩,看到小孩这么开心,她心里充满了感激。

[案例启示]

铁路客运服务工作,千篇一律,很枯燥;每天和不同的人打交道,每位旅客的性格和脾气不同,服务也就要因人而异,满足所有旅客的需求又谈何容易?有时遇到不讲理的旅客,会觉得很累,很烦,可是当看到这位母亲发自内心的赞许和肯定,又会觉得再累再辛苦都是值得的。

单元 5.1　铁路旅客心理认知

知识目标

1. 掌握感觉与知觉的内涵;
2. 掌握知觉的特性;

3. 掌握旅客的态度和服务期望。

能力目标

1. 能分析感觉与知觉间的关系;
2. 学会利用知觉的特性来分析岗位服务中的各种现象;
3. 学会处理旅客投诉。

素质目标

1. 全面了解旅客知觉、旅客态度与旅客服务期望间的关系;
2. 具体分析旅客投诉的原因,有针对性地处理旅客投诉的问题;
3. 每个同学务必认真现场调查,分组上台汇报调查的结果。

案例导学

某日接到林小姐的电话投诉。林小姐于当日16:40在售票窗口购买了一张前往番禺的车票,当列车到站后林小姐发现该车站并非自己想要到的站点,认为是售票员的失误耽误了其行程而导致不满并投诉。经调查,售票员没有严格按照售票操作规范出售车票,在出票前没有明确询问旅客到达目的地是番禺汽车站还是市桥汽车站,导致此投诉的发生。事后售票员及时致电旅客做出相关工作解释并对此事做出道歉。

[想一想]

该售票员为什么会遭到投诉?如何做才能达到旅客的期望值?

必备知识

一、旅客知觉

(一)感觉与知觉

感觉是人脑对直接作用于感觉器官的客观事物个别属性的反应。一个物体有它的光线、声音、温度、气味等属性,我们没有一个感觉器官可以把这些属性都加以认识,只能通过一个一个感觉器官,分别感觉物体的这些属性,如眼睛看到了光线,耳朵听到了声音,鼻子闻到了气味,舌头尝到了滋味,皮肤摸到了物体的温度和光滑程度。每个感觉器官对物体一个属性的反应就是一种感觉。

知觉是直接作用于感觉器官的事物的整体在脑中的反应,是人对感觉信息的组织和解释的过程。例如,看到一个苹果,听到一首歌曲,闻到花香等,这些都是知觉现象。

知觉是各种感觉加在一起的整体反应,感觉是各个感觉器官的各自反应,没有感觉就不可能形成知觉,知觉是各感觉的总和。

（二）影响旅客知觉的因素

影响旅客知觉的因素主要包括铁路企业因素、铁路客运服务人员的因素和铁路旅客自身的因素三种。

铁路企业因素包括铁路服务人员、企业标识、理念等企业形象、环境及铁路客运线及列车车次等。

铁路客运服务人员因素主要指服务态度、外在的仪表仪态、服务技能或者专业知识。服务态度和外在的仪表仪态是旅客的直接知觉对象。近年来铁路企业也在不断地以优化服务环境、改进服务态度、提高服务质量为目标，把广大旅客是否满意作为铁路服务工作的出发点、作为衡量工作有效的根本标准，不断适应旅客的新要求、新期待，确保旅客出行更加方便、快捷与舒适。

铁路旅客自身因素是指旅客的兴趣、需要和动机、个性特征、过去的经验等。例如凡能够满足旅客的需要，激发出行动机的事物都能直接成为知觉对象，那些不能满足旅客需要和激发其动机的事物往往被忽略。当人们出行时，有关交通方式的价格和列车线路就成为主要的知觉对象。经济条件较好的旅客对出行是否舒适、方便，服务是否周到考虑较多，而经济能力一般的旅客则考虑是否费用实惠。

（三）知觉特性

1. 选择性

人在知觉过程中把知觉对象从背景中区分出来优先加以清晰地反映的特性就叫作知觉的选择性。其中被清楚地知觉到的客体叫对象，未被清楚地知觉到的客体叫背景。简而言之就是，利用选择的对象与忽略的背景之间的关系，例如，用红笔勾记重点，以及下图（见图 5-1、图 5-2）。

图 5-1　吹萨克斯的小人

图 5-2　女孩和巫婆

图 5-1，人们关注黑色阴影，可以看到一个吹萨克斯的小人，关注白色部分，可以看到一个女人的脸。

图 5-2，人们可以观察到一个小女孩的侧影，或者一个巫婆的侧脸。

2. 整体性

整体性的考察主要有三方面。一是整体优先，比如图 5-3 的字母，我们第一眼识别出第一个字母“H”，第二个字母我们会知觉为字母“S”，就是因为我们从整体考虑，以知觉为整个部分进行考量。知觉的整体性提高了人们认知事物的能力，但容易忽略部分细节。二是从整体了解局部，比如一个熟悉的人，当他换了衣服，改变了发型的时候，我们还能认识他，其中利用的就是从整体了解局部。我们先对这个人有了整体的认识，继而当他改变细节，我们才了解了他细节的变化。三是从局部推导整体，比如窥一斑而知全豹。具体如图 5-4、图 5-5 所示。

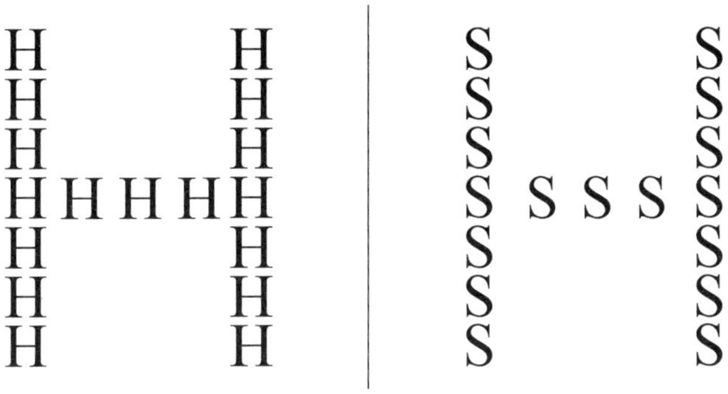

图 5-3　整体优先

图 5-4　数字推理

图 5-5　动物轮廓

图 5-4，人们纵向观察会看到“12”“13”“14”，中间部位知觉为“13”，横向观察会看到“A”“B”“C”，中间部位知觉的“B”，体现了利用整体知觉局部，知觉的整体性。

图 5-5，人们容易根据简单勾勒的大概轮廓就知道图片所示是一匹马，由整体轮廓得出结果，体现了知觉的整体性。

3. 理解性

人在知觉某一事物时，会利用已有的知识和经验去认识它，并把它用词语表示出来，这种感性认识阶段的理解就叫知觉的理解性。简而言之就是，当我们对一个客观事物有了自己的理解时，就会得出与其他人不同的问题答案，如图 5-6 所示。

同样一朵玫瑰花，普通人看来这就是一朵很漂亮的玫瑰花，诗人可能会看成爱的象征，而植物学家可能会从他的根茎叶去分析。因此对于同一对象，因为知觉主体的知识经

图 5-6　玫瑰花

验不一样，对其赋予了不同的内涵，产生了不同的知觉结果。考试中，外行看热闹，内行看门道，或者一千个读者心中有一千个哈姆雷特都是因为知觉主体经验的不同而使不同的见解产生，这体现了知觉的理解性。

4. 恒常性

恒常性是指客观事物本身不变但知觉的条件在一定范围内发生变化时，人的知觉的映象仍然保持相对不变的特性。在不同的物理环境中，从不同的角度、不同的距离知觉某一熟知的物体时，虽然该知觉对象的物理属性（大小、形状、明度、颜色）等受环境情况的影响而有所改变，但是对它的知觉却保持相对稳定，因此恒常性分为大小恒常性（不因近大远小而改变）、形状恒常性（不因看物体角度不同而使形状发生变化，如图 5-7 所示）、明度恒常性、颜色恒常性（不因照明条件改变而使颜色与明度发生变化）。

图 5-7 为知觉形状的恒常性。

图 5-7　知觉形状的恒常性

二、旅客态度

态度是个体对特定对象（人、观念、情感或者事件等）所持有的稳定的心理倾向。这种心理倾向蕴含着个体的主观评价以及由此产生的行为倾向性。

一般情况下，如果不是遇到不顺心的事或对铁路客运服务人员有所误解，旅客一般都是比较好说话的（但不排除个别人品有问题的），所以除非铁路客运服务人员的服务态度有所偏差或趋于恶劣，旅客的态度一般不会太差，即使面无表情也可能是和旅途的疲倦或个人性情有关，而非铁路客运服务人员的过错，这些大可不必过多自责。

如果在和旅客的交涉中，旅客由最初态度平和转而与铁路客运服务人员针锋相对，横眉冷对，不愿与铁路客运服务人员合作甚至与铁路客运服务人员对着干，这可能和双方的交流方式有关（可能在交涉的过程中铁路客运服务人员犯了旅客的禁忌，或由于言语误会使旅客误解)。铁路客运服务人员应及时认真听取旅客意见,找出旅客态度转变的原因,在这个过程中,即使旅客的态度变得极其恶劣,如面部表情变得狰狞,一副跃跃欲试揍人的模样,铁路客运服务人员也应该笑脸相迎谦逊礼让。所谓伸手不打笑脸人,只要一方肯让步,正常人都会缓和情绪,这时双方交流起来也比较流畅了……要了解旅客态度的变化,大可通过言语、表情、肢体语言来读取。

总之,服务中细心观察旅客的一举一动,用心服务总不会错的。

三、旅客的服务期望

旅客的服务期望是指旅客心目中认定的铁路客运服务应达到和可达到的水平,是旅客评价铁路客运服务的关键。旅客的服务期望按水平不同可以分为理想期望、合意期望。在二者之间还有一个"容忍区域"。合意期望与旅客认为可以接受的服务水平相关,是一种较低水平的期望。理想期望则意味着旅客希望得到的服务,也是旅客认为企业能够而且应该提供的服务水平。合意期望和理想期望之间的差距被称为"容忍区域",如图 5-8 所示。

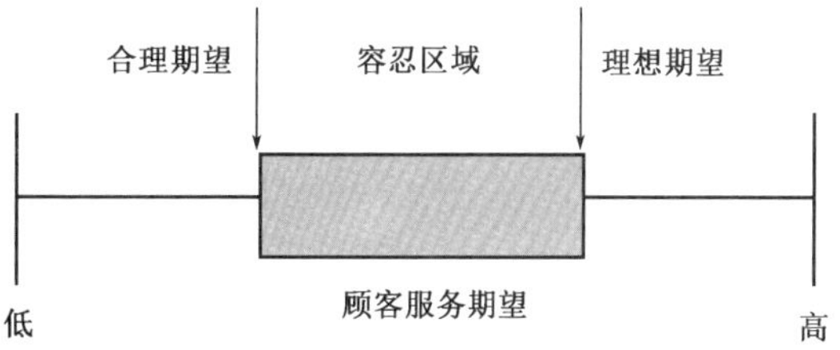

图 5-8 旅客的服务期望

例如,一位乘客常乘公交车上班。有一天他赶到车站的时候,一辆车刚开走。他等了 5 分钟,并不着急,因为按他的经验,这条线路的公交车正常的发车间隔时间是 5 ~ 10 分钟。但等了 10 分钟后,他有点着急了。不过,他想只要能在 15 分钟内到,上班还来得及。没想到 15 分钟过去了,车还是没来。他心里开始上火了,并且与旁边的乘客一起抱怨起来。到了 17 分钟,他看还是没有公交车的影子,就扬手叫了一辆出租车。这里,这位乘客认为的正常间隔 5 ~ 10 分钟就是他的服务容忍区间;10 ~ 15 分钟(不耽误上班的候车时间)是对他而言的合格服务;超过 15 分钟就是不合格或不能接受的服务。

了解旅客的服务期望对有效的服务是至关重要的。因为服务的质量、旅客对服务的满意程度是旅客对服务实际的感受与自己的期望进行比较的结果。在不了解旅客期望的情况下,如果旅客的期望高于服务的标准,那么,即使服务实际达到了标准,旅客也不会满意;如果旅客的期望低于服务的标准,那么,企业就可能因服务标准过高而浪费服务成本。

四、旅客投诉心理

旅客投诉是指旅客因需要未获满足,对铁路客运服务人员和监督部门进行批评,要求对自己所感知的精神和物质损失进行赔偿的一种情绪状态和行为。旅客投诉原因中有客观原因,也有主观原因。旅客的投诉一方面可能会刺激、伤害铁路客运服务人员,使铁路客运服务人员感到尴尬和不快,但另一方面,旅客的投诉对铁路企业来说又是极其宝贵的信息来源,也能给铁路企业带来一些好处。因此,旅客的投诉是一把"双刃剑",解决得好会使铁路企业获得一个改善、提高自己的好机会;解决得不好则会使铁路企业深受其害,形象和声誉受到损失。

(一)投诉产生的原因

1. 铁路运输企业自身原因

当旅客来车站购票乘车时,遇到以下情况,再加上工作人员稍有不慎,极易产生旅客投诉。

(1)运能不足,如无票可购(春运、暑运、十一或五一假期期间)。

(2)售票窗口开设不足,造成旅客排长队久候生怨。

(3)硬件设施的不足,如车站无自动售票机(人工窗口取异地票会产生异地费)、售票窗口与旅客间的距离较远(递送钱票时不便)、话筒效果较差(导致售票员与旅客间产生误会从而导致投诉)。

2. 售票员工作原因

旅客一般针对售票员的服务态度投诉。

(1)不负责任的行为,如旅客咨询有无车票时,售票员不进行电脑查询,单凭主观印象来回答旅客;如当旅客咨询列车时刻时,给旅客说个大概时间;遇到旅客互联网取票时,有异地票时不告知旅客要收取异地费,或不问清楚旅客是否将网上车票全部取出,让旅客有强制收费的不良感觉,从而产生反感情绪。

(2)冷冰冰的服务态度,如当旅客咨询或购票时,售票员面无表情,语气生硬、动作粗鲁(将票、钱扔给旅客)。

(3)爱理不理的接待方式,如当窗口有旅客时,售票员还是自顾自地做别的事,将旅客"凉"在一边(尤其是在列车开车前的旅客购、取票或退票时),或将旅客的提问、要求置之不理或有一句没一句地回答旅客的提问和要求。

(4)工作的失误,如误售车票时,不积极处理纠正,甚至将过失强加于旅客,如乘车日期或席别、到站发售错误,让旅客自己去改签或退票;有业务不熟悉的情况,会给旅客的旅行造成不便;等等。

(5)与旅客发生争吵,如遇纠纷时,出言不逊、不够礼貌、冷嘲热讽、与旅客对骂。

3. 旅客自身原因

(1)误购车票:旅客自己误购车票后,无法弥补过错,就会故意刁难售票员,若售票员处理不当就会产生投诉。

(2)情绪的发泄:旅客若在别的地方遭遇不公待遇,到售票窗口时,要求无法得到满足,旅客就会采取一系列的行动来发泄其不满情绪,最主要的一个渠道就是通过投诉把自己的烦恼、怒气和怨气发泄出来,以维持其心理上的平衡。

(二)处理投诉的方法和技巧

1. 处理投诉的方法

(1)做好接待旅客投诉的心理准备

树立"客人总是对的"的意识。即使旅客错了,也要把"对"的让给旅客,只有这样,才能减少与旅客的对抗情绪,不能给旅客设置"门槛"。

掌握和判断旅客投诉的三种心态。一是求发泄型:旅客遇到令人气愤的事,怨气回肠,不吐不快,于是投诉;二是求尊重型:旅客投诉就是为了挽回面子,求得尊重,即使我们没有过错,旅客为显示自己的身份或与众不同,在同行的朋友或旅客面前“表现表现”,于是就去投诉;三是求补偿型:有些旅客无论对错或问题大小,都要进行投诉,其真正目的并不在于事实本身,不在于求发泄和尊重,而在于求得补偿,尽管他可能一再强调“并不是钱的问题”,目的还是要求赔偿。

(2)接待投诉的规范要求

①进行自我介绍,如姓名、职务。

②保持冷静理智,设法消除旅客的怨气。例如,当旅客满头大汗到窗口投诉时,叫他别急,有纸巾时可以适时地递给旅客擦擦汗水。如果旅客是电话投诉,那么可以先问问旅客现在在哪里,是否已购票等情况。

③聚精会神聆听旅客的投诉,让旅客把话说完,切勿胡乱解释或随便打断旅客的讲述。

④旅客讲话时,要表现出足够的耐心,绝不随旅客的情绪波动而波动,即使遇到一些故意挑剔、无理取闹的旅客,也不要大声争辩或仗“理”欺人,而要耐心听取意见,以柔克刚,使事态不至于扩大或影响其他旅客。如果旅客在窗口投诉时吵闹或喧哗,应将该旅客与其他旅客分开,或带到其他地方进行沟通处理,以免影响其他旅客或造成围观。

⑤与旅客讲话时要注意语音、音调、语调的大小和高低。

在售票窗口处理投诉时一定要做到微笑服务,否则旅客会认为工作人员还在“幸灾乐祸”。

⑥做好旅客投诉登记,如投诉的内容、窗口号、旅客的姓名、联系电话,投诉的时间等内容,这样可以使旅客说话速度放慢,同时也使其感到我们对他的投诉很重视,从而缓解一下旅客愤怒的情绪。

⑦对旅客的心情表示同情、理解和道歉,即使旅客反映不完全属实,或者工作人员没有出错,也不要让旅客感觉不舒服或不愉快。要使旅客感觉到尊重,从而减少对抗情绪。

⑧对旅客反映的问题要立即着手调查和处理,切勿轻易做出权利范围外的许诺。

(3)处理旅客投诉

①接纳投诉后,应做礼仪性的道歉,当然要视实际情况而定。

②进行录像回放查询和实地调查,尽量在最短的时间内给旅客以明确的答复。

③处理比较严重的旅客投诉,还必须向领导汇报。

④投诉问题解决后,要向旅客询问结果是否满意,并要真诚地向旅客致谢,感谢旅客提出的宝贵意见,从而在旅客的心中留下美好的印象。

⑤如果问题当天无法解决,要留下旅客的联系方式,等第二天查证后给旅客一个满意的答复。

2. 处理投诉的技巧

处理投诉的总原则:“先处理感情,后处理事件”。

(1)切不可在旅客面前推卸责任

在接待和处理旅客投诉时,一些售票员自觉或不自觉地推卸责任,殊不知,这样给旅客的印象更糟,使旅客更加气愤。结果,旧的投诉未解决,又引发了旅客新的更为激烈的投诉,出现投诉的“连环套”。

(2)从倾听开始

倾听是解决问题的前提。在倾听旅客投诉时,不但要听他表达的内容,还要注意他的语调与音量,这有助于了解旅客语言背后的内在情绪。同时,要通过解释与澄清确保真正了解了旅客的问题。例如,我们听了旅客反映的情况后,根据自己的理解向旅客解释一遍:"王先生,来看一下我理解的是否正确。您刚才说几天前在重庆站10号窗口买票时您要今天的车票,而售票员却错误地发售为昨天的车票,现在造成您无法乘车,要求我们对车票进行处理,请问是不是这个意思?"这样通过认真倾听,向旅客解释他所表达的意思并请教旅客我们的理解是否正确,向客户显示我们对他的尊重以及真诚地想了解问题,这也给旅客一个机会去重申他没有表达清楚的地方。

(3)认同旅客的感受

旅客在投诉时会表现出烦恼、失望、泄气、发怒等各种情感,而我们不应当把这些表现当作是对自己个人的不满。特别是当旅客发怒时,旅客仅仅是把我们当成了倾听对象,旅客的情绪理应得到极大的重视和最迅速、合理的解决的。所以要让旅客知道你非常理解他的心情,关心他的问题:"王先生,对不起,让您感到不愉快了,我非常理解您此时的感受。"所以无论旅客对与错,我们都要把旅客的错当"对"来处理,我们只有与旅客的世界同步了,才有可能真正了解他的问题,找到最合适的方式与他交流,从而为成功地处理投诉奠定基础。我们有时候会在说道歉时很不舒服,因为这似乎老是在承认自己有错。说声"对不起""很抱歉"并不一定表明"我"真的犯了错误,而主要表明"我"对旅客不愉快经历的遗憾与同情。不用担心旅客会因得到你的认可而越发强硬,表示认同的话会将旅客的思绪引向问题的解决。

(4)表示愿意提供帮助

"让我看一下该如何帮助您""我很愿意为您解决问题",正如前面所说,当旅客正在关注问题的解决时,我们体贴地表示乐于提供帮助,自然会让旅客感到安全、有保障,从而进一步消除对立情绪,取而代之的是依赖感。问题澄清了,旅客的对立情绪也就减少了,我们接下来要做的就是为旅客提供解决方案。

(5)解决问题

一是为旅客提供选择:通常一个问题的解决方案都不是唯一的,给旅客提供选择会让客户感到受尊重,同时,旅客选择的解决方案在实施的时候也会得到旅客的更多认可和配合。二是诚实地向旅客承诺:能够及时地解决旅客的问题当然最好,但有些问题可能比较复杂或特殊,我们不确定该如何为旅客解决,此时我们就不要向旅客做任何承诺,而应诚实地告诉旅客情况有点特殊,你会尽力帮旅客寻找解决的方法,但需要一点时间,然后约定给旅客回话的时间,你一定要确保准时给旅客回话,即使到时仍不能帮旅客解决,也要准时打电话向旅客解释问题进展,表明自己所做的努力,并再次约定给旅客答复的时间。

(6)灵活处理

只要是为了方便旅客,在不违背相关规定的情况下,我们一定要积极为旅客着想,不要故意设置"门槛"。当事情无法把握处理时,要及时请示领导批准,尽量满足旅客的出行需求。

总之,旅客投诉为铁路企业提供了一次改正错误、重新赢得旅客满意的机会。而认真对待旅客投诉，有助于从整体上提高铁路客运服务的能力，全面提高旅客满意度。我们在今后的工作中，要时刻牢记"人民铁路为人民"的宗旨，认真执行作业标准，认真落实服务质量的有关要求，面带微笑，体现真诚，让一张小小的车票，构筑起旅客信任铁路、选择铁路的桥梁；让一张小小的车票，体现出铁路人的真诚与自豪。

课堂随练

一、填空题

1. 处理投诉的总原则是先处理感情，后__________。

2. 知觉是__________作用于感觉器官的事物的整体在脑中的反映，是人对感觉信息的组织和__________的过程。

3. 旅客投诉是指旅客因__________未获满足，对铁路客运服务人员和监督部门进行批评，要求对自己所感知的精神和物质损失进行__________的一种情绪状态和行为。

4. 旅客的服务期望依水平不同可以分为理想期望和__________。

5. 铁路旅客自身因素是指旅客的兴趣、__________、__________、过去的经验等。

二、判断题

1. 处理比较严重的旅客投诉，还必须向领导汇报。（　）

2. 旅客期望是指旅客心目中认定的客运服务应达到和可达到的水平，是旅客评价服务的关键。（　）

3. 人在知觉过程中把知觉对象从背景中区分出来优先加以清晰地反映的特性就叫作知觉的理解性。（　）

4. 服务态度和外在的仪表仪态是旅客的直接知觉对象。（　）

5. 倾听是解决问题的前提。（　）

三、实操题

以分组的形式展开春运旅客满意度调查。六人一组，每组推选1名成员上台发言。要求以问卷调查的方式进行，可以在网络上或现场发放问卷，并进行数据分析，撰写调查分析报告。

单元5.2 铁路旅客需求分析

知识目标

1. 掌握旅客总体心理需求的表现；
2. 掌握旅行中旅客个性心理需求的表现；
3. 掌握旅客在不同的心理需求下的服务要求。

能力目标

1. 掌握旅客的共性心理需求;
2. 掌握不同分类标准下旅客的个性心理需求。

素质目标

1. 全面了解旅客的共性心理需求,并能提供与之相对应的服务;
2. 具体分析旅客的个性心理需求,分析他们的心理状态,并能提供相对应的服务;
3. 每个同学结合自己的亲身经历,上台发言自己的感想。

案例导学

温馨服务让旅客尽享旅行之美

五一假期正值春夏之交,天气温暖清爽,草木欣欣向荣,正是一年中人们外出旅行难得的好时节。每逢五一小长假,铁路都会迎来客流高峰。为了让广大旅客出行更好、玩得更快乐,铁路企业大力实施“三个出行”常态化措施,倾心打造客运服务品牌,以温馨的服务为旅客外出旅行增色添美。

温馨服务从这里开始。为了确保广大旅客顺畅进站上车,铁路企业启动大客流应急预案,强化客运服务基础保障,组织工作人员成立突击队,开展青年志愿者服务,做好重点旅客帮扶,在自助取票厅加派人员,开辟晚到旅客、急客进站通道,方便旅客进站乘车,并在候车室的书吧内放置儿童读物,方便带小孩的旅客照顾孩子。旅客还可以在候车室内使用免费的 WIFI 进行上网,用车站提供的充电宝给手机充电。同时,铁路企业还利用微博、微信等媒体平台实时发布余票、乘车提示等信息,方便旅客获取出行信息。

品牌助力旅客出行。五一期间,铁路企业注重打造品牌工程、品牌线路和品牌服务项目,如西安站全力打造“丝路缘”亲情服务品牌,北京站打造“素萍服务室”,这些服务品牌为广大旅客提供了贴心的服务,展示了铁路企业的良好形象。

[案例启示]

优质服务是铁路的实力,也是铁路的品牌。如何能为广大旅客提供更为方便、温馨、快捷、人文化的服务,是铁路人一成不变的追求,也是铁路人工作的目标和梦想。近几年来,我国铁路在不断创新中谋求发展,从公司化运作到铁路货运组织改革的敞开受理、“一口价”收费,再到春运“安全出行、方便出行、温馨出行”的目标,铁路正在呈现给社会全新的形象。铁路安全、准时、高速的“内部管理文化”正在向和谐、亲切、舒适的“外部服务文化”延伸,站车文化也正在由管理向服务转变,由用手服务向用心服务转变。优质服务变成了铁路的一种资源、动力和品牌,这些资源最终受益者是广大旅客。

必备知识

一、旅客总体心理需求的表现

（一）安全心理

旅客乘车旅行最根本的需要就是安全的需要，它包括人身安全和财产安全两个方面。每一位旅客都希望车站有良好的治安秩序，倘若治安不好，会使旅客提心吊胆。为保证旅行安全，旅客常综合考察自然环境状况、社会治安情况和运输工具的安全性等内容，再做出是否旅行的决定。当亲友出门旅行时，我们祝福他们“一路平安”，这代表了出门旅行者最普通、最基本的共性心理要求。既然是“一路平安”，就是指旅客从离开家门，一直到目的地，包括旅行的全过程都平平安安。“平安”就是不发生任何危及人身安全和财物安全的意外事故，也就是不会发生人身碰伤、挤伤、摔伤、烫伤等情况，旅行中所携带的财物、文件资料保持完整，不会发生任何丢失或损坏的事情。在客运服务过程中，努力实现旅客旅行安全心理需求，这是所有铁路客运服务人员的首要工作。铁路企业加强铁路沿线、车站和列车的安全管理，从技术装备上提高运输载体的安全性，从安全管理上提高铁路客运服务人员对不安全因素的预测和及时处理的能力。

（二）顺畅心理

送亲友出门旅行时，除了祝福他“一路平安”外，常说的另一句话就是“诸事顺利”，讲的是旅行中的顺利、愉快问题，这也是出门旅行者的一个共性心理要求。旅客到车站购票，能够顺利地买到自己需要的车票；上车时，人虽然多，但能够顺利地找到座位；在用餐时间，车站或列车上能够提供经济、卫生、可口的食品；食用自带食品时，车站或列车能够随时提供开水；列车在运行途中，因某些原因，如铁路线路施工、意外事故等耽搁，在这种情况下，能否保证列车正点到达终点；准备换车时，有充裕的时间赶上接续换乘的列车等。这些都是旅客出门旅行的顺畅心理要求。要满足每位旅客的顺畅心理要求，做到时时顺畅、事事顺畅是不现实的。但是，从铁路客运服务管理的角度讲，应尽最大的努力满足旅客的需要。在为满足旅客需要而做工作的同时，还要做好宣传工作。对旅客要有良好的服务态度，遇到不能满足旅客要求的事情，要进行耐心解释，使旅客明白为什么需求没有得到满足。在旅客旅行的过程中，由于铁路企业运输组织的原因而发生的延误，使旅客旅行的顺利受到影响，旅客有权了解发生的原因，铁路客运服务人员必须把事情的真相通告给旅客，让旅客心里有数，使其能够对自己下一步的行程预先进行计划。

（三）快捷心理

随着社会的发展，人们的时间观念发生了重大的变化，“快捷”成为旅客的一个主要要求。缩短旅行时间、迅速到达目的地，可以节约时间，同时减少旅行疲劳。

（四）方便心理

方便的需要表现为购票、进出站、上下车以及中转乘车等方面的便捷性。“方便”要求减少旅行中的各种中间环节,达到“快捷”的目的。旅客出门旅行,希望处处能够方便,这是一种很普遍的共性心理。为了适应旅客的方便心理,需要采取一些措施。为了让旅客到站后快速方便地找到自己的候车室,车站可设置多个指示牌,并且铁路客运服务人员应多注意着急、徘徊的旅客,多问旅客的需求等。多开售票处售票窗口,减少旅客排队等候时间;延长售票时间,使旅客随时都能购票。妥善设置候车室、检票口、站内通道引导牌等,减少旅客进站上车的走行距离。保证列车上每节车厢开水及时供应等。满足旅客的方便心理要求,其要点是使旅客感到处处、事事、时时方便,节省时间,能够使事情顺利办成。

(五)经济心理

经济心理表现为旅行需要的满足程度与所付出的费用和时间相比较,希望在一定的需要满足之下,所付出的费用和时间最少,但旅客在乘车旅行的过程中对经济性的考虑,一般是将两个因素结合在一起;一是花钱的多少;二是由谁出钱,是自己还是单位。

(六)舒适心理

随着经济的发展和生活水平的提高,旅客对旅行舒适性的要求上升到重要地位,对乘车环境、文化娱乐、饮食、休息等的要求相应提高。这种需要的强度和水平受多种因素影响,特别是旅行时间的长短往往是起决定作用的因素。所以我们要确保设施设备的质量,让旅客顺利到家,并且注意环境卫生,多宣传。

(七)安静心理

旅客出门旅行,离开家或工作场所,与其他旅客一起旅行,一直处于“动荡”状态中。在嘈杂的环境中,尽量保持心情安宁,动中求静,这是人之常情,是大多数旅客的共同心理需求,尤其是在人较多的候车室和车厢内,该要求更为迫切。要保持旅客旅行中的安静环境,一方面旅客本身要约束自己,不要大声说话、喝酒猜拳、来回走动等。另一方面铁路客运服务人员有责任加强对乘车环境的管理,积极组织引导和制止不利于安静的事件,避免旅客大声喧哗、吵闹,更要避免与旅客发生口角、争吵,影响旅客休息。

(八)尊重的心理

受尊重是人的正常需要。每一位旅客都希望自己的人格、习俗、信仰、愿望受到铁路客运服务人员的尊重,能看到热情的笑脸、听到友善的话语、体验到铁路这个临时大家庭的温暖。一旦旅客人格受到屈辱,自尊心受到伤害,便会产生反感,甚至可能导致双方的冲突。这样就会对铁路带来负面影响。

二、旅行中旅客个性心理需求的表现

人们在旅行过程中的共性心理是大多数旅客在旅行时普遍的、通常的心理要求。但对于每个旅客来说,由于自身条件、旅行条件、个人性格、爱好、观念的不同,又必然会有不同的心理需求,这是旅客旅行的个性心理需要。例如,学生的旅行心理,有的学生好动不好静,也有的学生好静不好动;买卧铺票的旅客有的希望买到下铺,而有的旅客却愿睡中铺甚至上铺。可见在旅客的共性心理需求中包含着个性心理需要,即普遍规律中蕴藏着特殊性。旅客在旅行过程中,当旅行条件发生变化时,心理需求也会随着变化。旅客的心理活动除受自身条件制约外,还受客观事物的影响。所以,旅客的个性心理与共性心理相比较,是十分复杂的。铁路客运服务人员在服务工作中,既要掌握旅客旅行的共性心理,又要探索和理解旅客的个性心理,才能避免服务工作的片面性和盲目性,才能做到更加主动、更有针对性地实现文明服务、礼貌待客。

由于广大旅客的个性心理需求复杂多变,铁路客运服务人员要全部了解、掌握是极其困难的,而且也无这种必要。但应该注意综合一些具有较普遍、较典型、有代表性的个性心理,以便在日常服务中能够了解旅客的心理,提供有针对性的服务。社会上的每一个人,都有可能成为铁路客运服务的对象,从乘车旅行的角度讲,适当将市场细分,研究每一类旅客的心理需要和个性心理需求,是有效解决问题的出发点。下面用七种分类标准对旅客进行分类,分析每一类旅客的旅行心理。从某种意义上讲,这种通过分类获得的某一类旅客的心理,对全体旅客而言属于个性心理,但对该类旅客讲,它属于共性心理。

(一)根据旅客气质划分

气质是心理活动表现在强度、速度、稳定性和灵活性等方面的心理特征。它是人心理活动的动力特征的表现,它依赖于人的生理素质或身体特点。人的气质差异是先天形成的,孩子刚出生时,最先表现出来的差异就是气质差异,比如有的孩子爱哭好动,有的孩子平稳安静。

现代心理学把气质理解为人典型的、稳定的心理特点,表现在情绪体验的快慢、强弱,表现在隐显以及动作的灵敏或迟钝等方面。它在我们现代社会生活中得到普遍应用,但内涵却有很大的不同。如“这个演员气质好”。这里所说的“气质”是指人的气度、风格等,不属于心理学的范畴。

古希腊著名医学家希波克拉底最早观察到人有不同的气质。他认为人体内有四种体液:血液、黏液、黄胆汁和黑胆汁。后来经罗马帝国时期著名生物学家和心理学家盖伦的传承发展,将气质分为 4 种类型:活泼型的多血质、安静型(稳重型)的黏液质、兴奋型的胆汁质、抑制型(忧郁型)的抑郁质。

旅客的气质,在整个旅行活动过程中会通过他们的言行表现出来。深入细致地观察旅客的言行,可以了解旅客的气质类型,从而可以有针对性提供服务。

1. 急躁型旅客

急躁型相当于胆汁质。急躁型旅客对人热情、感情外露,说话直率而快,言谈中表现出自信。这种类型的旅客容易激动,通常喜欢与人争论问题,而且极力争赢。他们对服务的评价易走极端。他们在旅行中常常显得粗心,经常丢东西。在铁路客运服务工作中,对急躁型旅客,言谈注意谦让,不要激怒他们,不要计较他们有时不顾后果的冲动言语,一旦出现矛盾,应当尽量回避。随时提醒他们别乱扔、乱放和丢失东西,并多站在他们的角度想问题,多与他们沟通,让他们感到满意,这类人很容易成为朋友也很容易给工作带来困难。

2. 活泼型旅客

活泼型相当于多血质。活泼型旅客活泼好动,他们反应快、理解力强,聪明伶俐。他们动作敏捷、灵活、多变。旅行中他们对人热情大方,喜欢与人交往和聊天,喜欢打听各种新闻。他们情感外露,经常处于心情愉快的状态。在铁路客运服务工作中,对活泼型旅客,同他们交往时，尽量满足他们爱交往、爱讲话的特点。旅行中铁路客运服务人员应主动向他们介绍车站设施以及各地风光和特产，以满足他们喜欢活动的心理。

3. 稳重型旅客

稳重型相当于黏液质。稳重型旅客平时表现安静，喜欢清静的环境。他们很少主动与人交往，交谈起来很少滔滔不绝和大声说笑，情感很少外露，使人猜不透他们想什么或需要什么。但稳重型旅客自制能力很强，做事总是不慌不忙，力求稳妥，生活有固定的规律，很少打扰别人。他们反应慢，希望别人讲话慢些或重复几次，自己讲话也慢条斯理，显得深思熟虑。他们的注意力比较稳定，对新环境不易适应，但一旦适应了又会对乘坐过的列车或打过交道的铁路客运服务人员产生留恋之感。在铁路客运服务工作中，对稳重型旅客介绍或交代事情时，应当注意讲话的速度，重点适当重复一下。一般情况不要过多地与他们交谈。如有交谈，尽量简单明了，不要滔滔不绝，以免他们反感。

4. 忧郁型旅客

忧郁型相当于抑郁质。忧郁型旅客感情很少向外流露，心里有事一般不愿对别人讲，宁愿自己想。旅行中表现为性情孤僻、不合群、沉默寡言，不喜欢在公共场合与人交往和聊天。这类旅客对事情体验深刻，自尊心强，很敏感，好猜疑，想象力丰富。他们在遇到困难或挫折时会表现得非常痛苦，如丢失东西、身体有病或与人发生纠纷后会长时间不能平静。他们行动迟缓、反应慢。在铁路客运服务工作中，对忧郁型旅客应当十分尊重，对他们讲话要清楚明了，和蔼可亲。尽量少在他们面前谈话，绝对不要与他们开玩笑，以免产生误会和猜疑。当他们遗失物品、生病时，应当特别关心和给予帮助，想办法安慰他们，使其感到温暖。

（二）根据旅客职业划分

1. 工人

工人组织性、纪律性较强，在旅行时对旅行条件一般要求不高，比较重视旅行费用的高低。私人旅行希望少花钱，公务出行旅行希望能获得旅行补贴。因此，能有个座、吃上饭、喝上水就行。没有座位也能克服。工人旅客在旅行中一般都能自觉地遵守铁路的有关规定，维护站、车秩序，并能积极协助和支持铁路客运服务人员的工作。

2. 农民

随着经济的发展，农村改革与农民生活水平的提高，以及思想观念的变化，农民乘车旅行的次数和人数在增多。农民出门乘车旅行比较突出的特点主要表现在三个方面：①出门携带品多；②强调乘车的经济性，尽量减少旅途费用。根据其旅行的特点，突出的个性心理活动是“怕”，怕事、怕别人询问、怕买不到车票、怕上不了车、怕坐过站。想问但犹豫不决不敢问。有些农民旅客听不懂站、车广播，听不清广播术语，不明白揭示的内容。所以，铁路客运服务人员应多掌握和体贴农民旅客的个性心理，主动、热情地为他们服务。

3. 军人

一般来讲，现役军人具有较强的纪律性、自觉性和组织性，能够主动维护站、车秩序，支持铁路客运服务人员的工作。军人旅客的旅行中顺畅心理表现得很明显，一旦发生问题，不希望在大庭广众之下处理；单独旅行时希望能买到预想的车票，能有个候车的地方；较注重文化生活，希望能听到新闻广播，看到书报。携带枪支文件的军人、干部，希望在站、车上不发生意外。

4. 干部

干部大多具有一定的旅行知识，他们突出地表现出方便和顺畅的心理需要。希望买到预想的车票，担心列车晚点，打乱旅行计划。喜欢有个整洁、卫生的乘车旅行环境，吃到经济可口的饭菜等。他们很注意铁路客运服务人员的服务态度、服务作风、服务水平，十分关心客运工作，常愿意提出意见和建议。

5. 学生

学生旅客主要指的是大、中专学生。学生处于青少年时期，精力充沛，思想活跃；在乘车旅行中，乘车心切，急于想到目的地，总是想尽量减少在车站的滞留及候车的时间，买到车票有座即可。其在旅行中的心理行为表现为喜欢聚集成群，好奇、好动；喜欢说笑、娱乐、热闹；爱看书、串座、串车厢；到站喜欢下车散步买东西；夜间乘车横躺竖卧；饮食不讲究，经济实惠即可。铁路客运服务人员对他们的行为应礼貌地多给予提示，以免影响他人，或给自己增添麻烦。

6. 自由职业者

随着经济的发展，行业不断增多，为人们提供了多种可选择的职业。在客运过程中，自由职业者人数不断增加，这部分旅客给铁路客运服务提出了新的要求。自由职业者大体上可分为三种。

(1)经济条件优越，旅行常识比较丰富的自由职业旅客。

由于经济条件优越，个人经历和阅历比较丰富，在与他人交往中他们常以自我为中心，随心所欲，讲究行为的长远效果。这部分旅客乘车旅行中共同的个性心理是追求旅行的舒适性，不注重旅行费用，如有软卧，不乘硬卧；有特快，不乘普快；有餐车供应饮食，不自己携带食物；等等。这部分旅客一般喜欢与同行的其他旅客聊天，或与铁路客运服务人员聊天，联络感情。

(2)从事长途商业贩运的自由职业者。

这部分旅客流动性较大，结构复杂。一般情况下，他们携带的物品或资金较多，共同的旅行心理是既怕有人找他们的麻烦，又想在旅行中取巧，获得一定的利益。例如，有些人携带超重物品、违禁物品，企图在车票上做文章，花钱雇人捎送物品，与铁路客运服务人员联络感情，替他们办事情；等等。因为一些做法属于违章行为，他们怕被察觉，在旅途中常担惊受怕，心事重重。对待这部分旅客中有取巧行为或违法行为活动的，要按法律和规章制度严格处理；对大多数正常乘车的长途商业贩运的自由职业者，应该热情、礼貌地为他们服务。

(3)去外地打工的自由职业者。

这部分旅客大多数是青年农民。其中有的外出多年，有一定的旅行常识，有的初次离家外出，缺乏旅行常识。他们在乘车旅行的过程中，比较突出的心理活动表现在要求旅行的顺畅上。一般不计较旅行的条件，只要能够买到车票、乘上车、顺利到达目的地即可，其他都是次要的问题，少许困难自己可以克服。铁路客运服务人员对这部分旅客应该体谅他们的旅行心理，从购票、候车、乘车、出站等方面提供使其满意的服务，不能因为他们不提或少提要求，而忽略了对他们需要的满足。

7. 除上述职业以外的旅客

除上述按职业进行划分的旅客种类外，还有其他种类的旅客，如每类旅客在乘车旅行中都有一些个性心理需求。通过分析这些共同的需求，可以有针对性地为他们提供服务，从而提高服务水平，创造好的经济效益和社会效益。

（三）根据旅行目的划分

旅客出门旅行，虽然有些人职业相同，但因旅行目的不同，其心理状态也会存在差异。同时，虽然职业不同，但旅行目的相同，也会有相同的心理活动表现。

1. 出差

出差旅客共同的个性心理需求是希望旅行条件较好，希望能够买到卧铺票；乘坐速度较快、服务水平较好的列车；换乘车次受出差的目的制约，时间性强，怕晚点；饮食要求经济实惠；在旅途中喜欢站、车清洁、有序；爱看书、听广播，几个人聊天或玩扑克；比较关心铁路客运服务工作的改进和工作人员服务态度等方面的变化。

2. 旅游

随着人民生活水平的提高，以出门旅游为目的的旅客越来越多。他们共同的个性心理是盼望顺畅、便利、能够玩得愉快、高兴。但长途和短途旅游的旅客又有不同的心理状态。

(1)长途旅游的旅客。

长途旅游的旅客因旅行距离长，对旅行条件要求较高，希望能够购买到预想的车次、车票种类，在站、车上休息好，希望能够多看到、听到沿途的风光和介绍，了解旅游景点的信息等。

(2)短途旅游的旅客。

短途旅游的旅客多数利用双休日、节假日到近郊名胜、海滨、集市等进行一两天的短距离旅游，所以时间观念强，乘车条件要求不高，只要能够上车，车内拥挤一些也可以，希望夕发朝至，朝发夕归，不超过计划的旅行时间安排。

3. 探亲访友

探亲访友的旅客从事各种职业，在全部旅客中占有一定的比例，尤其是在重要节日或时间较长的假日期间，这类旅客人数较多。探亲访友旅客共同的个性心理表现在旅客出门最基本的平安、顺畅、便利、安静等方面。

4. 治病就医

乘车到外地就医，患者和陪同的家属心情都很沉重，一般有三种情况：

(1)重病患者。

因存在生命危险，希望旅客运输部门给予方便、照顾。病人不离开担架，且担架放置平稳，陪护人员能够在病人身边，随时照顾病人。到站后能够迅速出站，前往医院等。

(2)病情不严重者。

病情不严重者，有的有人陪同，有的无人陪同，一般能够自己照顾自己，但存在行动困难，希望得到照顾，能有一个坐、卧的地方，有餐、茶供应，万一病情严重，能够得到站、车的应急处理。

(3)行动不便的残疾人。

残疾人外出,往往希望在进出站、上下车时能够得到牵引扶持,在车站内、列车上能坐、卧,在饮食方面能够获得多方照顾。

5. 通勤通学

通勤通学旅客每天要乘坐交通工具两次,乘车经验丰富,对车站、列车到开时间非常了解,时间观念强,往往按点上车,到站又急于下车;有些人常自认为情况熟、环境熟,有"应变"能力,图方便、好侥幸,忽略站、车的规定,于是违章违纪。铁路客运服务人员要理解他们长期通勤通学、早出晚归的辛苦,对他们积极引导,多同情、少强制,多服务、少指责,尽量为他们创造一些方便的旅行条件。旅客运输部门还可以和厂矿、学校签订协议,共同对通勤通学人员的乘车问题进行管理,一起维护站、车秩序。

6. 旅行结婚

随着经济的发展,人民生活水平的提高,人们的生活观念也发生了变化,越来越多的年轻人喜欢采取旅行结婚的方式。结婚是一件愉快、高兴的事,常常图吉利、求顺畅。在旅行中,一般追求安静、舒适的乘车环境,不希望有他人干扰或影响他们正常、安静的旅行生活。对此实行礼貌、适当的服务显得很必要,而对他们过分的亲昵动作,铁路客运服务人员要正确理解,婉言相劝,不要进行不礼貌的干涉。

7. 其他

除上述旅行目的以外,还有疗养、参加体育活动、奔丧等多种旅行目的。其共性的心理和相近目的的旅行者大致相同。

(四)根据旅行行程划分

旅客因旅行行程不同,存在心理需求的差异。前面对长、短途旅游旅客的心理状态进行了分析,下面从铁路运输部门按照旅行行程对旅客的分类分析旅客所具有的个性心理。

1. 长途旅客

长途旅客指乘车时间在12小时以上的旅客。长途旅客一般要求能够买到直通车票、卧铺票,希望用餐、饮水供应方便,喜欢看书报、聊天或进行一些娱乐活动消磨乘车时间,以解除长途旅行中的疲劳和寂寞。

2. 短途旅客

短途旅客因乘车距离较近,旅行条件较差也能够克服。短途旅客大部分在中间站上、下车,进出站的共同心理是图方便,喜欢横越线路,甚至在站内任意通行。因此,铁路客运服务人员应对短途旅客的旅行安全或无票乘车现象多加注意,需要从车站进、出站口设置,旅客进出站组织、引导等方面入手,加强管理工作。

3. 市郊旅客

市郊旅客是来往于城市近郊或邻近城镇之间的旅客,通勤通学是市郊旅客中的一种。这部分旅客乘坐火车就如同乘坐市内其他交通工具一样,希望随时买票,随时上车;没有座位,站一会儿,乘车时习惯站在车门处,到站时急于出站,越方便越好。他们来去匆匆,没有什么要求。铁路客运服务人员提供服务时,说话礼貌就可以使他们满意。

(五)根据旅行中的旅行情况划分

1. 没有买到车票,却又想乘车的旅客

这些旅客想方设法争取上车。铁路客运服务人员应理解他们的心情,了解这些旅客急于上车的原因,如确有急事,应采取灵活机动的方法,允许其上车后补票。

2. 上错车、坐过站、下错车、中途漏乘的旅客

旅客在旅行中发生这方面的失误,旅客本身有一定的责任。但从另一方面,也反映出客运服务中出现的一些问题,服务做得不周到、不细致。在发生此类情况后,旅客心情焦虑、慌乱,希望铁路客运服务人员帮助妥善安排。铁路客运服务人员应一面安慰,稳定情绪,一面积极想办法帮助解决问题,防止发生其他意外。

3. 严重超员列车中的旅客

列车严重超员的情况,会带来许多问题,如车厢内拥挤、旅客无座席、空气不流通、闷热、有异味等。这种情况下旅客有怨气、心情烦躁,旅行时间越长表现得越严重。这时,应注意站内的环境,尤其是保持适当的通风和适宜的温度,做好对旅客的组织,使车内秩序良好。

4. 携带危险品进站上车的旅客

携带危险品进站上车旅客有两类:

一种是不知自己所携带物品为危险品误带上车,看到、听到严禁旅客携带危险品进站上车的宣传后,犹豫不决,不知如何处理。

另一种是旅客有意将危险品携带上车,他们担心被查出,对铁路客运服务人员有害怕心理。铁路客运服务人员对那些在乘车时表现犹豫、徘徊、坐立不安的旅客,应主动观察和询问,既可以查出危险品,防止意外事件发生,又可以了解到其他情况,提供适当的服务。

5. 丢失财物的旅客

旅客丢失财物后,表现出着急、焦虑、埋怨、后悔、心情沉重、不知所措等心理活动和行为。铁路客运服务人员要对丢失财物的旅客进行安慰,注意旅客的动态,防止发生意外;同时积极配合公安人员寻找丢失物品、破案。

6. 无票乘车或携带物品超重的旅客

在旅客中,常会出现买短途票乘坐长途车、买站台票乘车、无票乘车、借用公用乘车证乘车、越席乘车、持无效票乘车、携带超重物品乘车等情况。对待存在上述问题的旅客,要分析问题产生的原因,判断是属于有意识还是无意识的行为。如果属于有意识行为,这些旅客常表现为心理惊恐不安,怕被发现。铁路客运服务人员应坚持原则,按章办事,在处理中注意态度。

7. 对旅行条件不满意、不如意的旅客

在旅客旅行过程中,总会出现一些对旅行条件不满意的事情,如未购买到预想的车票、未购买到卧铺车票、托运行李受到限制、餐车用餐时对饮食或服务不满意等。在这种情况下,旅客常表现出埋怨、气愤、不满的情绪。对此,铁路客运服务人员一方面要检查自己工作

中存在的问题，采取适当的方法改进；另一方面应耐心解释，争取旅客的谅解。

8. 遇到意外事件的旅客

意外事件可能由两方面原因造成：一是旅客原因造成的意外事件；二是旅客运输服务部门的原因造成的意外事件。对旅客运输服务部门造成的意外事件，如列车事故，其会影响旅客正常旅行，甚至威胁到旅行安全。这时，旅客焦虑不安、心情烦躁，希望旅客运输部门尽快排除险情，恢复列车运行。铁路客运服务人员应沉着、冷静，稳定旅客情绪，积极妥善处理相关问题。

9. 临时患病的旅客

旅行中生急病或女性旅客突然分娩，本身痛苦、着急、忧虑，急盼工作人员帮助，这时铁路客运服务人员要为其寻医送药，妥善处置，有条件时允许患病旅客在较大车站下车，并将患病旅客送医院处置。

课堂随练

一、填空题

1. 根据旅客气质，可将旅客分为急躁型、活泼型、__________和__________四种。

2. 旅客乘车旅行最根本的需要就是安全的需要，它包括__________安全和__________安全两个方面。

3. 经济心理表现在旅行需要的满足程度与所付出的费用和__________相比较。

4. 长途旅客是指乘车时间在__________小时以上的旅客。

5. 市郊旅客是来往于城市近郊或邻近城镇之间的旅客，__________是市郊旅客中的一种。

二、判断题

1. 活泼型旅客对人热情、感情外露、说话直率而快、言谈中表现自信，这种类型的旅客容易激动，通常喜欢与人争论问题，而且力求争赢。（　　）

2. 工人组织性、纪律性较强，在旅行时对旅行条件一般要求不高，比较重视旅行费用的高低。（　　）

3. 安全、顺畅、快捷等心理是旅客出行的共性心理特征。（　　）

4. 对于旅客舒适的心理，我们要确保设施设备的质量，让旅客顺利到家，并且多注意环境卫生，多宣传。（　　）

5. 在服务工作中，向稳重型旅客介绍或交代事情时，应当注意讲话的速度，重点的地方适当重复一下。（　　）

三、情景分析题

情景一：一位抑郁型旅客丢失了行李。

情景二:一位急躁型旅客手机掉下站台。

分组分角色扮演,根据剧情需要扮演旅客、铁路客运服务人员以及其他人员。扮演者自选身份并按要求完整体现故事情节。例如,扮演铁路客运服务人员者可以根据旅客的身份、自身条件、旅行条件、个人性格、爱好等特征为其提供满意的服务。

单元5.3　铁路旅客服务技巧

知识目标

1. 掌握微笑服务与主动服务的内涵与要求;
2. 掌握关爱服务、发现服务、延伸服务的内涵与要求;
3. 掌握每种服务的服务技巧。

能力目标

1. 能恰当地运用微笑服务、主动服务等服务技巧去服务旅客;
2. 学会利用各种服务技巧去安抚旅客的情绪。

素质目标

1. 全面了解各种服务技巧的要求并落实;
2. 能根据服务现场,有针对性地提供个性化服务;
3. 每个同学务必认真学习各种服务技巧,分组进行情景模拟。

案例导学

某日,重庆开往广州的列车为让行过往列车,在中途临时停车等待。由于天气闷热,列车的气氛立即变得非常憋闷,有些旅客按捺不住着急的心情,开始抱怨起来,甚至有的旅客骂骂咧咧。如果遇到这种情况,怎样处理?

经验丰富的列车长见此情况预计等待的时间不会很短,如果让旅客无聊地等下去,可能会因情绪不佳引发矛盾。这时她灵机一动,立即召集所有列车员开会,希望通过和旅客良好沟通来化解矛盾,列车员积极响应号召,为这个特殊服务出谋划策。随后,列车长带领组员们尝试着用更人性化、更互动的方式与旅客进行沟通,真诚主动地关注旅客的感受和需求。

首先,列车组真诚面对旅客,如实地传递给旅客列车临时停车的原因及等待时间,回答每位旅客的问题。列车长特意打破常规,没有用严谨格式的语言广播信息,而是用平实、通俗的语言如拉家常一样向旅客及时通报最近的信息,解释延误原因,此举立刻拉近了列车组和旅客之间的距离,更赢得了旅客的理解。

而后列车组即兴在列车开展了一个小活动,请旅客品尝列车员调制的“自助饮料”,并猜出是由哪几种果汁混合而成的。旅客表现出极大的兴趣和参与的热情,枯燥无聊的等待立刻变得精彩纷呈,有单独品尝的,也有和朋友、家人一起喝一起猜的,获得奖品的旅客还兴致勃勃地表演了小节目。漫长的等待时间就在一片欢声笑语中悄悄溜走了。当列车长广播还有5分钟列车就重新开动时,旅客才意识到他们在列车上等了近3个小时了。当列车组向旅客们表达真诚的谢意时,列车里掌声一片!

[想一想]

列车组是如何获得旅客的满意的?在为旅客服务的过程中要注意哪些服务技巧?

必备知识

一、微笑服务

微笑服务是指铁路客运服务人员以真诚的笑容向旅客提供服务;同时也反映出一个铁路客运服务人员的美好心灵和高尚情操。微笑会让旅客感觉亲切,很多人会不好意思直接拒绝微笑的服务,不过微笑需要把握一个度,否则会让旅客觉得非常假,适得其反。

微笑使你更美丽。"言为心声,行为意表",微笑是铁路客运服务工作中蕴含"真、善、美"的语言。在微笑中,心灵得到了沟通,人格得到了升华,人情得到了融洽。

二、主动服务

主动服务要做到"三要、四心、五主动",即接待旅客要文明礼貌,纠正违章要态度和蔼,处理问题要实事求是;接待旅客热心,解答问题耐心,接受意见虚心,工作认真细心;主动迎送旅客,主动扶老携幼,主动解决旅客困难,主动介绍旅行常识,主动征求旅客意见。

三、关爱服务

关爱服务要做到"三知、三有",即知困难,知座席,知到站;有记录,有服务,有交接。对重点旅客应提供有针对性的特殊服务,具体做法如下:

对残疾旅客:尊重旅客的人格及自尊心,关心旅客的生活,观察旅客的需求,提供亲近又温馨的服务。

对老、小旅客:悉心照料,真诚关爱,做一名最佳听众,做一个大度的宽容者,做一名敬老爱幼的服务员。

对孕妇旅客:创造一个舒适的环境,合理安排饮食,安抚她的情绪,做好超前服务。

对疾病旅客:创造一个独特的爱心空间,通过广播找医生及药物控制病情,安抚病人的情绪,交站送医时做好嘱托及交接工作。

四、发现服务

发现服务是指要善于发现旅客急难,提供灵活服务。服务中如遇有特别问题的旅客,要了解他们的具体困难和实际需求,给予真诚的关心,使服务具有"人情味"。

五、延伸服务

铁路客运延伸服务是铁路客运服务的重要组成部分,其质量的优劣直接影响铁路客运企业的形象。例如,车上餐饮可与各种地方著名餐饮品牌合作,不但可以为旅客提供多种选择,同时也能缓解铁路餐饮单一的形象。或者铁路企业可以增加高速铁路延伸服务的内容、拓展服务项目,推出公交车票、船票代购服务等,以满足旅客个性化服务的需要。

课堂随练

一、填空题

1. 微笑服务是指服务人员以真诚的笑容向客人提供服务,同时也反映出服务人员的美好心灵和__________。

2. 四心是指接待旅客热心、__________、接受意见虚心和 __________。

3. 三知是指知困难、知座席、__________。

4. 铁路客运延伸服务是铁路运输服务的重要组成部分,其质量的优劣直接影响铁路企业的__________。

5. 接待旅客要文明礼貌,纠正违章要__________,处理问题要实事求是。

二、判断题

1. 微笑需要把握度,否则会让旅客觉得非常假,适得其反。 (　　)

2. 服务中如遇有特别急难的旅客,要了解他们的具体困难和实际需求,给予真诚的关心,使服务具有“人情味”。 (　　)

3. 五主动是指主动迎送旅客、主动扶老携幼、主动解决旅客困难、主动介绍旅行常识和主动征求旅客意见。 (　　)

4. 对待残疾旅客,我们要尊重他的人格及自尊心,关心他的生活,观察他的需求,提供亲近又温馨的服务。 (　　)

5. 三有是指有记录、有告知、有交接。 (　　)

三、实操题

微笑训练小游戏:两位同学一组,其中一位用纸遮住脸部,只露出眼睛及以上部分,让另外一位同学猜测是否微笑。

单元5.4　铁路旅客沟通技巧

知识目标

1. 掌握和普通旅客的沟通技巧;

2. 掌握非正常情况下的沟通、服务技巧。

能力目标

1. 能恰当地运用沟通技巧去服务旅客;
2. 学会利用各种服务技巧去安抚旅客的情绪;
3. 学会具体情况具体分析。

素质目标

1. 全面了解各种服务技巧的要求并落实;
2. 能根据服务现场,有针对性地提供个性化服务;
3. 每个同学务必认真学习各种服务技巧,分组进行情景模拟。

案例导学

2018年3月8日晚上11时许,K1138次南宁开往青岛的列车在永州车站开车后,车上不少旅客已经进入梦乡。列车长孙某和乘警王某像往常一样,一起巡视车厢,当两人走到9号卧铺车厢的连接处时,看到一对像是夫妻的年轻男女乘客,不仅没有休息,而且还像是在吵架,女乘客把男乘客的脸都抓破了。“一开始以为是小两口闹矛盾,在旅途中发生了争执。”孙某说。于是他和乘警长一起上前,劝说两人别吵架,有话好好说,更不要影响其他旅客休息。不料,女乘客的反应十分强烈,嚷着说:“我们是夫妻,我们的家务事你们别掺和。”孙某和王某两人见状,只好不再劝说,打算继续往其他车厢巡视。正在这时,不料男乘客突然大喊:“我不认识她,我们不是夫妻,列车长快救救我……”而他身边的女乘客立刻显得十分慌张,急忙用手捂着男乘客的嘴不让他说话。

见此情景,孙某和王某感觉背后有不少隐情,立即把两人带到餐车了解情况。经分开询问得知,男乘客叫马某,今年22岁,是吉林省白山市人,女乘客叫李某,26岁,是安徽省临泉县人。面对列车长和乘警的问询,李某坚持说她和马某是夫妻,两人为了一点家务事而发生争执。这边马某一听就情绪激动,让李某说出他老家的详细地址,来证明他们的夫妻关系。一听此言,李某顿时哑口无言,所谓的“夫妻”一下子被戳破了。

经过进一步了解,马某告诉列车乘务员,前几天,和他关系很好的一位朋友给他打电话,说广西某市有个投资项目,收益很可观,希望马某能前去一起发财。“我们是很好的朋友,他说他已经干了三四年了,挣了很多钱,想着不会骗我。”马某说,3月4日他便乘火车来到了广西某市,朋友和妻子李某一起接待了他,带着他到处游山玩水,还住宿在高档酒店。但是到了3月7日,朋友夫妇就把他带到了一栋居民楼,听人讲课,内容全是投资、工程等,马某意识到自己可能被骗进了传销组织,于是趁人不备,偷偷打车到了南宁车站。

3月8日12点42分坐上了K1138次列车,想到淄博先投奔自己的亲戚,然后再回老家。本以为逃离了传销组织,马某上车后松了一口气。不料,8日16点15分,列车到达柳州站时,朋友的妻子李某从这里登上这趟列车,找到马某后千方百计劝他回去。两人在车厢连接处谈了一下午没有谈拢,甚至还一度动手撕扯,马某的脸都被李某抓破了,但坚持不回去从事传销。李某不依不饶,在车厢的连接处拦着马某不让走,一直在劝他回去。在其他旅客看来,两人之间是小夫妻在吵架,都不好意思掺和人家的家务事,都没有特别注意。幸亏列车长和乘警巡视至此,看出了端倪。由于没有李某从事传销的直接证据,乘警王某只能对其提出严正警告,让她不要再纠缠马某。

9日凌晨1时26分,列车到达衡阳车站,列车长孙某悄悄地把10车20号上铺的马某叫醒,把他调到了2号宿营车厢。9日上午,李某再度到10号车厢纠缠马某,看到10车20号上铺已经没有了乘客,就放弃了寻找,就近下了火车。马某这才得以在列车上顺利前行。

[案例启示]

列车工作人员孙某和王某善于观察,发现了问题,利用沟通技巧了解了事情的原委,在对方从事传销证据不足的情况下成功解救了乘客马某。由此可知,作为铁路工作人员,掌握沟通技巧不仅可以更好地了解旅客的所需所想,还可以积极承担社会责任,为"和谐铁路、平安铁路"贡献一份光和热。

必备知识

所谓沟通技巧,是指人具有收集和发送信息的能力,能通过书面、口头与肢体语言的媒介,有效而明确地向他人表达自己的想法、感受与态度,亦能较快、正确地解读他人的信息,从而了解他人的想法、感受与态度。那么铁路客运服务人员要怎样提高沟通技巧呢?下面从和普通旅客沟通与非正常情况沟通两个方面进行讨论。

一、和普通旅客沟通的技巧

(一)端正的态度

要尊重每一位与自己沟通的旅客,平等地与旅客交流。"您好"应该是每位铁路客运服务人员常挂在嘴边的问候语。别小看这两个字,亲切地打招呼,能让旅客在异地感觉到铁路客运服务人员的友好和真诚。"您好,请问行李托运吗?""您好,请出示您的证件。"与初次见面的旅客用充满友好的声音打招呼。那一刻,铁路客运服务人员已经主动打开心扉,不经意间表达了铁路客运服务人员想与旅客沟通的愿望,更打开了为旅客提供服务的友爱之门。

(二)聆听和分享

聆听和分享让沟通无限。"对不起"在不同的场合、不同的时间起到了化解矛盾或者充当润滑剂的重要作用。遇到旅客对铁路客运服务工作不满意时,铁路客运服务人员真诚地对旅客抱歉:"对不起,耽误您宝贵时间了。""对不起,列车晚点打乱您的计划了。"当面对旅客的不满和投诉时,铁路客运服务人员应真诚地表示歉意,更耐心地聆听旅客的抱怨。其实,诚意地聆听比语言更重要。聆听是沟通的前提和姿态,更是沟通的最好方式。聆听是为了更好地了解和理解,为与旅客做进一步的沟通奠定坚实的基础。铁路客运服务人员率先表示歉意、主动沟通的方式常常会带来意想不到的好效果,因为这样的勇气和态度可以第一时间赢得更多的尊重和赞同,甚至消除铁路客运服务人员与旅客之间不必要的矛盾。

（三）善解人意

建立在善解人意的基础上，站在换位思考的角度上，急旅客之所急、想旅客之所想就是最好的沟通前提。在旅客需要帮助时，伸出援手："我帮您，请放心，您肯定能赶上火车。""请把行李给我，我帮您送上车。"用温和的语言和热心的服务代替冷漠的目光和生硬的态度，站在旅客的角度上，为他们解决问题和困难，将心比心，是铁路客运服务人员培训时经常强调的理念。把陌生的旅客当成自己的亲人、朋友，真心为他们服务，在他们最需要帮助的时候，铁路客运服务人员要主动对他们说："让我帮您吧。"简单的几个字，一定能温暖旅客的整个旅途。

二、非正常情况下的沟通、服务技巧

（一）对旅客重座的处理技巧

（1）认真核对车票，如果重号，向旅客致歉。
（2）报告列车长，协助其调整其他座位给旅客。
（3）满客情况下，等旅客全部上车，协助旅客选择相同等级车厢入座。
（4）人数不多时，尽量满足旅客需求。

（二）避免二等座旅客打扰一等座旅客的处理技巧

（1）一等座乘务员应随时监控一等座，防止无关人员进入。
（2）友善地询问。
（3）处理过程中应灵活掌握时机，提示旅客及时回原座位。

（三）迎客时有旅客提出其他服务的处理技巧

（1）加强服务意识，乘务员应该站在旅客的角度考虑旅客需求的重要性。
（2）提高服务技巧，当旅客提出特殊需求时，牢记以下四条：
第一，尽可能立即办理。
第二，如有其他原因不能及时办理，应立即在便签本上记录，或委托其他乘务员及时办理（也可委托他人提醒自己办理），并要及时跟踪处理情况。
第三，如因客观条件无法及时提供，应先向旅客说明理由，并稍后办理。
第四，如因客观条件无法提供，应及时向旅客做好解释工作。

（四）防止旅客物品丢失被盗的提示处理技巧

（1）旅客携带手提电脑等贵重物品上车时，请旅客将贵重物品放在旅客座位附近且视线范围内的行李架上，并提示旅客贵重物品小心看管。

（2）帮助旅客安排行李或办理超大行李托运手续时，提醒旅客取出贵重物品，并确认物品存放位置，下车时或到达出口后不要忘了拿取。

（3）VIP 旅客及商务座旅客的行李物品，如商务座行李架放不下，需交由乘务员托管，乘务员应妥善保管，防止行李物品丢失、损坏或污染。

（4）到站前 15 分钟广播预报时间、温度，提醒旅客提前整理好随身衣物。

(5)加强车厢监控,密切关注经常起身打开行李架或不在自己座位附近拿取行李物品的旅客,并询问:"您好,请问您需要我帮忙吗?"委婉地进行制止,并记住可疑旅客的外貌特征。

(6)对于携带行李使用洗手间的旅客应引注意,提高警惕。

(五)旅客在车上发生争执的处理技巧

(1)了解起因,报告列车长。

(2)尽可能调整座位,缓解旅客间的矛盾。

(3)经调解还无法平息冲突,及时报告列车长。

(4)列车长同意旅客继续旅行,乘务员应在列车途中加强监控,避免矛盾再次激发。

(5)乘务员提供优质的服务,加强对重点旅客的照顾。

(六)接待投诉旅客的技巧

旅客在提出抱怨的时候一定会加入自己的感情。不那么理智时,随时可能说出某些不理智或粗暴的话来。所以,铁路客运服务人员不要与其辩是非、讲道理。大多数的旅客投诉,并不一定非要有形的补偿,只是想发泄一下心中的不满情绪,使自己在心理上得到一种平衡。所以铁路客运服务人员的"耐心聆听"尤为重要,倾听会让你了解旅客的真正意图,倾听才能了解旅客的个性特点,才能找到正确解决投诉问题的方法。可以从以下几个方面去做:

(1)不回避旅客的投诉。

(2)放下手头的事情,安静地听。

(3)保持平静的心情,默默聆听。

(4)任旅客尽情发泄情绪,不打断旅客的陈述。

(5)认真仔细地听,不遗漏细节,总结投诉的核心。

(6)不讨论、不争执。

(七)回答旅客提问的技巧

乘务员在回答问题时,应当诚恳、及时,让旅客感觉到他的问题受到了重视,人格得到了尊重。询问时需要技巧,回答时也需要艺术。并不是旅客询问什么,乘务员就必须回答什么,先思而后答,机智、灵巧、礼貌才是真正的妙答。

1. 直接式回答

直接式回答是最常用、最普通的一种回答方式。这种方式简单、直接,用于旅客合理的简单询问。

2. 设定前提式回答

设定前提式回答是在回答旅客提问,乘务员不便将答案直接说出口或者不便回答时,采用设定一个前提条件,或者假设一种环境的方法。例如,旅客问:"小姐,你长得这么漂亮,怎么不去当模特啊,当乘务员不委屈了你吗?"乘务员答:"如果我去当了模特,谁在这儿给您服务啊?"

3. 巧借前提式回答

巧借前提式回答是指如果旅客提出让人尴尬或难以回答的问题,乘务员可以借用旅客的话语，借题发挥，用自己组织的语言将尴尬的场面或困境补救过来。例如，旅客问："小姐，我怎么觉得你们的车跑得这么慢啊？"乘务员答："您可以看一下电子显示屏，目前是300km/h，您看是吗？"

4. 答非所问式回答

答非所问实际上是一种回避术。在服务的过程中，乘务员常会遇到旅客询问一些不便回答的问题，这时可以采用答非所问式的回避术，避开话题，脱离尴尬。例如，旅客问："小姐，你今年多大了？"乘务员答："我已经参加工作好几年了。"

5. 无效式回答

无效式回答也是一种回避术，即等于什么都没有说。在问题不能回答或没有必要跟随旅客的话题时，可采用无效式回答来打消旅客的继续发问。例如，旅客问："小姐，你电话号码是多少啊？"乘务员答："不多，好几个。"

6. 将错就错式回答

有时旅客在交谈中，无意间说错话，造成尴尬的场面，乘务员可以将错就错，对旅客的话题进行弥补，以使其自省，也给旅客找个台阶下。

课堂随练

一、填空题

1. 沟通技巧，是指人具有和__________发送信息的能力，能通过书面、口头与__________语言的媒介，有效与明确地向他人表达自己的想法、感受与态度，亦能较快、正确地解读他人的信息，从而了解他人的想法、__________与__________。

2. 到站前__________分钟广播预报时间、温度，提醒旅客提前整理好随身衣物。

3. 聆听和__________让沟通无限。

4. 回避术包括答非所问式回答和__________回答。

5. __________回答是最常用、最普通的一种回答方式。

二、判断题

1. 大多数的旅客投诉，并不一定非要有形的补偿，只是想发泄一下心中的不满情绪，使自己在心理上得到一种平衡。（　　）

2. 有时旅客在交谈中，无意间说错话，造成尴尬的场面，乘务员不可以将错就错，应及时纠正其错误以免自己工作失职。（　　）

3. 乘务员在回答问题时，应当诚恳、及时，让旅客感觉到他的问题受到了重视，人格得到了尊重。（　　）

4. 一等座乘务员应随时监控一等座，防止无关人员进入。（　　）

5. 聆听是沟通的前提和姿态，更是沟通的最好方式。（　　）

三、情景演练题

某天，南昌西开往厦门的D6523次列车从南丰站开出。5号车厢内，两名旅客争吵起来。列车长罗某闻讯赶至现场。经了解，原来是两名旅客因为座位号重复了，可如今火车票都是电脑排序的，不可能发生这种事。于是，列车长仔细查看了两位旅客的车票，结果发现其中熊先生的车票到站为南丰站，该座位由于复用已经卖给了另一位旅客，可熊先生却始终坚称自己的票是买到厦门的，花了160元钱。列车长敏锐地发觉，南昌西至厦门的动车票要211元，而南昌西至南丰只要53元，其中定有蹊跷。果不其然，经过仔细询问，熊先生又从口袋中掏出一张厦门北至厦门的车票，票面身份信息与本人并不一致。原来熊先生因为赶时间并没有从正规售票窗口买票，而是从"黄牛"手中买的车票，"黄牛"告诉他用第一张票进站，再用第二张车票出站就能到厦门。于是，熊先生就这样上了"黄牛"的当。

列车长罗某说，这种行为已经违反了铁路客运管理规定，属于逃票行为。鉴于熊先生并不是故意违章，对其进行了批评教育，并补买了南丰至厦门的车票。

根据情景需要分别选用3位同学分别饰演列车长、熊先生及另外一名旅客，真实还原争吵现场及事情的处理经过。其他同学在认真观看的同时思考沟通的技巧是如何在情景中运用的。

单元5.5 铁路旅客运输营销技巧

知识目标

1. 掌握铁路客运产品的组成；
2. 掌握目前铁路服务创新的关键；
3. 掌握铁路常用的促销手段。

能力目标

1. 能掌握铁路客运产品的核心并理清产品各组成部分间的关系；
2. 能理解目前铁路、公路、民航间的竞争关系；
3. 学会利用各种条件去进行铁路促销。

素质目标

1. 全面了解各种促销技巧并能及时开展促销活动；
2. 能根据服务现场，正确向旅客展示铁路客运产品；
3. 每个同学务必认真学习各种营销技巧，分组进行情景模拟。

案例导学

2019年5月18日至6月20日，沪宁、沪杭部分高铁列车商务座和特等座实行特惠票价,主要集中于“高端票”,折扣幅度分别为30%和10%。

高速铁路票价打折促销在中国当代铁路史上是一次“破冰之旅”。有媒体称之为“铁老大”放下身段的积极信号。其实,这不是个简单的“放下身段”的问题,而是中国铁路开始从高度计划经济走向市场经济的强烈信号。此次沪宁、沪杭高铁实行“限时大促销”的主因是客运淡季“高端坐”上座率惨淡,如不适时调整,势必造成部分车厢空跑,对铁路客运资源造成浪费。高速铁路的主要竞争对手是民航,这一点不必回避。要吸引一部分民航旅客乘坐高速铁路,必须在票价上与民航展开竞争。一开始,为了培养部分民航旅客改乘高速铁路的习惯,尤其需要跟随民航淡旺季票价浮动情况适时做出调整。

[想一想]

高速铁路票价为什么会打折促销?高速铁路的竞争优势在哪里?

必备知识

一、产品介绍

产品是一个整体性概念,必须满足顾客的各种需要,而产品质量的高低则取决于产品的使用价值,即产品对顾客需要的满足程度,顾客需要的满足程度越高,产品的质量也就越好,产品的竞争力就越强。铁路客运所提供的是旅客的位移,但这不是完整的铁路客运产品概念,仅仅是指核心产品层面。对于旅客而言,一个完整的铁路客运产品一般包括三个层次:核心产品、形式产品、附加产品,如图5-9所示。形式产品和附加产品既是铁路客运产品的组成部分,也是完成核心产品即旅客位移的必要条件。因此,铁路客运产品的质量由这三个层面的产品质量决定,至少包括六个方面:安全、准确、迅速、经济、便捷、舒适。这六个方面总体上能够反映铁路客运产品整体的质量特性。随着人民生活水平和消费能力的持续提高,未来旅客的出行结构必将发生明显变化,消费性旅行需求的增长速度将会加快,旅客的多元化和个性化需求将会逐渐增加,旅客对铁路客运的方便、快捷、舒适、安全等要求也会明显增强。同时,交通运输业的快速发展也会为旅客出行提供更多更好的选择,交通运输上的供求关系也会随之改变,某些地区间或线路上的客运市场会由卖方市场转变为买方市场。

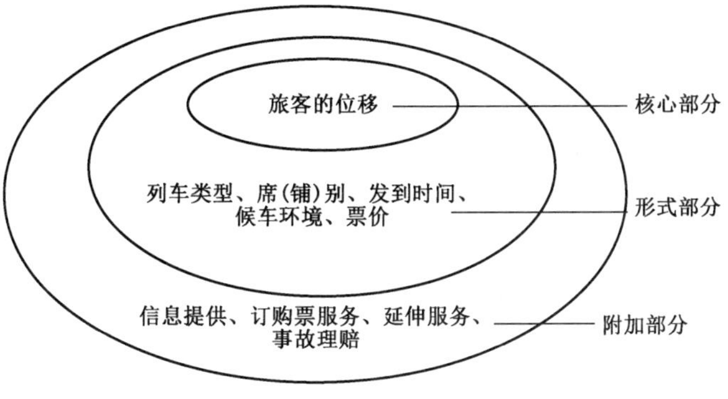

图5-9 铁路客运产品组成

二、处理关系

铁路客运市场存在着激烈的竞争。公路、水运、航空运输是铁路的竞争对手,铁路客运要从旅客的角度想问题,这样才能发现旅客需求,谁先找到了旅客潜在的需求,谁就能在面临激烈的市场竞争时很快掌握市场的主动权,从而使铁路业获得较大的经济效益。因此,要想在客运市场拥有市场占有率,就必须处理好与公路、水运、航空运输的关系。

三、消除异议

铁路仍是我国旅客运输的主要方式,铁路不仅是中长途客运的主力,在区域经济相对发达的地区,铁路还是城间中短途客运的主力;在城市轨道交通运输系统中,市郊铁路更是其重要组成部分。

铁路客运服务质量与能力利用两者应该协调配合,合理分配。但是在运输市场激烈竞争的今天,铁路经营思想必须改变,能力利用必须服从和服务于经济效益,铁路客运应由以能力为中心向以经济效益为中心转化。所以,无论什么样的创新,什么样的战略都是为了满足旅客的需求。铁路客运市场的生命线在于运输商品,在于适销对路,符合旅客出门旅行的需求,抓住这个营销制高点,就不愁收入的增长问题,也就找到了市场营销的定位。

四、做好促销

公路、水路、航空等运输方式发展迅速,共同与铁路争夺运输市场份额,而且竞争日益激烈。虽然开通高速铁路为铁路市场增添了新的活力,同时在推进运输改革、提高市场营销方面,铁路采取了多项措施,但是在运输市场竞争中,铁路仍处于不利地位,铁路市场份额逐年缩减。面对现实客运市场的严峻形势,铁路客运企业生存、发展的关键就是市场营销。

(一)建立灵活的客运票价

根据旅客出行的时间和频率进行票价的灵活设定,用以调节淡旺季的客运人流量。淡季时,可依据平均票价下调;旺季时,则适当上调。若乘客频繁往返于某一条线路,可推出月票,年票、往返票等多种形式的票,刺激旅客乘坐火车出行。旅游旺季可推出团体旅行票,人数越多,折扣越低,吸引更多旅客坐火车去旅游。如果采用这些灵活的方式设定客运票价,从旅客的角度而言,会大大提升满意度。

(二)提供完整性客运服务

铁路客运服务组合主要包括核心服务、支持服务和延伸服务。核心服务也是铁路客运中的基本服务,实现旅客空间上的位移,力求准时出发、准点到达。支持服务则要求尽可能多地提供给旅客需要的信息服务和便利服务,如给旅客提供纸质信息宣传册,展示乘车信息、站点信息、车次等;发布官方 App,可提供车站信息图、换乘线路图、接待服务指引、车站内购物、保管服务等,推荐旅客下载,为旅客出行提供了极大的便利,旅客的满足感才能相应提高。延伸服务也是亮点服务,容易打动旅客并被旅客认可,利用共享信息平台,发布集交通、旅游、餐饮、住宿,娱乐、购物信息,实现铁路经济圈的共同成长,满足不同旅客的消费诉求,实现铁路服务的跨越式发展。

（三）提高铁路客运服务人员的能力

铁路客运服务人员为旅客提供服务之后,旅客会依据自我感知到的服务质量与预期对比之后,做出相应的评价。因此铁路客运服务人员服务能力的高低决定着旅客对于铁路客运服务满意度效果的评估。根据铁路客运服务人员现有问题,可采取一些改进措施,如树立旅客为中心的服务理念、热情耐心、快速响应,主动帮助有需要的旅客,形成良好的口碑效应。建立健全高速铁路客运服务人员培训体系,定期进行技能培训,业务指导,提高服务人员处理各项事务的能力。

（四）加大品牌建设的力度

利用服务创高速铁路特色品牌是高速铁路客运服务亟待研究的重点问题。秉承服务每一位旅客的宗旨,不断强化高速铁路标准化服务,温暖旅客、感动旅客,提升高速铁路品牌在旅客心目中的形象。同时还需要进行高速铁路客运宣传和推广工作,高速铁路技术已成为我国的核心竞争力,中国高速铁路制造水平已走在世界前列,“走出去”前景广阔,中国高速铁路品牌国际形象逐步建立。

课堂随练

一、填空题

1. 产品是一个整体性概念,必须满足顾客的各种需要,而产品质量的高低则取决于产品的使用价值,即产品对顾客需要的__________。

2. 铁路客运所提供的是旅客的__________,但这不是完整的铁路客运产品概念,仅仅是指__________层面。

3. 要想在客运市场拥有市场占有率,就必须处理好与__________、水运、__________运输的关系。

4. 在区域经济相对发达的地区,铁路还是城间__________客运的主力。

5. 在运输市场激烈竞争的今天,铁路经营思想必须改变,铁路旅客运输应由以能力为中心向以__________为中心转化。

二、判断题

1. 顾客需要的满足程度越高,产品的质量也就越好,产品的竞争力就越强。（ ）

2. 列车的类型、席别、发到时间、候车环境、票价等属于铁路客运产品的附加部分。（ ）

3. 铁路票价在淡季时,可依据平均票价下调;旺季时,则可适当上调。（ ）

4. 在城市轨道交通系统中,市郊铁路更是其重要组成部分。（ ）

5. 根据顾客出行的时间和频率进行票价的灵活设定,用以调节淡旺季的客运人流量。（ ）

三、实操题

选择某火车站做客运市场的营销策划方案。

要求:课堂内每个小组分别展示并阐述自己的营销策划方案。然后,组间进行互评,教师点评,最后评选出最佳营销策划方案。

单元5.6　铁路客运手语服务

知识目标

1. 掌握常用的问候语、日常交流语言等交流方式的手语;
2. 掌握异常情况下的问询语的手语表示。

能力目标

1. 能用简单的手语为聋哑旅客服务;
2. 能在非正常情况下与聋哑旅客沟通;
3. 学会察言观色,能从特殊旅客的神态、动作上知道他们的难处并提供帮助。

素质目标

1. 全面了解各种常用语句的手语表示;
2. 能根据服务现场,正确向聋哑旅客提供帮助;
3. 每个同学务必认真学习各种手语,分组进行情景模拟。

案例导学

"左手食、中指伸直放平,象征铁轨;右手食、中指弯曲如钩,指尖抵在左手食、中指上,并向前移动,代表火车在铁轨上行驶,这就是'火车'的手语。"某日,铁路苏州站联合苏州市盲聋学校共同举办"传手语,共融合"春运志愿服务技能培训活动。来自苏州站的30余名职工志愿者在活动中了解、学习了"苏州""检票口""列车员""请往这边走"等车站常用词汇手语,为即将到来的春运做准备。

伴随春节的临近,铁路苏州站为了迎接春运大军,在总结以往经验的基础上,做出了积极的探索。据苏州站相关负责人介绍,本次春运除了增加列车运能,在设备设施智能化、环境卫生整洁化、旅客出行便捷化等方面加大改造力度,还增设"爱心服务卡",建立"爱心服务联系库""定期爱心回访机制"等新的服务举措,更好地服务好特殊重点旅客这一群体,展示高速铁路良好的服务形象。

(资料来源:苏州日报报业集团)

[想一想]

苏州站为什么要开展手语技能培训活动?为了提高服务质量,还开展了哪些服务举措?

必备知识

一、问候语

问候语,又叫见面语、招呼语。一般在初次见面或是相互问候时致意,有你好、您好、大家好、各位好、早上好、下午好、晚安等。

你/您:一手食指指向对方(见图5-10)。

好:一手握拳,向上伸出拇指(见图5-11)。

大家/各位:一手掌心向下,在胸前平行转一圈(见图5-12)。

图5-10 你/您

图5-11 好

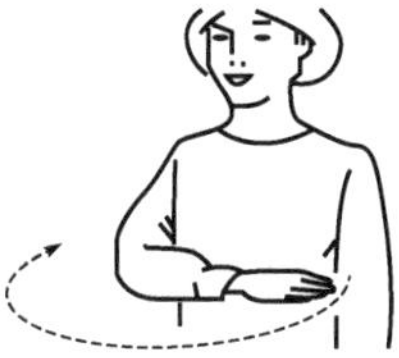
图5-12 大家/各位

早上:一手四指与拇指相捏,手背向上横放于胸前,缓缓向上抬起,五指逐渐张开,象征天色由暗转明(见图5-13)。

下午:右手食指直立于肩部,向左侧做弧形下移,象征太阳从头顶逐渐西坠(见图5-14)。

晚上:右手大拇指与其他手指保持垂直放在眼前,虎口对准自己,慢慢地从张开变为合住,意思是眼睛闭上(见图5-15)。

图5-13 早上

图5-14 下午

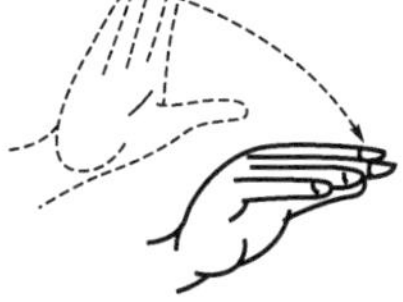
图5-15 晚上

安:一手平伸,掌心向下,自胸口处向下按压一下。

二、站车服务

(一)对不起,这里不能抽烟

对不起:一手五指并拢,举于额际,先做“敬礼”手势,然后下放改伸小指,在胸部点几下,表示向人致歉并有自责之意(见图5-16)。

这里:一手食指向下指点两下(见图5-17)。

不能：右手食指横伸，用力向下一甩(见图5-18)。

图5-16 对不起

图5-17 这里

图5-18 不能

抽烟：一只手食指、中指置于嘴边如吸烟状。

(二)请喝茶

请：双手掌心向上，从腰部向旁移，表示邀请之意(见图5-19)。

喝茶：一只手五指虚握，如拿杯子状，然后放在嘴边做喝水状(见图5-20)。

(三)很乐意为你服务

乐意：一只手拇指、食指微曲，指尖抵于颌下，头微微点动一下(见图5-21)。

图5-19 请

图5-20 喝茶

图5-21 乐意

为：一只手伸拇指、食指，以腕部转动几下(见图5-22)。

服务：①右手伸平，手背向外贴于耳前；②右手按在另一侧的肩部，如图5-23所示。

(四)祝你旅途愉快

祝：双手抱拳，前后微动几下(见图5-24)。

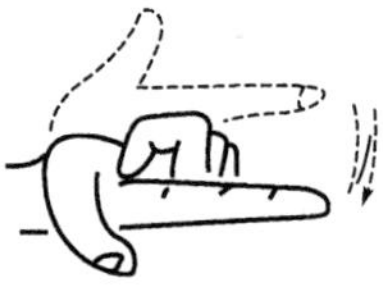

图5-22 为

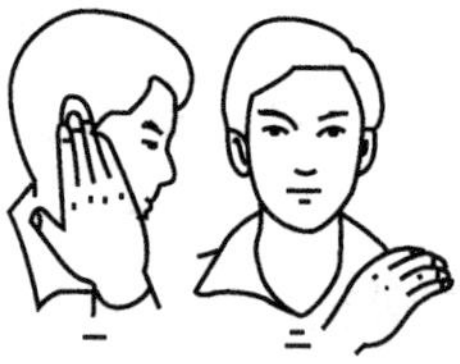

图5-23 服务

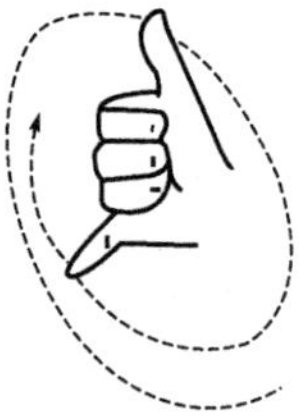

图5-24 祝

旅途：①一只手伸出拇指、小指转动两圈；②双手侧伸，掌心相对，相距尺余，向前方伸出，表示笔直的大路，如图5-25所示。

愉快：双手掌心向上，在胸前上下扇动，脸露笑容(见图5-26)。

(五)再见

再见：一只手上举，五指自然伸出，手腕挥动两下。这是一般的“再见”手势(见图5-27)。

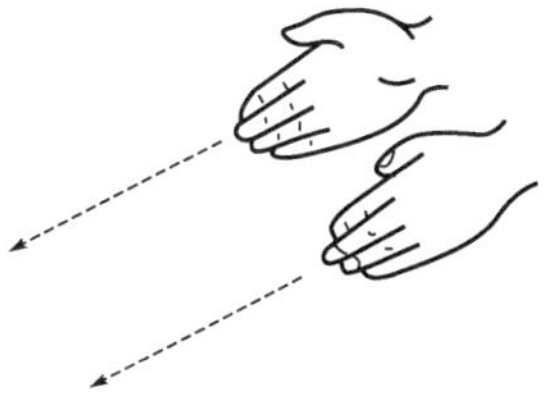

图5-25 旅途

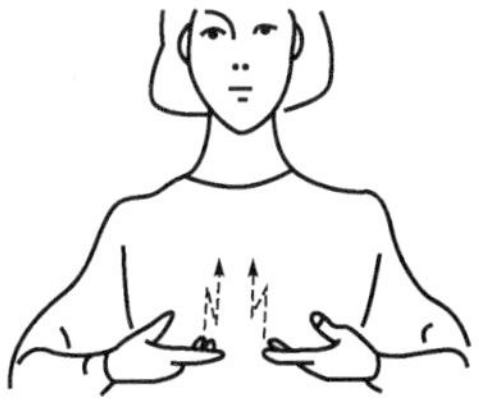

图5-26 愉快

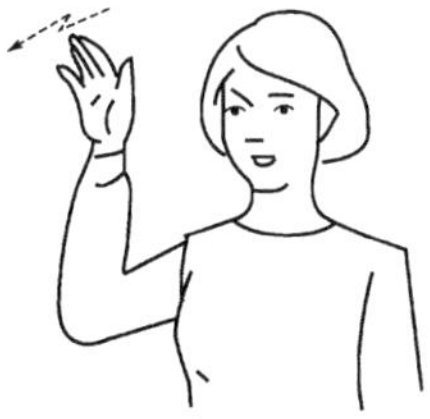

图5-27 再见

三、温馨提示

(一)请带好您的随身物品

双手向上平摊,从右向左平移;左手握拳,右手包裹在左手上,右手比出大拇指,再用双手摸了摸两侧口袋。随后两手食指并靠,左手的食指与拇指比成一个“0”字,右手同时做空点状。

(二)请注意安全

注意:一只手食指、中指分开,放于眼前,指尖向前点动两下,表示注意。

安全:一只手横伸,掌心向下,自胸部向下一按;另一只手伸出拇指顺时针平行转一圈双手五指微曲,自上向下做弧形移动,表示“全部”“完全”。

(三)请看管好自己的小孩

看管:一只手伸食指、中指,自眼部向外伸出,表示看管之意(见图5-28)。

自己:一只手食指指向自己(见图5-29)。

小孩:一只手平伸,掌心向下,在胸前向下微按(根据小孩、儿童、少年不同身高而决定手的高低),如图5-30所示。

图5-28 看管

图5-29 自己

图5-30 小孩

四、发生异常情况下的问询语

(一)你哪儿不舒服?

哪儿:一只手伸食指,指尖朝自己身体随意指点几下。

舒服:一只手打手指字母“SH”的指式,贴于胸部轻轻转动一圈,同时面露轻松愉快的表情(见图5-31)。

图5-31 舒服

(二)你家住在哪儿?

家:双手搭成“^”形,如屋顶状(见图5-32)。
住:一只手掌心贴于头侧,头微倾,闭眼如睡觉状(见图5-33)。
在:一只手伸出拇指、小指,放于另一只手掌心上(见图5-34)。
哪儿:一只手食指指尖向外,做波纹状移动几下(见图5-35)。

图5-32　家

图5-33　住

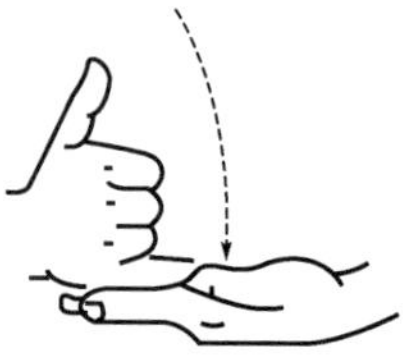
图5-34　在

图5-35　哪儿

(三)你多大了?

多大:①一只手食指沿另一只手拳背骨关节凸起处向下画,即“年”手势;②一只手指尖向上,五指分开,指尖颤动几下,表示多少。具体表示如图5-36所示。

(四)需要我帮你吗?

需要:①一只手伸出拇指、食指,指向胸前微微点动;②同“要求”手势(一),如图5-37所示。

帮:帮助,双手掌心向外,拍动两下,表示给人援助、帮助(见图5-38)。
吗:表情是疑问式的。眼睛看着对方,眉微扬,希望得到对方的回复。

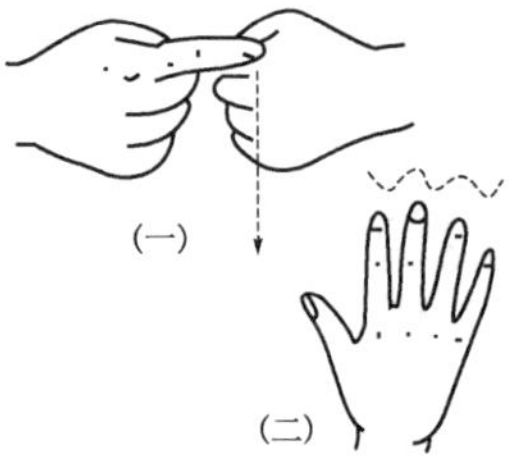

图5-36　多大

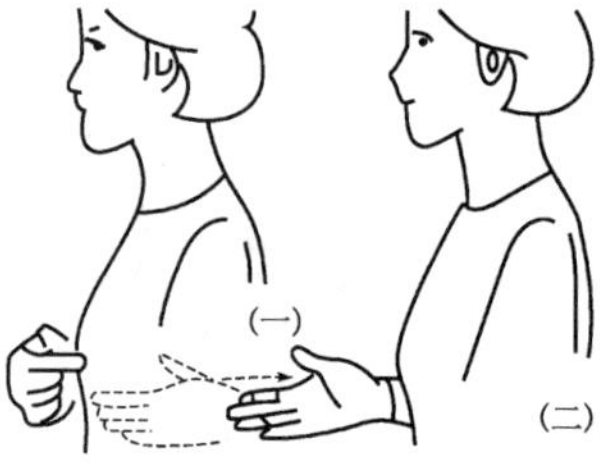

图5-37　需要

图5-38　帮

五、日常交流语言

(一)没关系

没:一只手拇指、食指、中指捻动,连续几次(见图5-39)。
关系:两手拇指、食指搭成圆圈,互相套环(见图5-40)。

(二)不用客气

不:一只手伸直,左右摆动几下(见图5-41)。

图5-39　没

图5-40　关系

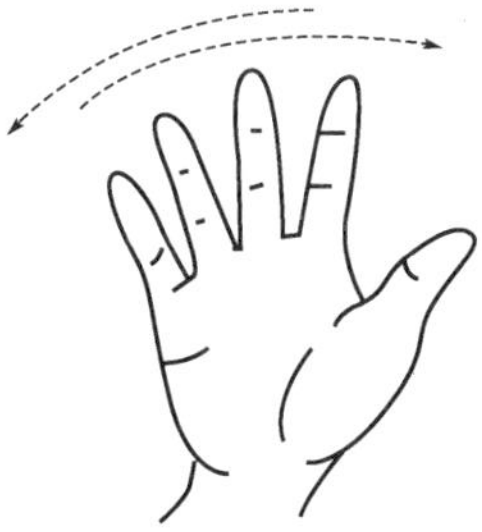

图5-41　不

用：一只手向前伸出小臂，五指先张开，然后从前向后微移，并收拢五指，表示从外界得到所需物品。以此引申为“用”“使用”之意（见图5-42）。

客气：双手掌心向上，左右微动几下，上身略俯，表现谦虚待人的样子（见图5-43）。

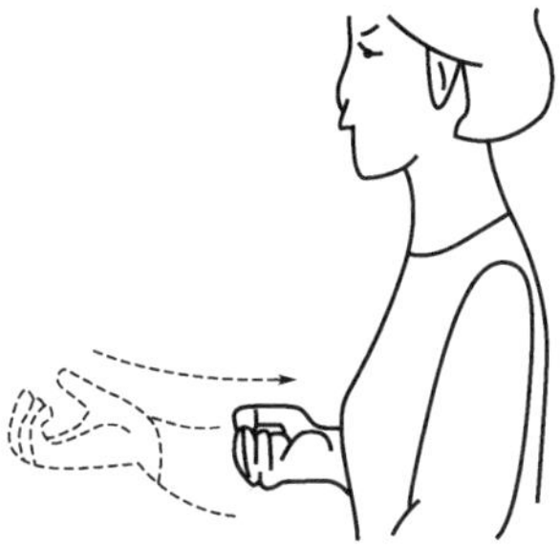

图5-42　用

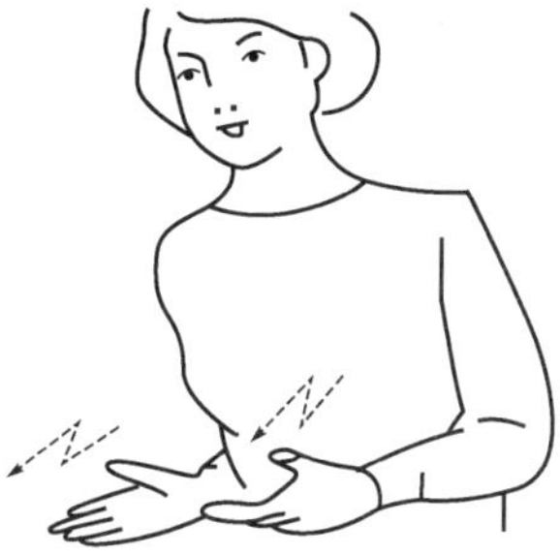

图5-43　客气

课堂随练

一、填空题

1. 问候语，又叫见面语、__________。一般在初次见面或是相互问候时进行致意。

2. 早上的手语表示为：一手四指与__________相捏，手背向上横放__________，缓缓向上抬起，五指逐渐张开，象征天色由暗转明。

3. 对不起的手语表示：一手五指并拢，举于__________，先做“敬礼”手势，然后下放改伸小指，在__________点几下，表示向人致歉并自责之意。

4. 请的手语表示：双手掌心__________，在腰部向旁移，表示邀请之意。

5. 好的手语表示：一手__________，向上伸出拇指。

二、实操题

请两位同学上台进行“请带好您的随身物品！”“对不起，这里不能抽烟”手语演示。其他同学认真观察是否有不规范的动作并现场点评。

模块小结

本模块从旅客心理认知和需求出发，阐述了铁路客运服务人员各种服务技巧。“诚心待客、热情服务”，在工作中不断挖掘旅客多方面的需求，不断创新自己的服务，增强服务特色，确立“一切为了满足旅客需求”的服务意识，以“真诚、优质、创新”感动旅客。只有高标准的服务，才能使旅客满意，服务才能100%达标，才能让旅客真切感受到“人民铁路为人民”的铁路品牌服务。

达标检测

一、单项选择题

1. 下列不属于铁路企业因素的是(　　)。

A. 铁路服务人员　　B. 企业标识

C. 铁路客运线　　D. 客运服务人员的专业知识

2. 下列不属于铁路运输企业自身原因而产生投诉的因素有(　　)。

A. 运能不足　　B. 售票窗口开设不足

C. 硬件设施不足　　D. 工作失误

3. (　　)旅客平时表现安静，喜欢清静的环境。他们很少主动与人交往，情感很少外露，但该类型旅客自制能力很强，做事总是不慌不忙，力求稳妥，生活有规律，很少打扰别人。他们反应慢，希望别人讲话慢些或重复几次，自己讲话也慢条斯理，显得深思熟虑。

A. 急躁型　　B. 活泼型

C. 稳重型　　D. 忧郁型

4. 下列哪个选项不属于对旅客重座的处理技巧？(　　)

A. 认真核对车票，如果重号，向旅客致歉

B. 报告列车长，协助其调整至其他座位

C. 过程中应灵活掌握时机，提示旅客及时回原座位

D. 人数不多时，尽量满足旅客需求

5. 下列哪项不属于接待投诉旅客的技巧？(　　)

A. 不回避旅客的投诉　　B. 放下手头的事情，安静地听

C. 保持平静的心情默默聆听　　D. 在旅客讲的不对时及时纠正

二、填空题

1. 感觉是人脑对直接作用于__________的客观事物个别属性的反映。

2. 知觉是各种感觉加在一起的__________，感觉是各个感觉器官的各自反应，没有感觉就不可能形成知觉，知觉是各感觉的__________。

3. 人在知觉某一事物时，总是利用已有的知识和经验去认识它，并把它用赐予标示出来，这种感性认识阶段的理解就叫知觉的__________。

4. 影响旅客知觉的因素主要包括__________因素、服务人员的因素和__________的因素三种。

5. 服务人员因素主要指__________、外在的仪表仪态、__________或者专业知识。

6. 合意期望和理想期望之间的差距被称为“__________”。

7. 设定前提式回答是指在回答旅客提问时，客运服务人员不便将答案说出口或者__________，采用设定一个前提条件，或者假设一种环境的方法。

8. 建立在善解人意的基础上，__________的角度上，急旅客所急、想旅客所想就是最好的沟通前提。

9. 对于旅客而言，一个完整的铁路客运产品一般包括三个层次：核心产品、__________和附加产品。

10. 铁路客运服务组合主要包括核心服务、支持服务和__________。

三、判断题

1. 每个感觉器官对物体一个属性的反映就是一种感觉。 (　　)

2. 看到一个苹果、听到一首歌曲、闻到花香等，这些都是感觉现象。 (　　)

3. 一千个读者心中有一千个哈姆雷特都是因为知觉的主体的经验不同产生了不同的见解，体现了知觉的选择性。 (　　)

4. 合意期望与旅客认为可以接受的服务水平相关，是一种较低水平的期望。 (　　)

5. 旅客问：“小姐，您今年多大了?”客运服务人员答：“我已经参加工作好几年了。”这种回答属于答非所问式回答。 (　　)

四、简答题

1. 旅客总体心理需求表现在哪些方面?

2. 结合某个岗位谈谈如何运用铁路客运服务技巧。

3. 旅客在车上发生争执时该如何处理?

4. 如何处理旅客的投诉?

5. 如何处理铁路运输与其竞争对手的关系?

6. 防止旅客物品丢失被盗的提示处理技巧有哪些?

技能训练

客运服务中手语的展示

1. 训练目的

便于铁路客运服务人员在第一时间辨识出视力残疾旅客的意图，从而有针对性地提供服务，提高旅客的满意度。

2. 训练内容

以分组形式进行某一个情景的手语服务。组员之间相互讨论演示，直至服务情景再现。

3. 考核标准

教师评分，评分为百分制(10分一个等级，如100,90,80,…)。

考核标准

序　　号	项　　目	分　　值	得　　分
1	情景再现是否逼真	30	
2	手语是否规范	30	
3	参与是否积极主动,组员间配合程度	20	
4	妆容、服装造型是否符合表演形式和内涵	20	
总分合计			

模块6　车站客运服务礼仪

课前导读

铁路客运站是连接旅客与铁路企业的窗口，旅客在车站要完成购票、托运行李、候车、检票、出站等多个事项，车站服务是否到位直接影响着旅客的出行体验。铁路客运服务人员必须严格按照《铁路旅客运输服务质量规范》办理相关业务和作业，在服务过程中有礼有节，既要熟练运用铁路行业的服务技能，又要具备良好的铁路客运礼仪风范。

单元6.1　车站客运服务礼仪概述

知识目标

了解车站客运服务礼仪的内容、特点，掌握车站客运服务礼仪的基本要求。

能力目标

能够按照车站客运服务礼仪的基本要求来严格要求自己，为旅客提供优质的铁路车站客运服务。

素质目标

树立铁路客运服务理念，具备从事铁路车站客运服务工作的相关基本素质。

案例导学

某火车站客服中心工作人员接到一位旅客的求助，有一名旅客准备乘坐T179次列车去往济宁，但自己无法自主行走，需要乘坐轮椅，便找到客服中心工作人员寻求帮助。得知这一情况，车站工作人员立即将旅客安置在车站一楼重点旅客座席，并与检票口工作人员进行交接。收到列车即将停靠站台的通知后，客运员张某为这位旅客提前检票，将其推送到站台，亲自送这位旅客安全上车。

[案例启示]

在这一案例中，铁路客运服务人员本着“全面服务、重点照顾”的原则，为有需要的重点旅客提供了“人性化”的服务。积极主动地安排座席、组织提前检票、送旅客上车，给旅客提供了极大的方便。在这一过程中,铁路客运服务人员的热情、耐心、细致、周到,正体现了对车站客运服务礼仪的要求。

必备知识

一、车站客运服务礼仪的内容

铁路车站客运服务人员是指车站在售票窗口、候车室、进站通道、旅客站台等地点为旅客提供服务、保障旅客安全的工作人员,是铁路运输企业和旅客交流的“窗口”。因此,车站服务礼仪对于提升服务质量、展示铁路形象、满足旅客需求具有重要意义。这就要求铁路客运服务人员在为旅客服务时要有良好的态度,要不卑不亢、礼貌热忱、微笑服务;牢记自己代表的是铁路的形象,绝不能抱着无所谓的态度为旅客提供服务。车站服务礼仪包括售票处服务礼仪、候车厅服务礼仪、贵宾室服务礼仪、站台服务礼仪、出站口服务礼仪等。

二、车站客运服务礼仪的特点

(1)良好的仪容仪表是车站服务形象的表现。车站服务工作的特点是直接面向旅客,为其提供服务,来自四面八方的旅客对为其服务的工作人员会留下直接而深刻的印象。良好的仪容仪表会产生积极的宣传效果,在一定程度上,车站服务人员的仪容仪表反映了铁路客运企业这个大团体的服务形象和管理水平。

(2)良好的仪容仪表是优质服务的表现。车站客运服务人员的仪容仪表能满足旅客视觉美方面的需要,同时又使他们感受到优质的服务,自己的身份地位得到应有的承认,寻求尊重的心理也会得到满足。

(3)良好的仪容仪表是车站管理水平的表现。车站客运服务人员的仪容仪表不仅反映了铁路经营管理者的管理理念和管理水平,而且也通过个人形象的直接展现,体现出铁路工作者的自尊自爱。

三、车站客运服务礼仪的基本要求

(一)仪容仪表

车站客运服务人员必须注重个人的仪容仪表和风度,这是由其工作性质决定的。要求工作时精神饱满、仪容整洁、举止大方、表情自然。根据《铁路旅客服务质量规范》要求,车站客运服务人员有以下着装要求:仪容整洁,上岗着装统一,干净平整。

(1)头发干净整齐、颜色自然,不理奇异发型、不剃光头。男士两侧鬓角头发不得超过耳垂底部,后部不长于衬衣领,不遮盖眉毛、耳朵,不烫发,不留胡须;女士发不过肩,刘海长不遮眉,短发不短于7厘米。

(2)面部、双手保持清洁,指甲修剪整齐,长度不超过指尖2毫米,身体外露部位无纹身。女士淡妆上岗,保持妆容美观,不浓妆艳抹,不染彩色指甲。

(3)按岗位换装统一,衣扣拉链整齐。着裙装时,丝袜统一,无破损。系领带时,衬衣束在裙子或裤子内。外露的皮带为黑色。佩戴的外露饰物款式简洁,限手表一只、戒指一枚,女士还可佩戴发夹、发箍或头花及一副直径不超过 3 毫米的耳钉。不歪戴帽子,不挽袖子和卷裤脚,不敞胸露怀,不赤足穿鞋,不穿尖头鞋、拖鞋、露趾鞋,鞋的颜色为深色系,鞋跟高度不超过 3.5 厘米,跟径不小于 3.5 厘米。

(4)佩戴职务标志(售票员除外),胸章牌(长方形职务标志)戴于左胸口袋上方正中,下边沿距口袋 1 厘米处(无口袋的戴于相应位置),包含单位姓名职务、工号等内容。臂章佩戴在上衣左袖肩下四指处。售票员、验证人员、安检值机人员等坐姿作业人员可不戴制帽,其他人员执行职务时应戴制帽,帽徽在制帽折沿上方正中。

(二)服务用语

铁路客运服务中,要使用礼貌用语。礼貌用语是服务性行业的从业人员在接待宾客时使用的礼貌语言。它具有体现礼貌和提供服务的双重特性,是服务人员用来与宾客进行信息沟通的重要的交际工具,是优质服务的一种体现形式。

在服务用语上,车站客运服务人员要谈吐文雅、语言轻柔,语调亲切甜润,音量适中,讲究语言艺术。

服务语言要求使用普通话,服务语言表达规范、明确,口齿清晰。应运用“请,您好、谢谢、对不起、再见”等文明用语。对旅客称呼得体。统一称呼时为“各位旅客”,个别称呼时为“同志”“小朋友”“先生”“女士”等。

(三)服务态度

在服务态度上,车站客运服务人员要诚恳、热情、和蔼、耐心。

微笑,可以和有声的语言及行动相配合,起到互补作用,充分表达尊重、亲切、友善、快乐的情绪。微笑服务更是优质服务中不可缺少的内容。

在铁路客运服务过程中,微笑必须贯彻全程。与旅客交流时首先就应露出微笑,而且绝不应因为旅客的反应而被动地改变微笑的面孔。

旅客问讯时,面向旅客站立(售票员、封闭式问询处工作人员办理业务时除外),目视旅客,有问必答,回答准确,解释耐心。遇有失误时,向旅客表示歉意。对旅客的配合与支持表示感谢。

(四)行为举止

在行为举止上,车站客运服务人员要表现得动作优雅、彬彬有礼。

坐立、行走姿态端正,步伐适中,轻重适宜。在旅客多的地方先示意后通行;与旅客走对面时,主动让路,面向旅客侧身让行,不与旅客抢行。列队出(退)勤时,按规定线路行走,步伐一致。多人行走时,两人成排,三人成列。

立岗姿势规范,精神饱满。站立时,挺胸收腹,两肩平衡,身体自然挺直,双臂自然下垂,手指并贴于裤线上,脚跟靠脚尖略向外张呈“V”字形。女士可双手四指并拢,交叉相握,右手叠放在左手之上,自然垂放于腹前,左脚靠在右脚内侧,夹角为 45 度,呈“丁”字形。

迎送列车时,足靠安全线,不侵入安全线外,面向列车方向目迎目送,以列车进入站台开始,开出站台为止。办理交接时行举手礼,右手五指并拢平展,向内上方举手至帽檐右侧边沿,小臂形成45度角。

清理卫生时,清扫工具不触碰旅客及携带物品。挪动旅客物品时,征得旅客同意。需要踩踏座席时,戴鞋套或使用垫布。占用洗脸间洗漱时,礼让旅客。

不高声喧哗、嬉笑打闹、勾肩搭背,不在旅客面前吃食物、吸烟、剔牙齿和出现其他不文明、不礼貌的动作,不对旅客评头论足,接班前和工作中不食用有异味的食品。

在车站客运服务中,车站客运服务工作人员要以礼待人,在职业道德修养、文化知识修养、心理素质修养和行为习惯修养方面,提高自己的水平,提高自己的自我控制能力,勤学苦练,自觉调整,养成良好的行为习惯。

课堂随练

一、单项选择题

1.《铁路旅客服务质量规范》中规定女士鞋跟高度不得超过(　　)。

A.2.5 厘米　　B.3.5 厘米

C.4.5 厘米　　D.5.5 厘米

2.《铁路旅客服务质量规范》中规定女士可佩戴发夹、发箍或头花及一副直径不超过(　　)的耳钉。

A.2.5 厘米　　B.3 厘米

C.3.5 厘米　　D.4 厘米

3. 佩戴职务标志(售票员除外),胸章牌戴于左胸口袋上方正中,下边沿距口袋(　　)处。

A.1 厘米　　B.2 厘米

C.3 厘米　　D.4 厘米

4. 臂章佩戴在上衣左袖肩下(　　)处。

A.1 指　　B.2 指

C.3 指　　D.4 指

二、填空题

1. 男士两侧鬓角头发不得超过__________,后部不长于__________,不遮盖眉毛、耳朵,不烫发,不留胡须;女士发不过肩,刘海长不遮眉,短发不短于__________。

2. 面部、双手保持清洁,指甲修剪整齐,长度不超过指尖__________。

三、判断题

1. 服务语言要求使用普通话,服务语言表达规范、明确,口齿清晰,应运用“请,您好、谢谢、对不起、再见”等文明用语。(　　)

2. 多人行走时,两人成排,三人成列。(　　)

单元6.2　车站客运岗位服务质量规范

知识目标

了解车站各客运岗位的岗位分工及职责，掌握不同岗位客运服务人员在工作过程中的服务质量规范要求。

能力目标

能够按照车站客运服务礼仪的基本要求来严格要求自己，为旅客提供优质的铁路车站客运服务。

素质目标

树立铁路客运服务理念，具备从事铁路车站客运服务工作的相关基本素质。

案例导学

“作为一名铁路客运岗位工作人员，在十堰火车站这个窗口服务岗位，就是要用我们的言行，文明服务，方便旅客，让旅客温馨出行。”十堰火车站客运副主任许某如是说。

许某2000年从部队退伍后，就来到十堰火车站工作，17年来先后从事过售票员、广播员、客运值班员、计划员、安全员等工作，现在担任客运副主任。

客运班组是十堰火车站工作人员最多的班组，担负着旅客出行的重要任务，包含客服、行包、售票等。作为客运副主任，许某要从事站内从售票室、候车室、贵宾室到进站口、出站口等各个岗位的组织管理和服务工作。

许某介绍说：“为了更好地服务旅客，我们班组围绕‘三个出行’目标，细化岗位服务质量标准和服务流程，打造以‘温馨服务台’为标志的系列服务岗点，推行了普通旅客亲情服务、重点旅客特殊服务和微信预约延伸服务等特色品牌服务。”她还说：“作为铁路客运岗位的工作人员，首先要确保旅客安全出行、方便出行、温馨出行，真正为旅客服好务。我们要从内强素质、外树形象出发，安全第一，服务至上，以我们文明服务的自身行动，诠释十堰火车站这一窗口的文明形象。”

[案例启示]

为了更好地服务旅客，铁路客运服务人员应该细化岗位服务质量标准和服务流程，严格按照岗位服务质量规范的要求为旅客提供优质的服务，才能树立良好的形象，赢得旅客的信任。

必备知识

铁路车站客运工作岗位包括站长、车间主任、值班主任、客运值班员和车站客运员，其中直接为旅客提供服务的工作人员为车站客运员。通常在车站，与旅客直接有正面接触的客运部门有售票车间、客运车间和安检车间，直接接触旅客的岗位主要有：窗口售票员、检票口客运员、站台客运员、出站口客运员、问询处客运员、贵宾室客运员、安检客运员。安检客运员又可分为安检引导员、安检值机员、安检身检员和安检处置员。

一、窗口售票员

窗口售票员服务质量规范要求见表6-1。

窗口售票员服务质量规范 表6-1

岗位职责	服务质量规范
参加点名会： (1)检查着装和仪容仪表。 (2)接受班前业务试问。 (3)摘抄文电、命令	(1)穿着规定制式服装，不混搭混穿，仪容仪表整洁，女士窗口售票员化淡妆上岗，职务标志齐全完整。 (2)接受业务试问，按要求回答。 (3)明确文电、命令指示的重点事项，工作预想到位
请领找零基金	找零基金当面清点，清点正确后在找零基金登记簿上签字确认
对岗接班	列队上岗，走姿端正，经指定线路进入售票厅。做到票据交接正确，设备使用状态良好，备品齐全，环境卫生清洁
填写客货票据和进款交接班登记簿	在客货票据和进款交接班登记簿上正确填写本窗口各种票据名称、起止号、数量。字迹清楚、不潦草、不省略。新请领的票据要及时登记。客货票据和进款交接班登记簿如有书写错误，及时用红笔画双杠加盖人名章，在相应栏内的上二分之一处书写正确内容
解答旅客询问	解答旅客询问时，要面向旅客、面带微笑。使用文明用语，态度和蔼、音调适宜。仔细查询、有问必答
正确发售车票	执行"问、输、收、做、核、交"六字售票法工作流程，做到无误售票，认真核对，唱收，唱付，票款相符
正确办理退票	执行"看、输、核、盖、交"五字退票法工作流程。退票做到不退过期失效票，不退开车后2小时改签车票。银行卡购买的车票退票时退票款退到原购票银行卡中，POS机退款凭条商户联按时间顺序粘贴。注意识别伪票，加盖戳记，唱付清楚，退款正确，妥善保管票据不丢失
暂停作业	暂停售票前要提前向旅客做好解释工作，摆放"暂停售票"牌；售票页面切换到暂停作业界面；现金、票据、凭条加锁，万元现金锁入金柜。离岗超过15分钟以上时，退出售票程序，将窗口LED显示屏显示的内容更改为"停止售票"
作业纪律	执行相关规章制度和作业标准，不违章作业
结账作业	现金清点正确，凭条累计准确，准确输入金额，做到先交款后结账，结账时不准代交，交款时必须当面点清，账款相符后方可离开
班后总结	根据本班工作进行自我讲评，实事求是，有问题不隐瞒，总结经验教训

二、检票口客运员

检票口客运员服务质量规范要求见表6-2。

检票口客运员服务质量规范　　表 6-2

岗位职责	服务质量规范
参加点名会： (1)检查着装和仪容仪表。 (2)接受班前业务试问。 (3)摘抄文电、命令	(1)穿着规定制式服装，不混搭混穿，仪容仪表整洁，女士检票口客运员化淡妆上岗，职务标志齐全完整。 (2)接受业务试问，按要求回答。 (3)明确文电、命令指示的重点事项，工作预想到位
对岗接班	(1)听从客运值班员安排，列队上岗，排列有序，走姿端正。 (2)对岗交接：交接清楚列车运行情况、设备情况、重点旅客情况、服务备品情况及其他重点要求，交接不清，接者负责
检票前准备作业	(1)票剪、钥匙、扩音器、对讲机佩戴齐全。 (2)开车前 20 分钟到岗，对检票闸机、自动感应门、扶梯等设备设施运行情况，以及检票显示屏显示内容是否正确进行检查，确保设备设施状态良好，发现问题及时上报。 (3)组织持磁介质、软质车票旅客分别在检票闸机口和人工检票口排队，客流较大时对旅客所持的软质车票进行预剪。 (4)向旅客介绍检票闸机的使用方法，语言规范、清晰准确
组织旅客检票作业	(1)列车开车前 15 分钟开始检票，组织持磁介质车票的旅客正确使用检票闸机进站，做好监控、防护工作。 (2)对持软质车票的旅客进行“票、证、人”核对，核对无误后加剪软质车票。 (3)维持检票秩序，严格执行开车前 3 分钟停检制度，确保旅客乘降安全和列车正点运行。 (4)引导当日当次未上车旅客办理改签并做好解释工作
解答旅客询问，向旅客提供服务	(1)解答旅客询问时，面向旅客，站立回答，做到有问必答，答必正确，实行“首问首诉”重点负责制。 (2)清楚重点旅客情况，与站台客运员提前联系，共同配合，重点交接，保证重点旅客安全乘车
非正常情况下，实施应急处置预案，将突发情况进行上报	按规定程序进行应急处置；信息上报及时准确
(1)清理所在工区的环境卫生。 (2)物品定位摆放	(1)负责所在工区的环境卫生工作，确保桌椅、地面无灰尘，杂物、垃圾清倒及时。 (2)桌椅摆放整齐，工具、备品定位摆放
参加班后总结会，按照上级要求落实学习培训计划	(1)按规定参加班后总结会，总结班中工作的不足，及时整改。 (2)按规定参加培训及业务考试，禁止迟到、早退、无故不参加。 (3)积极参加各项业务竞赛活动

三、站台客运员

站台客运员服务质量规范要求见表 6-3。

站台客运员服务质量规范 表 6-3

岗位职责	服务质量规范
参加点名会： (1)检查着装和仪容仪表。 (2)接受班前业务试问。 (3)摘抄文电、命令	(1)穿着规定制式服装，不混搭混穿，仪容仪表整洁，女士站台客运员化淡妆上岗，职务标志齐全完整。 (2)接受业务试问，按要求回答。 (3)明确文电、命令指示的重点事项，工作预想到位
对岗接班	(1)听从客运值班员安排，列队上岗，排列有序，走姿端正。 (2)对岗交接：交接清楚列车运行情况、设备情况、重点旅客情况、服务备品情况及其他重点要求，交接不清，接者负责
检查巡视作业区域	(1)始发列车提前 20 分钟出场，终到列车提前 10 分钟出场，确保携带对讲机、扩音器口笛。 (2)巡视站台、线路、扶梯、台阶、出站自动感应门等关键处所，核对站台显示屏显示的内容，确保显示内容准确。 (3)发生问题及时上报，采取相应措施，保证正常运输秩序
接送列车： (1)组织旅客乘降。 (2)站车交接。 (3)清理站台	(1)在规定的位置接发列车并与列车长办理业务交接。 (2)组织旅客有序乘降，引导旅客到指定车厢上车，引导出站旅客经出站流线出站，并向旅客宣传扶梯、台阶的安全注意事项。 (3)用对讲机将列车进、出站信息通知综控室值班员，旅客乘降完毕后用对讲机通知出站口客运员。 (4)列车开出后及时清理站台滞留人员，维持好站内安全秩序。 (5)通知保洁人员清理站台卫生，将卫生不达标、清理不及时等情况通知客运值班员
解答旅客询问，向重点旅客提供服务	(1)解答旅客询问时，面向旅客，站立回答，做到有问必答，答必正确，实行“首问首诉”负责制。 (2)清楚重点旅客情况，与其他岗位密切配合，为重点旅客提供相应的服务设备，必要时将重点旅客送上车、送出站
按规定程序上报非正常情况，协助客运值班员（值班主任）对突发情况进行应急处置	按规定程序进行应急处置；信息上报及时准确
(1)清理所在工区的环境卫生。 (2)物品定位摆放	(1)负责所在工区的环境卫生工作，确保桌椅、地面无灰尘，杂物、垃圾清倒及时。 (2)桌椅摆放整齐，工具、备品定位摆放
参加班后总结会，按照上级要求落实学习培训计划	(1)按规定参加班后总结会，总结班中工作的不足，及时整改。 (2)按规定参加培训及业务考试，禁止迟到、早退、无故不参加。 (3)积极参加各项业务竞赛活动

四、出站口客运员

出站口客运员服务质量规范要求见表 6-4。

出站口客运员服务质量规范　　表 6-4

岗位职责	服务质量规范
参加点名会： (1)检查着装和仪容仪表。 (2)接受班前业务试问。 (3)摘抄文电、命令	(1)穿着规定制式服装，不混搭混穿，仪容仪表整洁，女士出站口客运员化淡妆上岗，职务标志齐全完整。 (2)接受业务试问，按要求回答。 (3)明确文电、命令指示的重点事项，工作预想到位
对岗接班	(1)听从客运值班员安排，列队上岗，排列有序，走姿端正。 (2)对岗交接：交接清楚列车运行情况、设备情况、重点旅客情况、服务备品情况及其他重点要求，交接不清，接者负责
检查巡视作业区域	(1)列车到站前 5 分钟出场，巡视检票闸机、自动感应门等设备设施的状况；核对出站口显示屏显示的内容，确保显示内容准确。 (2)发现问题及时按程序上报，采取相应措施，保证正常客运秩序
组织旅客出站验票工作	(1)引导持磁介质车票的旅客正确使用检票闸机验票出站。 (2)组织持软质车票的旅客经由人工检票口验票出站，详细确认票面到站、经由日期、车次。 (3)要求持废票、涂改票及证票不符的旅客按章补票
按规定进行补票、补费，执行票据交接、管理、请领规定	(1)办理补票、补费时要态度和气，使用文明用语。 (2)票据交接认真仔细，钱柜及时加锁，票据现金账款相符，及时上缴，杜绝票据、现金丢失和溢赔现象，票据不足及时请领
解答旅客询问，向重点旅客提供服务	(1)解答旅客询问时，面向旅客，站立回答，做到有问必答，答必正确，实行"首问首诉"负责制。 (2)清楚重点旅客情况，组织重点旅客安全出站
按规定程序上报非正常情况、协助客运值班员(值班主任)对突发情况进行应急处置	按规定程序进行应急处置；信息上报及时准确
(1)清理所在工区的环境卫生。 (2)物品定位摆放	(1)负责所在工区的环境卫生工作，确保桌椅、地面无灰尘，杂物、垃圾清倒及时。 (2)桌椅摆放整齐，工具、备品定位摆放
参加班后总结会，按照上级要求落实学习培训计划	(1)按规定参加班后总结会，总结班中工作的不足，及时整改。 (2)按规定参加培训及业务考试，禁止迟到、早退、无故不参加。 (3)积极参加各项业务竞赛活动

五、问询处客运员

问询处客运员服务质量规范要求见表 6-5。

问询处客运员服务质量规范 表6-5

岗 位 职 责	服务质量规范
参加点名会,对岗接班: (1)检查着装和仪容仪表。 (2)接受班前业务试问。 (3)摘抄文电、命令。 (4)对岗接班	(1)参加点名会,着装整齐规范,明确文电、命令指示的重点事项。 (2)接受业务试问,按要求问答。 (3)列队上岗,对岗交接;交接清楚列车运行情况、设备情况、重点旅客情况、服务备品情况及其他重点要求,交接不清,接者负责
解答旅客询问、受理旅客诉求,进行信息上报	(1)耐心、准确地解答旅客询问,热情主动地为旅客提供乘车信息、寻人、寻物启事等服务。 (2)做到提供服务有记载,信息反馈及时。 (3)解答旅客询问时,面向旅客,站立回答,做到有问必答,答必正确,实行"首问首诉"负责制
对服务备品的使用情况、旅客遗失物品情况进行登记并与综控室值班员联系,利用广播发布失物招领启事	(1)认真、仔细对服务备品的使用情况进行登记,与综控室值班员及时联系,正确传达信息。 (2)对遗失物品进行登记保存,贵重物品及时上报,重点交接。 (3)与失主办理物品交接时,信息核对准确,做到不误领、错领
向重点旅客提供服务	清楚重点旅客情况,与其他岗位密切配合,为重点旅客提供相应的服务设备,必要时将重点旅客送进站台,送上车
负责客运设备设施的故障报修	接到客运设备设施故障通知后,及时通知整备车间修理并进行登记上报
参加班后总结会,按照上级要求落实学习培训计划	(1)按规定参加班后总结会,总结班中工作的不足,及时整改。 (2)按规定参加培训及业务考试,禁止迟到、早退、无故不参加。 (3)积极参加各项业务竞赛活动

六、贵宾室客运员

贵宾室客运员服务质量规范要求见表6-6。

贵宾室客运员服务质量规范 表6-6

岗 位 职 责	服务质量规范
参加点名会,对岗接班: (1)检查着装和仪容仪表。 (2)接受班前业务试问。 (3)摘抄文电、命令。 (4)对岗接班	(1)参加点名会,着装整齐规范,明确文电、命令指示的重点事项。 (2)接受业务试问,按要求问答。 (3)列队上岗,对岗交接;交接清楚列车运行情况、设备情况、重点旅客情况、服务备品情况及其他重点要求,交接不清,接者负责
接班检查	(1)进入贵宾室检查备品、环境卫生及设备设施情况。 (2)卫生检查范围:贵宾室的沙发、电视、小桌、桌垫、消毒柜、时钟、温度计、花盆、吧台椅、地面、窗台、茶杯、茶壶、咖啡壶、咖啡杯、水杯、湿巾盘、水果盘、纸巾盒、垃圾桶、微波炉等

续上表

岗 位 职 责	服务质量规范
掌握重点任务情况，做好服务接待准备	(1)掌握相关列车运行、股道、客流、接待人员、贵宾等情况。 (2)严格执行保密制度
执行服务接待工作	(1)坚守岗位，严守纪律。 (2)在服务过程中遇到问题，必须请示报告，不得擅自处理
负责贵宾室环境卫生的保持、监督、清理；负责相关设备设施的操作及服务备品的请领；按要求开启、关闭贵宾室	(1)设备、备品定位摆放，保持设备状态良好，准备好足够的饮用水，摆放当日报纸、当月期刊，将水杯进行消毒。 (2)确保贵宾室内整洁，空气清新。 (3)贵宾室使用完毕，及时进行整理，发现贵宾遗留的物品及时与有关部门联系。 (4)防止无关人员随意出入贵宾室
参加班后总结会，按照上级要求落实学习培训计划	(1)按规定参加班后总结会，总结班中工作的不足，及时整改。 (2)按规定参加培训及业务考试，禁止迟到、早退、无故不参加。 (3)积极参加各项业务竞赛活动

七、安检客运员

1. 安检引导员

安检引导员服务质量规范要求见表6-7。

安检引导员服务质量规范 表6-7

岗 位 职 责	服务质量规范
参加点名会，对岗接班： (1)检查着装和仪容仪表。 (2)接受班前业务试问。 (3)摘抄文电、命令	(1)穿着规定制式服装，不混搭混穿，仪容仪表整洁，职务标志齐全完整。 (2)接受业务试问，按要求回答。 (3)明确文电、命令指示的重点事项，工作预想到位
对岗接班	列队上岗，检查设备状态，不信用交接，交接不清，接者负责
实名制查验车票，核对进入站内作业人员证件	提示进站旅客出示车票和有效证件，做到“四不放”，即车票、有效证件、本人不符不予放行，公免票区间不符、无签证不放行，不是当日有效车票不予放行，未持有效站内作业证件或证件与本人不符不予放行
引导旅客接受安全检查	(1)提示进站人员接受安全检查，引导其将携带的包裹、物品放置在安全检查仪上。 (2)合理组织进站人员有序通过安检通道，安检通道内同时接受安全检查的人数不超过两人
解答旅客询问，受理旅客投诉	(1)与旅客交谈时，站立面对对方，并保持一定距离，有问必答，回答准确，使用文明用语，实行“首问首诉”负责制。 (2)积极当处理、解决旅客投诉，满足旅客合理诉求
实施非正常情况下的应急处置预案并按规定的时间和程序报告	(1)熟知非正常情况下本岗位的职责、应急处置程序及作业内容。 (2)将非正常情况发生的时间、处所、影响范围等基本情况，在5分钟之内向客运值班员报告。 (3)按要求对非正常情况进行记录

2. 安检值机员

安检值机员服务质量规范要求见表6-8。

安检值机员服务质量规范　表6-8

岗位职责	服务质量规范
参加点名会,对岗接班: (1)检查着装和仪容仪表。 (2)接受班前业务试问。 (3)摘抄文电、命令	(1)穿着规定制式服装,不混搭混穿,仪容仪表整洁,职务标志齐全完整。 (2)接受业务试问,按要求回答。 (3)明确文电、命令指示的重点事项,工作预想到位
对岗接班	列队上岗,检查设备状态,不信用交接,交接不清,接者负责
操作台式安检仪,通过物品成像特征辨别危险品	(1)熟练掌握各种危险品的成像特征。 (2)甄别所有过机物品的图像,做到不遗漏、不误判。 (3)对辨别不清的物品及包裹进行复查
对发现的疑似危险品通知相关岗位人员处置	(1)发现疑似爆炸品或起爆装置,立即使用停止按钮,将可疑包裹停留在安检仪内,通知安检引导员、安检身检员、安检处置员、客运值班员、公安人员组织疏散。 (2)对其他疑似危险品,通知安检处置员进行处置
熟练掌握危险品的识别技能,检查设备运行情况,发现问题及时向客运值班员报告	严格按作业标准进行作业,及时将安检设备的故障或异常情况向客运值班员汇报
实施非正常情况下的应急处置预案并按规定的时间和程序报告	(1)熟知非正常情况下本岗位的职责、应急处置程序及作业内容。 (2)将非正常情况发生的时间、处所、影响范围等基本情况,在5分钟之内向客运值班员报告。 (3)按要求对非正常情况进行记录

3. 安检身检员

安检身检员服务质量规范要求见表6-9。

安检身检员服务质量规范　表6-9

岗位职责	服务质量规范
参加点名会,对岗接班: (1)检查着装和仪容仪表。 (2)接受班前业务试问。 (3)摘抄文电、命令	(1)穿着规定制式服装,不混搭混穿,仪容仪表整洁,职务标志齐全完整。 (2)接受业务试问,按要求回答。 (3)明确文电、命令指示的重点事项,工作预想到位
对岗接班	列队上岗,检查设备状态,不信用交接,交接不清,接者负责

续上表

岗 位 职 责	服务质量规范
在指定区域对进站人员进行身检	(1)执行“男不检女”的规定。 (2)采取仪器与手工相结合的方式进行身检。 (3)顺应身体的形状,自上而下、从左到右、从前到后,通过触摸、按压,以及手持式金属探测器进行检查,用手探的方法检查藏匿的物品。 (4)安检门、金属探测器报警时,必须取出或判明金属物品后复检。 (5)重点检查的部位有肩胛、胸部、腋下、腰部、臀部、裆部、大小腿内侧、脚踝等。 (6)对旅客随身携带的危险品立即进行收缴,通知安检处置员及公安人员处置,没有携带危险品和违禁品的旅客给予放行
实施非正常情况下的应急处置预案并按规定的时间和程序报告	(1)熟知非正常情况下本岗位的职责、应急处置程序及作业内容。 (2)将非正常情况发生的时间、处所、影响范围等基本情况,在 5 分钟之内向客运值班员报告。 (3)按要求对非正常情况进行记录

4. 安检处置员

安检处置员服务质量规范要求见表 6-10。

安检处置员服务质量规范　　表 6-10

岗 位 职 责	服务质量规范
参加点名会,对岗接班: (1)检查着装和仪容仪表。 (2)接受班前业务试问。 (3)摘抄文电、命令	(1)穿着规定制式服装,不混搭混穿,仪容仪表整洁,职务标志齐全完整。 (2)接受业务试问,按要求回答。 (3)明确文电、命令指示的重点事项,工作预想到位
对岗接班	列队上岗,检查设备状态,不信用交接,交接不清,接者负责
按要求进行开包检查	(1)开包前应有公安人员在场。 (2)查包时态度和蔼、使用文明用语。 (3)对旅客的包裹要轻拿轻放。 (4)开包检查时,尽量请旅客自行打开包裹。 (5)旅客自行打开包裹后,公安人员站在被检查人旁边后,开始进行检查。 (6)查包时应从外到内、从上到下逐一检查。 (7)须将包裹重新过机时,引导旅客自行将包裹放在安检仪上。 (8)对查获的危险品做好登记并交公安人员处置。 (9)对查验的物品不试、不尝、不触动、不损坏。 (10)确认无危险品后,按查包前包内物品摆放的位置复位,交还旅客
查扣的危险品	在危险品检查登记簿、暂存危险品登记簿上详细登记危险品的发现时间、地点,检查登记人的姓名,旅客的姓名、性别、联系电话,查获物品的品名等相关信息,由旅客签字确认放弃后,在物品上粘贴便笺(便笺记载内容为查获人的姓名、发现时间、旅客的姓名等信息)
掌握各种爆炸、易燃等危险品的处置程序,做到妥善处理	(1)遇到突发事件要立即通知公安民警进行处理。 (2)协助安检引导员做好旅客疏散工作。 (3)必要时,打开防爆桶及防爆毯,做好危险品的应急处置

课堂随练

一、单项选择题

1. 售票员离岗超过(　　)以上时,退出售票程序,将窗口LED显示屏显示的内容更改为“停止售票”。

A. 15分钟　　B. 20分钟　　C. 25分钟　　D. 30分钟

2. 检票员应在开车前(　　)到岗,对检票闸机、自动感应门、扶梯等设备设施运行情况,以及检票显示屏显示内容是否正确进行检查,确保设备设施状态良好。

A. 15分钟　　B. 20分钟　　C. 25分钟　　D. 30分钟

3. 列车开车前(　　)开始检票,组织持磁介质车票的旅客正确使用检票闸机进做好监控、防护工作。

A. 15分钟　　B. 20分钟　　C. 25分钟　　D. 30分钟

4. 检票员维持检票秩序,严格执行开车前(　　)停检制度,确保旅客乘降安全和列车正点运行。

A. 2分钟　　B. 3分钟　　C. 4分钟　　D. 5分钟

二、填空题

1. 售票员应执行__________六字售票法工作流程,做到__________,认真核对,唱收,唱付,__________。

2. 售票员应执行__________五字退票法工作流程,不退过期失效票,不退开车后改签车票。

三、判断题

1. 售票员退票应做到不退过期失效票,不退开车后改签车票。(　　)

2. 售票员应注意识别伪票,加盖戳记,唱付清楚,退款正确,妥善保管票据不丢失。(　　)

单元6.3　车站客运服务流程

知识目标

在了解铁路客运各岗位服务质量规范要求的基础上,掌握铁路车站客运各岗位的作业流程。

能力目标

能够按照车站客运各岗位作业流程来办理各项客运业务,更好地为旅客服务。

素质目标

树立铁路客运服务理念，具备从事铁路车站客运服务工作的相关基本素质。

案例导学

售票员的一天

“请问您要哪一天的票？”“到哪儿？”“您要几张？”“请把身份证给我”……每天早上8点，湘潭站售票员杨铭在这几句条件反射式的话语中开始了一天的工作，一直到晚上10点下班回家，她每天要将那几句重复上千遍。

“每售出一张火车票，那几句话至少要问一遍。”杨铭说，每天面对口音各异、方言繁杂的旅客，有时简单的一句话双方要交流半天。工作也需要我们这些售票员多说话、多交谈，以免出错。所以经常还没等到下班，我们这些售票员就已经是一副“公鸭嗓子”了。

“虽然嗓子干燥、沙哑，但我们不敢多喝水。因为多喝水就得多浪费时间上厕所，窗口外的购票者就得多等了。”下班后的杨铭喝了一口水，咳着嗓子接着介绍，“所以，我们只能多准备金嗓子喉片。”

据介绍，湘潭站客流量较大，售票人员紧张，每个售票员每日售票超过1000张。也就是说，一名售票员每天向一名购票旅客的提问要重复上千遍。这是正常情况下的估算，其实真实数据肯定远远不止上千遍。

[想一想]

为什么售票员每售一张车票均要将“请问您要哪一天的票？”“到哪儿？”“您要几张？”“请把身份证给我”这几句话重复一遍呢？

必备知识

一、售票作业流程

售票作业要严格执行相关作业标准（“六字售票法”），即问、输、收、做、核、交。

（1）问：问清旅客购票方式（使用现金还是银行卡）、乘车日期、车次、发到站、票种、席别、张数、支付方式。

（2）输：输入旅客乘车日期、车次、发到站、票种、席别及张数。

（3）收：收取旅客购票票款后认真清点并与旅客认真核对票面信息（乘车日期核对采用24小时制）。

（4）做：打印车票，如果旅客选择银行卡购票，则按Ctrl +4键后进行银行卡支付操作，打印POS机凭条，将经旅客签字的POS机凭条的商户联粘贴到POS机凭条粘贴单上留存。

（5）核：核对票面上的上、下票号是否一致和价格是否正确，发现票号不一致的车票或证件号码错误应及时改正。

(6)交:将旅客购票时使用的证件、车票、余款(银行卡、POS机凭条的持卡人联)一起交给旅客。

1. 办理现金购票作业流程

(1)做好售票准备,主动向旅客问好,使用文明用语。

(2)问清旅客购票信息,如乘车日期、车次、发到站、票种、席别、张数等,向旅客宣传可以购买往返票、联程票。按旅客要求,认真查找条件相符车次的余票。将所查到的票数情况告知旅客,征求旅客意见。在票数不足的情况下,向旅客推荐其他适合的车次。

(3)按顺序在计算机内录入旅客购票信息,包括乘车日期、车次、发到站、票种、席别、张数等,与旅客核对票面的详细信息,确认信息正确,选择现金支付。

(4)按计算机显示金额,收取票款。使用验钞机验证大面额票款的真伪,向旅客唱报所收票款数额。

(5)将收到的票款数额输入计算机。再次与旅客核对车票信息、所交款额后,打印车票。

(6)确认票面上、下票号是否一致,票面不完整的车票禁止出售。

(7)将找零款和票面数额告知旅客,旅客无异议后,将旅客购票时使用的证件车票及找零款交予旅客。

(8)将所收票款按面额分类,放入抽屉。百元票款达到10000元时,将百元票款锁入保险柜。

2. 办理银行卡购票作业流程

(1)做好售票准备,在POS机上进行签到,确保本人的工号与POS系统显示的工号相同。主动向旅客问好,使用文明用语。

(2)了解旅客购票信息,如乘车日期、车次、发到站、票种、席别、张数等,向旅客宣传可以购买往返票、联程票。按旅客要求,认真查找条件相符车次的余票。将所查到的票数情况告知旅客,征求旅客意见。在票数不足的情况下,向旅客推荐其他适合的车次发售异地票。

(3)按顺序在计算机内录入旅客购票信息,包括乘车日期、车次、发到站、票种、席别张数等,与旅客核对票面的详细信息,确认信息正确,按Ctrl+4键后进行银行卡支付操作。

(4)在POS机上进行刷卡操作后,提示旅客输入密码,并将打印的POS机凭条交给旅客签字后收回。

(5)再次与旅客核对车票信息、所扣票款后,打印车票。

(6)确认票面上、下票号是否一致,票面信息不完整的车票禁止出售。

(7)将消费金额告知旅客。将旅客购票时使用的证件、车票、银行卡、POS机凭条的持卡人联交予旅客。

(8)将有旅客签字的POS机凭条的商户联粘贴到POS机凭条粘贴单上。本班次结束后将POS机凭条粘贴单上交。

3. 办理互联网购票的取票作业流程

(1)做好售票准备,主动向旅客问好,使用文明用语。

(2)问清旅客订票时使用了哪种订票方式,确认旅客采用的是否是互联网购票方式,查看旅客递交的取票证件是否是有效证件。

(3)按 Alt + Y 键进入制票界面,选择“取网上订票”。将旅客身份证放在识别器上按 F7 键读取信息,旅客同一订单中有多张车票时,请旅客提供相对应的有效身份证原件。如旅客提供二代身份证原件以外的其他证件,请旅客出示订单号,将订单号与证件号一起输入系统。

(4)获取旅客所订车票信息后,按回车键确认,界面出现旅客所订车票信息。根据旅客要求,选择旅客当次要取的车票或全部车票。与旅客核对票面的详细信息,确认信息正确后制票。

(5)与旅客核对张数、到站、车次等信息,将取票证件和车票交予旅客。

4. 办理电话订票的取票作业流程

(1)做好售票准备,主动向旅客问好,使用文明用语。

(2)问清旅客订票时使用了哪种订票方式,确认旅客采用的是否是电话订票方式,查看旅客递交的有效身份证件原件。

(3)按 Alt + Y 键进入制票界面,选择“取普通票”。将旅客身份证放在识别器上,按 F7 键读取信息。旅客同一订单中有多张车票时请旅客提供相对应的有效身份证原件。如旅客提供二代身份证原件以外的其他证件,请旅客出示订单号,将订单号与证件号一起输入系统。

(4)获取旅客所订车票信息后,按回车键确认界面出现旅客所订车票信息。根据旅客要求,选择旅客当次要取的车票或全部车票。与旅客核对票面的详细信息,确认信息是否正确。根据计算机显示金额向旅客收取票款,旅客可使用现金或银行卡支付。将收到的票款数额输入计算机或进行刷卡操作。再次与旅客核对车票信息、所交款额,确认无误后制票。

(5)将取票证件、车票及找零款(银行卡,POS 机凭条的持卡人联)交予旅客。

(6)将所收票款按面额分类,放入抽屉。如为刷卡方式取票,则将有旅客签字的 POS 机凭条的商户联粘贴到 POS 机凭条粘贴单上。本班次结束后将 POS 机凭条粘贴单上交。

二、检票作业流程

(1)检票口客运员在列车开车前 20 分钟列队到达检票口,每组闸机 2 人,检查检票闸机、自动感应门、扶梯、检票显示屏等设备的状态。

(2)检票口客运员利用区域广播向旅客介绍检票闸机、自动扶梯等设备的使用方法和安全注意事项,引导持软质车票和磁介质车票的旅客分别排队,引导重点旅客到队列前方优先检票进站。

(3)旅客服务系统在列车开车前 18 分钟,广播播放检票准备信息,检票显示屏显示准备检票信息。

(4)列车开车前 15 分钟,旅客服务系统播放开始检票广播,每 5 分钟循环播报一次,检票显示屏显示开始检票信息,客运值班员核对检票闸机操作终端是否处于检票状态。

(5)检票口客运员利用对讲机通知站台客运员检票开始,用语:“×站台,××次列车开始检票”,站台客运员回答:“××次列车开始检票,×站台明白。”

(6)检票口客运员进行检票作业,引导旅客正确使用检票闸机,推荐携带大件行李的旅客经大件行李闸机检票进站;引导持软质车票旅客经人工检票口检票进站,核对票面信息后加剪。

(7)列车开车前3分钟,旅客服务系统播放停止检票广播。检票口客运员核实检票闸机是否处于关闭状态,检票显示屏显示停检信息,对人工检票口进行加锁后,停止该次列车检票作业。

(8)停检后,检票口客运员在检票口值守,对当日当次未上车旅客,阻止其进站,并引导其到售票处办理改签或退票手续。

(9)检票口客运员接到站台列车开车的通知后检查设备设施状态,通知保洁人员对相关区域的环境卫生进行清理,列队退岗。

三、站台作业流程

1. 始发列车站台作业流程

(1)列车开车前20分钟,站台客运员携带对讲机、扩音器、口笛出场,出场的站台客运员不少于2人(具体出场位置由各站自定)。

(2)站台客运员出场后,检查线路、站台、扶梯有无异状,站台显示屏、时钟显示是否正确,及时消除安全隐患。

(3)列车发车前15分钟,检票口客运员通知站台客运员开始检票,站台客运员站在指定地点立岗引导旅客。

(4)站台客运员对搭乘扶梯的旅客进行安全宣传,引导旅客前往相应的车厢位置。

(5)就重点旅客和重点工作与列车长办理交接。

(6)接到检票口客运员停止检票通知后,站台客运员提醒还未上车的旅客及时上车,通知列车长本次列车停止检票。

(7)有上水作业和高铁快件运输作业的列车,站台客运员在确认作业完毕后,通知列车长相关作业完毕。

(8)列车关闭车门后,站台客运员足踏安全白线,面向列车,发现异状,及时处置。

(9)列车开车后,站台客运员身体随列车运行方向转动,目送列车出站。确认列车驶出站台后通知客运值班员、检票口客运员该次列车已经开出。

(10)列车驶出站台端部后,站台客运员对站台进行巡视,清理站内滞留人员,列队退岗。

2. 终到列车站台作业流程

(1)站台客运员于列车到达前10分钟出场,准备接车。

(2)站台客运员出场后,检查线路、站台、扶梯有无异状,站台显示屏、时钟显示是否正确,及时消除安全隐患。

(3)列车进站后,利用对讲机通知综控室值班员列车到达时间,通知出站口客运员做好出站检票准备。

(4)与到达列车列车长办理交接。

(5)引导旅客经由出站流线出站,对重点旅客重点照顾。

(6)确认旅客全部离开站台后,利用对讲机通知出站口客运员。

(7)清理站台。

四、出站口验票作业流程

(1)列车到站前 5 分钟,出站口客运员检查检票闸机、自动感应门、扶梯等设备设施情况,核对出站口显示屏的显示内容是否正确,及时消除安全隐患。

(2)接到站台客运员通告的列车进站信息后,出站口客运员在指定位置立岗迎接旅客出站。

(3)旅客出站时,出站口客运员向持磁介质车票的旅客宣传检票闸机的使用方法,引导旅客通过检票闸机验票出站,对持软质车票的旅客引导其经由人工验票口出站并仔细查验车票。

(4)对无票人员和旅客违章携带物品办理补票补费手续。办理补票、补费手续时,通知客运值班员安排人员替岗。

(5)出站口客运员在验票的同时关注检票闸机的使用状态,发现问题及时处理,个人无法处理的问题,立即向综控室值班员报告。

(6)出站口客运员接到站台客运员发出的下车旅客已全部离开站台的通知后,组织全部旅客验票出站,将出站口锁闭。及时通知保洁人员对出站区域进行清扫。

五、问询处接待重点旅客作业流程

(1)问询处客运员接到重点旅客接待任务后,及时掌握重点旅客所乘列车车次、需要帮助情况等信息并向客运值班员报告。

(2)重点旅客需要使用轮椅时,问询处客运员要及时登记、提供轮椅(有送站人员时按规定办理相关手续,收取身份证或押金)并按客运值班员的指示将重点旅客安排到指定地点候车,重点监控,做好服务。

(3)问询处客运员掌握重点旅客所乘列车的运行情况,提前协助家属将重点旅客引导到检票口。

(4)检票口客运员与站台客运员进行沟通,经站台客运员同意后提前组织重点旅客检票进站,同时做好防护工作,保证旅客乘降安全。

(5)站台客运员就重点旅客与列车长进行重点交接。站、车交接认真仔细,不漏项,手续齐全,互有签字。

(6)办理站、车交接后,站台客运员将轮椅收回,无接发列车作业时送回问询处。

六、贵宾室接待服务作业流程

(1)客运值班主任接到贵宾接待任务通知后,通知贵宾室客运员提前开展准备工作。贵宾室客运员着装整齐规范,举止大方,表情自然。女士贵宾室客运员化淡妆上岗,笑迎笑送,手势引导标准。

(2)贵宾室客运员提前立岗(三级专运提前 1 小时上岗、二级专运提前 1 小时 30 分钟上岗、一级专运提前 2 小时上岗)。对贵宾室进行彻底清扫,消除死角,做到窗明地净,四壁无尘,确保贵宾室灯光明亮(如有灯具损坏,迅速报修)。贵宾室卫生间可喷洒少量空气清新剂,贵宾用的毛巾要进行消毒。贵宾室客运员要提前将灯、空调、电视打开,备足开水、泡好茶。

(3)贵宾室客运员要确保相关备品齐全,使用状态良好,迎接、引导贵宾进入贵宾室后进行供水服务。

(4)贵宾室客运员要随时关注危险隐患,做好普通旅客的引导工作,防止普通旅客的行进路线与贵宾的行进路线产生交叉,警惕一切可疑情况。

(5)贵宾室客运员要及时掌握列车运行情况,随时答复贵宾提出的与列车运行相关的问题。按贵宾指示,不需要工作人员在室内时,可关门后到门口立岗。

(6)接待任务结束后,贵宾室客运员立岗恭送贵宾,客运值班主任将贵宾送到站台乘车。

(7)贵宾室客运员检查有无贵宾遗留的物品并通知保洁人员清理环境卫生。

七、安检作业流程

(1)安检引导员负责对进站旅客所持的车票及证件进行实名制审核,查验“票、证、人”是否相符。若相符,请旅客接受安全检查;若不相符,则拒绝其进站并告知旅客相关的政策规定。

(2)安检引导员引导旅客将携带品自行按顺序摆放在传送带中间以接受安全检查,向旅客宣传安全常识及携带危险品进站上车的危害性,确保旅客在接受检查时不堵塞安检通道。

(3)旅客通过安全门发生报警时,安检身检员使用手持式金属探测器对旅客进行身体的全方位探查,手持式金属探测器报警时对应的部位要进行触摸检查,防止旅客携带(藏匿)危险品或违禁品。身检作业要严格遵守“男不检女”的规定。

(4)安检身检员自上而下、从左至右、从前至后采取仪器与手工相结合的方式进行身体检查,采取眼睛观察和手触摸的方法排除疑点。对肩胛、胸部、腋下、腰部、臀部、裆部、大小腿内侧、脚踝,以及上下衣口袋、裤兜等部位进行重点检查。

(5)检查完毕后,对没有携带危险品和违禁品的旅客给予放行;对检查中发现的携带危险品及违禁品的旅客,应当区别情况处理,对明显存在藏匿、夹带危险品和违禁品意图的旅客,应当视为故意藏匿,交公安民警依法处理;属于其他非故意情况的,进行宣传教育。

(6)安检值机员通过安检仪,准确甄别旅客携带包裹内的物品,对危险品、违禁品和管制器具等物品进行辨别,发现可疑物或疑似危险品时,立即通知安检处置员进行开包检查。

(7)安检处置员对疑似装有危险品、违禁品的包裹进行开包检查。手工开包检查时一般由旅客自己打开包裹,安检处置员查看包裹内的物品是否属于危险品或违禁品,无法判明性质时可拒绝旅客携带不明性质的物品进站上车。

(8)在检查中严格执行“手工开包、女包女检”的规定。手工开包检查要从外到内、从上到下,逐一检查每件物品,以排除疑点。包裹内的物品要轻拿轻放,检查完毕后逐个复原。

(9)安检处置员对查出的危险品进行处置时,要认真填写危险品检查登记簿和暂存危险品登记簿,详细登记危险品的发现时间、地点,查获人的姓名,旅客的姓名、性别、联系电话、查获物品的品名等相关信息,由旅客签字确认放弃后,在物品上粘贴便笺(便笺记载查获人的姓名、发现时间、旅客的姓名等信息)。要妥善保存危险品检查登记簿、暂存危险品登记簿。

(10)对查出的管制器具等危险品,立即交由公安人员处理,同时填写违禁物品收缴单。

课堂随练

一、单项选择题

1. 检票口客运员在列车开车前20分钟列队到达检票口，每组闸机（　　）人，检查检票闸机、自动感应门、扶梯、检票显示屏等设备的状态。

A. 2　　B. 3　　C. 4　　D. 5

2. 列车开车前15分钟，旅客服务系统播放开始检票广播，每（　　）循环播报一次，检票显示屏显示开始检票信息，客运值班员核对检票闸机操作终端是否处于检票状态。

A. 2分钟　　B. 3分钟　　C. 4分钟　　D. 5分钟

3. 列车开车前（　　），旅客服务系统播放停止检票广播。

A. 2分钟　　B. 3分钟　　C. 4分钟　　D. 5分钟

二、填空题

1. 售票作业要严格执行相关作业标准，即：问、输、收、做、核、交。其中“核”，主要是指要核对票面上的__________是否一致和__________是否正确，发现票号不一致的车票或证件号码错误应及时改正。

2. 售票员办理现金购票作业流程时，需将所收票款按面额分类，放入抽屉。百元票款达到__________时，将百元票款锁入保险柜。

三、判断题

1. 办理现金购票作业时，需要按计算机显示的金额收取票款，并使用验钞机验证大面额票款的真伪，向旅客唱报所收票款数额。（　　）

2. 站台客运员需就重点旅客与列车长进行重点交接。站车交接要认真仔细，不漏项，手续齐全，列车长签字即可。（　　）

单元6.4　车站服务礼仪规范

知识目标

掌握铁路车站客运各岗位服务礼仪规范的相关要求。

能力目标

能够在牢记旅客服务质量规范、掌握各岗位职业技能的基础上，在为旅客服务的过程中展现职业礼仪风范，为旅客提供优质的精神服务。

素质目标

树立铁路客运服务理念,具备从事铁路车站客运服务工作的相关基本素质。

案例导学

最美巾帼奋斗者
——湖南省三八红旗集体:长沙南站贵宾室芙蓉花青年班组

长沙南站贵宾室芙蓉花青年班组是专门从事客运工作的基层一线集体。这支充满朝气的队伍,在长沙南站成立短短2年多的时间中,坚持“沟通从心灵开始,用微笑点亮服务”的理念,全面推进优质服务建设,取得了令人为之侧目的优异成绩。他们主要采取了以下措施。

1. 理念指引方向,奠定文明服务基础

芙蓉花青年班组从转变员工思想观念入手,认真做员工的思想工作,通过召开座谈会、谈心活动等方式,端正员工的服务态度,培养员工爱岗敬业的理念。班组对照高速铁路的新标准、新要求,积极创新服务理念,视旅客需求为铁路客运服务工作的第一追求,把旅客的需求作为一切工作的出发点和落脚点。

2. 建章建制规范员工的从业行为

对人员进行定岗、定责,对每一服务流程和每一个环节的每一项工作做出具体规定,制定出明晰的工作职责,明确了相应的管理权限和责任,做到人尽其才,各尽所能,以各项规章制度的完善和细化来规范员工的服务行为。实行五星级服务,以此不断提升服务水平和服务质量。

3. 加大服务支撑,强化服务意识

为了使服务精神发扬光大,车站对班组全体人员进行了全方位的培训,通过参加军训、学习仪容仪表、化妆、礼仪等课程,全面提升了他们的团队意识和个人能力。与此同时,车站加大了对工作场所的硬件投入,对贵宾通道进行了重新装修、增配了小型安检仪、自动售(取)票机等,满足了重点旅客的各项需求。

4. 实施细节管理,提升服务质量

“细节决定成败”,在细节上狠下功夫,用严格的流程控制、细致的服务管理,使优质服务在这里深入人心,成为每个人的自觉行为。员工结合本岗位的工作特点,围绕预约、进站、候乘、送车等内容总结了一套适用于自身的八字服务法(“迎、问、勤、洁、灵、静、听、送”),做到“五个服务”(主动服务、站立服务、微笑服务、敬语服务、灵活服务),讲好服务“五声”(到站有欢迎声、离站有告别声、表扬有致谢声、欠安有慰问声、自身工作不足有道歉声)。同时坚持首问负责制,一站到底,从进站安检开始到上车,都安排人员进行全程服务。

贵宾室芙蓉花青年班组热情礼貌又严肃认真的真诚服务获得了来往旅客的广泛赞誉和一致认可,也获得了各级领导的充分肯定。

在中国高速铁路飞速发展的今天,长沙南站贵宾室芙蓉花青年班组一直坚持向旅客传达“沟通从心灵开始、用微笑点亮服务”的理念,致力于为旅客提供专业、快捷、灵活的高品质服务。近年来,他们一共接待了重点旅客 10000 多人/次,完成各类任务 8000 余次,收到旅客表扬信 100 余封,锦旗 20 面,没有发生过任何差错和旅客投诉。2016 年被评为长沙市“三八红旗集体”,2019 年被评为湖南省“工人先锋号”,2017 年、2018 年连续两年获得广铁集团青年文明号称号。

(资料来源:澎湃新闻网)

[案例启示]

树立服务理念、强化服务意识、规范服务细节,是芙蓉花青年班组取得成功的关键,由此可见,对车站客运服务岗位服务礼仪进行规范化管理,有利于提升服务质量,获得旅客认可。

必备知识

铁路车站服务分为有形服务和精神服务。有形服务如车站售票、检票、广播宣传、卫生清扫、出站引导等,而精神服务指铁路车站客运服务人员在工作过程中带给旅客的精神感受。铁路车站客运服务人员提供的精神服务表现在工作人员的仪容仪表、言谈举止、工作态度、职业道德、个人修养等多个方面。

一、售票服务礼仪规范

售票车间由多个岗位组成,如进款、票库、计划管理、窗口售票等。其中窗口售票员是直接与旅客接触的岗位,其在售票过程中的服务礼仪是否到位,直接影响着旅客对铁路售票工作的评价。

(1)窗口售票员上岗时应穿统一制服。穿着铁路制服要整洁、得体、规范;鞋袜、领带等要佩戴整齐;胸卡、肩章等服务标志要正确佩戴在指定位置。男士窗口售票员不留长发胡须,女士窗口售票员发不过肩,不披头散发。

(2)窗口售票员坐姿应规范,售票时应用亲切、音量大小适中的声音向旅客问好,同时准确地为旅客售票。如遇售票高峰,应用简练的语言配合熟练的电脑操作,快捷而准确地售票,以减少旅客排队等候的时间。

(3)售票时,应做到热情周到。对反复问话、耽搁较多时间的旅客,不要表现出厌恶情绪,不能对旅客说:“到底买不买?不买别碍事!”或者干脆说:“没有了!卖完了!不知道!”把旅客打发走,这会给旅客留下极坏的印象。严禁与旅客发生口角,否则会对铁路企业形象带来严重损害。

(4)如果旅客没听清自己所讲的话,应加大一点音量并稍加解释。如果听不清楚旅客所讲的话,可以把纸笔递给他,让他把相关要求写在上面,以免误售车票。

(5)客流量较大、票额紧张、某车次车票已售完时,应替旅客着想,向旅客推荐其他车次,可对旅客说:“对不起,××车次已售完,但去往××方向的还有××次车,时间都差不多,您可以考虑一下。”或者说:“对不起,去往××方向的车票已全部售完,您可以选择在××中转。”

二、安检服务礼仪规范

实名制验证及“三品检查”工作对于维护车站及列车安全有着至关重要的作用,不得有丝毫怠慢。许多旅客在安检的过程中经常会有不耐烦、不理解的情绪,因此安检工作须更加重视服务礼仪规范。

(1)安检引导员应采用规范的站姿立岗,使用文明用语,请旅客主动出示有效身份证件及车票,同时主动伸手帮旅客把大包、重包放到安全检测仪上或抬到桌上进行检查。

(2)根据客流情况对旅客予以分流,以便旅客能够尽快接受安检。引导前一位旅客安检的同时,提醒下一位旅客做好准备,以加快安检工作速度。

(3)安检过程中,对旅客携带物品有疑问时,安检处置员不要当着其他旅客的面检查包内的违禁品,应把包拿到处置台进行开包检查。

(4)安检处置员查包时态度应和蔼,使用文明用语,查包时对旅客的包裹要轻拿轻放,以免损坏。同时应尽量由旅客自行打开,女包女检。安检处置员查包时,应有公安人员在场监督。

(5)安检处置员若发现违禁品,应保持平和的心态,耐心、和蔼地向旅客详细指出哪些物品属于违禁品,及时将违禁品没收,严禁旅客将违禁品带进站、带上车。若未发现违禁品,应当立即对旅客的支持表示感谢。

(6)安检处置员查包完毕后,要将包内物品按照原来的摆放顺序复原并拉好拉链,再主动将包裹交给旅客。

(7)安检身检员使用手持式金属探测器对旅客进行全方位探查,对手持式金属探测器报警时所对应的部位要进行触摸检查,要严格执行“男不检女”的规定。

(8)如果因安检各岗位人员工作不慎而损坏了旅客的物品,要立即向旅客赔礼道歉同时承担赔偿责任。

(9)安检完毕后,应向旅客表示感谢,说:“对不起,给您添麻烦了,祝您旅途愉快,再见。”

三、检票服务礼仪规范

(1)检票口客运员应及时掌握列车运行情况,积极配合车站广播室及时、准确、清楚地通告列车运行情况,语言温和、语速适中,让旅客做到心中有数。

(2)检票时应组织好检票秩序,提前在检票口挂出指示牌并通过电子引导装置将检票信息不间断地显示。可采取分段检票、分行检票等方式组织检票,使检票作业井然有序安静、文明。

(3)检票时,应做到“一看,二唱,三剪下”,动作要干净利落。与旅客对话时,要注意微笑面对旅客,说话语气要平和,吐字要清楚,态度要和蔼。注意使用文明用语,对旅客说:“您好,请出示您的车票。”

(4)如果发现个别旅客扰乱检票秩序,应用和蔼的语气劝阻他:“对不起,这位先生(女士)请您排队检票。”切记大声呼喊、训斥、推搡旅客,对于少数屡劝不止的旅客,必要时可以用手或身体挡在他的前边,态度严肃、语气坚定地进行劝阻。

(5)如果几个旅客的票全由一人拿着,而这个人又走在最后面,可委婉地说:“请问几位的车票在谁手中?别着急,让我先核对一下车票再走,好吗?”

(6)检票后,主动把车票递到旅客手中,不要等旅客到你手中来取。交还车票时可以说:“拿好您的车票,请慢走。”

(7)停检后,遇匆忙赶来的旅客应制止其强闯检票口,同时用和蔼亲切的语气,耐心地予以安慰,可帮助旅客出主意:“先生(女士),您别着急,您改乘××次列车同样可以到达。您可以去售票处办理改签手续。”切不可对旅客刻薄、生硬地埋怨,甚至冷嘲热讽。

四、问询服务礼仪规范

问询处是旅客求助的中心,应为旅客提供整洁明亮的问询环境和设施先进的问询设备。问询处尽量采用“开放式”的设计,让旅客与铁路客运服务人员面对面进行交流,有条件的车站还应安装触摸式电子查询设备,供旅客自助查询。另外,问询处还应提供丰富的问询资料供旅客翻阅。

(1)问询处客运员应统一穿着铁路制服,衬衣下摆不外露,制帽、职务标志佩戴规范(女士问询处客运员还可佩戴白手套、头花);头发整齐,精神饱满,面带微笑,服务期间采用标准站姿。男士问询处客运员不留胡须,不佩戴任何金银首饰和装饰品,女士问询处客运员不化浓妆。

(2)旅客走来时,应面带微笑地正视旅客并彬彬有礼地问上一句:“您需要帮助吗?”这有利于消除旅客的焦虑和不安情绪,双方可在融洽的氛围中交流。

(3)其他岗位人员面对旅客询问时,应热情地回答旅客的提问。各岗位人员在车站内行走时遇到旅客问询,应停下脚步,面带微笑,关切地问旅客:“先生(女士),您有什么事需要我帮忙吗?”

(4)面对旅客的询问,应正视旅客,全神贯注地倾听。注意不要随便打断对方的问话,让对方把话讲完。需要插话时,应当在对方讲话告一段落后再进行。不要直接否定对方的讲话,更不要“抬杠”,如果没有听清旅客的问话应说:“对不起,请您再说一遍,好吗?”

(5)回答询问时要使用普通话,音量大小适中,语气要温和、耐心、愉快,回答内容要准确。应注意对旅客一视同仁,不以貌取人,以丰富的业务知识和自己的热情与真诚来赢得每一位旅客的信任。当旅客向客运服务人员表示感谢时,应微笑并谦逊地回答:“不用谢,这是我应该做的。”

(6)解答旅客询问,不知道的事项或不确定的事项不要信口开河,也不能敷衍应付旅客;应严格执行“首问首诉”负责制的规定,解答或解决问题直到旅客满意为止,做到问询工作的有始有终。

(7)当旅客咨询站外地点的方位时,如果你知道,应清楚、详细地告诉对方怎样走,必要时可以画一张路线图。

(8)问询处客运员在问询服务中,应做到百问不厌,百问不倒。熟练掌握本岗位业务基础知识,多总结、多积累其他相关岗位的业务知识,对交通、旅游、购物、餐饮、住宿、医疗等相关延伸知识也应多收集、多了解,这样才能更好地为旅客服务,想旅客之所想,急旅客之所急,做到“问不倒,问不恼”。

(9)如果有多位旅客咨询,应从容不迫地一一作答,不能只顾一位旅客,冷落了其他旅客。凡是答应旅客随后再做答复的事,一定要守信用,适时做出答复。

五、候车大厅服务礼仪规范

铁路车站候车大厅应保持整洁明快、清新高雅的候车环境,为此应讲究卫生宣传的艺术,让旅客自觉维护环境卫生。旅客候车的过程中,铁路客运服务人员在为其提供候车服务时,要注意以下礼仪规范:

(1)遇到乱扔垃圾、破坏公物的旅客,要用文明的语言进行劝阻,让旅客感受到你对他的尊重。

(2)在劝阻吸烟旅客时,要和颜悦色地说:“对不起,先生,本站是无烟车站,请您到站外吸烟,好吗?”然后利用手势为其指明方向,请求其配合。

(3)通过广播宣传相关规定时,忌使用生硬的语气,如“根据××部门的规定,一不准……,二不准……,否则罚款。”这种生硬的语气让人听后感觉很不舒服,甚至会使旅客产生逆反心理。

(4)可利用广播、电子指示屏等途径,进行候车服务引导,及时告知、引导旅客提前到达指定的候车、检票地点。特殊情况下,高速铁路车站客运服务人员可走到旅客的身边,主动迎候旅客,随时为他们提供服务,指引他们前往准确的检票口,这会让旅客感到铁路客运服务人员训练有素、值得信赖。

(5)在候车厅中,由于旅客较多,为便于排队检票,应把握“三条线”,即两边椅子上坐着的旅客成两条线,中间过道上摆放的行李成一条线,这样给人整齐划一、井然有序的感觉。

六、贵宾室服务礼仪规范

(1)对贵宾的服务应有度,既给服务对象足够的空间,又不能让服务对象感到不适。若贵宾不需要贵宾室客运员留在室内,贵宾室客运员可在贵宾室门外等候。

(2)引导贵宾时,一般走在贵宾前方左侧,与贵宾保持1米左右的距离,自己走道边缘,让贵宾走中间,避免背部挡住贵宾视线。拐弯时,要先放慢步伐或停下来,并以手势配合说:“请这边走。”走到阶梯处或有门槛的地方要提醒贵宾注意,说“请留意”或“请当心”。

(3)针对贵宾的服务语言要突出“礼”字,具体要求如下:

①待客三声:来有迎声(主动问候),问有答声(有问必答,按时回答,如实回答),去有送声。

②待客“四个不讲”:不尊重对方的语言不能讲;不友好的语言不能讲;不客气的语言不能讲;不耐烦的语言不能讲。

(4)和贵宾相遇时应立即起身、面带微笑、主动问候。在和贵宾交谈时,应首先主动介绍自己,表情要自然,面带微笑。声音的好坏不仅在于音质,更在于说话人的态度、语气和语速,要采用明确而亲切的说话方式。

七、出站服务礼仪规范

旅客到站后,出站工作成为铁路客运的最后一步。铁路车站客运服务人员贴心的服务、文明的礼仪,将会为旅客的旅行画上圆满的句号。出站服务主要由铁路车站站台客运员和出站口客运员承担。

(1)多数旅客刚下车时很难辨别方位,除通过广播适时宣传引导外,站台客运员应在刚下车旅客的身边,随时为旅客指明正确的出站方向,指示方向时四指并拢,掌心向上。

(2)站台客运员应保持出站通道的宽敞、明亮和站台的平坦、干净,积极疏导出站人群,对一些携带品较多或行走不便的旅客,应主动帮助、搀扶,以保证出站队伍井然有序,下车旅客快捷出站。

站台客运员帮旅客拿行李要得到旅客的允许并走在旅客身边,与旅客保持同速,以免被旅客误解。

(3)出站口客运员在出站口查验车票时,应着装整洁、精神饱满地站在岗位上,向旅客微笑致意,同时主动伸手去接车票,不要等旅客把车票递到自己的身前才去接,更不能让旅客把车票举到自己的眼前,这样做是对旅客的不尊重。

(4)旅客索要车票用于报销时,应及时将车票交还旅客。注意不要毁坏印有票价的部分。对旅客不要的车票,应及时收回,以免流失。

(5)发现旅客没有车票想混出车站时,不应大喊大叫、尖酸刻薄地训斥、挖苦,也不要用力拉拽或推搡旅客,可以用手或身体礼貌地挡住他,声音平和、语气委婉地请他到补票处去补票。

(6)遇见儿童超高须补票的情况,一定要先量儿童的身高,确定儿童超高再办理补票手续。测量儿童身高要先征得家长的同意,千万不可自行拉儿童去测量身高。发现超高儿童时,可以主动走到儿童的身旁,弯下腰关切地问:“你叫什么名字?今年多大了?从哪里来呀?”以消除儿童的害怕和紧张情绪。征得家长同意后,可以拉着儿童的手说:“小朋友,叔叔(阿姨)领你去量一下身高好吗?”如果儿童确实超高了,就应跟他的家长说:“您看,您的孩子非常健康,已经长这么高了,该买成人票了。”

(7)补票时,应和颜悦色地用通俗易懂的语言描述相关的补费规定并准确地说出应收费用,该补多少就补多少,不能含糊其词。向旅客解释的时候态度要耐心、亲切,不可表现出傲慢或不耐烦的情绪。

(8)旅客没钱补票或不愿意补票时,应注意避免与旅客争吵,更不能拿旅客的物品做抵押或接受旅客的赠品。遇上蛮不讲理的旅客,可把他请到值班室,耐心和蔼地向他解释相关规定,等到他心平气和时再补票(补费)。必要时可请公安人员出面处理问题,尽量避免与旅客产生摩擦,激化矛盾。

课堂随练

一、填空题

1. 窗口售票员坐姿应规范,售票时应用__________、__________的声音向旅客问好,同时准确地为旅客售票。

2. 安检处置员查包时态度应和蔼,使用文明用,查包时对旅客的包裹要__________,以免损坏。

3. 安检处置员查包时,应有__________在场监督。

4. 如果因安检各岗位人员工作不慎而损坏了旅客的物品,要立即向旅客__________,同时__________。

5. 检票时应组织好检票秩序,提前在检票口挂出指示牌并通过电子引导装置将检票信息不间断地显示,可采取__________、__________等方式组织检票,使检票作业井然有序,安静、文明。

二、判断题

1. 售票时,对反复问话、耽搁较多时间的旅客,可以对旅客说:“到底买不买? 不买别碍事!”。 ( )

2. 客流量较大、票额紧张、某车次车票已售完时,售票员应替旅客着想,向旅客推荐其他车次。 ( )

3. 安检过程中,对旅客携带物品有疑问时,安检处置员可当着其他旅客的面检查包内的违禁品,把包拿到处置台进行开包检查。 ( )

模 块 小 结

本模块主要介绍了铁路车站客运服务礼仪的基本内容、特点及基本要求。通过本部分的学习,广大铁路客运服务人员可以对铁路车站客运各岗位的服务质量规范、作业流程及标准、服务礼仪规范有更加深刻的了解,有利于我们在日常的工作中合理地实施,做到在为旅客服务的过程中有礼有节,既具备熟练的岗位服务技能,又具备良好的铁路客运服务礼仪风范。

达标检测

一、多项选择题

1. 旅客问询时,面向旅客站立(售票员、封闭式问询处工作人员办理业务时除外),做到( )。

A. 目视旅客 B. 有问必答 C. 回答准确 D. 解释耐心

2. “四不放”指的是( )。

A. 车票、有效证件、本人不符不予放行

B. 公免票区间不符、无签证不放行

C. 不是当日有效车票不予放行

D. 未持有效站内作业证件或证件与本人不符不予放行

二、填空题

1. 检票员应组织持磁介质、软质车票旅客分别在__________和__________排队检票。

2. 检票员应对持软质车票的旅客进行__________核对，核对无误后加剪软质车票。

3. 客运人员在解答旅客询问时，面向旅客，站立回答，做到有问必答，答必正确，实行__________重点负责制。

4. 与失主办理物品交接时，信息核对准确，做到不__________、__________。

5. 安检身检员检查时应顺应身体的形状，__________、__________、__________，通过触摸、按压，以及手持式金属探测器进行检查，用手探的方法检查藏匿的物品。

6. 停检后，检票口客运员在检票口值守，对当日当次未上车旅客，阻止其进站，并引导其到售票处办理__________手续。

7. 出站口客运员在验票的同时要关注检票闸机的使用状态，发现问题及时处理，个人无法处理的问题，立即向__________报告。

8. 安检处置员对疑似装有危险品、违禁品的包裹要进行__________。

9. 安检时，对查出的管制器具等危险品，立即交由__________进行处理，同时填写违禁物品收缴单。

10. 检票时，应做到__________，动作要干净利落。

11. 解答旅客询问，不知道的事项或不确定的事项不要信口开河，也不能敷衍应付旅客。应严格执行“__________”负责制的规定，解答或解决问题直到旅客满意为止，做到问讯工作的有始有终。

12. 贵宾室客运员引导贵宾时，一般走在贵宾前方左侧，与贵宾保持大概__________的距离。

三、判断题

1. 女性可双手四指并拢，交叉相握，左手叠放在右手之上，自然垂放于腹前。 (　　)

2. 银行卡购买的车票退票时退票款可退现金。 (　　)

3. 站台客运员应在列车开出后及时清理站台滞留人员，维持好站内安全秩序。 (　　)

4. 进站人员应有序通过安检通道，安检通道内同时接受安全检查的人数不超过两人。 (　　)

5. 对辨别不清的物品及包裹应进行复查。 (　　)

6. 安检时执行“男不检女”的规定。 (　　)

7. 开包检查时，应尽量请旅客自行打开包裹。 (　　)

8. 手工开包检查时一般由安检处置员打开包裹，查看包裹内的物品是否属于危险品或违禁品，无判明性质时可拒绝旅客携带不明性质的物品进站上车。 (　　)

9. 在出站口，旅客没钱补票或不愿意补票时，出站口客运员应注意避免与旅客争吵，可以拿旅客的物品做抵押或接受旅客的赠品。 (　　)

四、简答题

1. 车站客运服务礼仪的基本要求有哪些？

2. 车站窗口售票员、检票口客运员、站台客运员、出站口客运员、问讯处客运员、贵宾室客运员、安检客运员的服务质量规范要求有哪些？

3. 铁路车站售票窗口作业流程是怎样的?
4. 始发列车站台作业流程是怎样的?
5. 终到列车站台作业流程是怎样的?
6. 出站口验票基本流程是怎样的?
7. 试简要描述铁路车站各岗位服务礼仪规范。

技能训练

车站客运服务礼仪

1. 训练目的

(1)通过实训更好地掌握本单元的理论知识。

(2)提高运用相关知识解决实际问题的能力。

(3)提高对铁路车站客运服务工作重要性的认识。

(4)提升个人礼仪素养。

2. 训练内容

(1)分小组设置情景,自行编排礼仪情景剧,要能反映铁路车站客运各岗位真实工作情境,体现岗位服务技能及服务礼仪规范的要求。

(2)出场后先由同学介绍剧情及设计思路;实际演练过程中,老师可以临场发挥,如增设模拟角色或任务;演练结束后,老师可以与全体同学一起对小组的演练情况进行评论。

3. 考核标准

根据实训要求,采取学生和师生共同评分的办法,根据每次实训的成绩积分,得出最后成绩。该分数主要在综合实训结束时体现,记入最后学期考核中。

(1)实训考核共分为三部分综合评价:

①态度(20%):参与的积极性、主动性等。

②知识的掌握(30%):对各种日常交往礼仪的礼仪规范的掌握程度。

③知识的迁移(50%):运用相关理论解决实际问题的能力。

(2)车站客运服务礼仪考核评分表见下表。

礼仪情景剧表演评分细则

项目(分值)	要求及评分标准	细分项目分值	得分
剧本要求(20分)	1. 主题突出,反映铁路客运车站服务工作特色	5	
	2. 内容丰富,涵盖铁路车站旅客运输三个及以上服务工作环节(至少包含一个特殊重点旅客服务环节)	10	
	3. 基调积极,彰显铁路客运人性化服务要求,具有一定的感召力	5	
剧情设计(30分)	1. 编排完整,兼有铁路客运常规服务和特殊服务,体现服务效果	10	
	2. 设计合理,符合铁路客运车站服务工作实际,情节紧凑、逻辑清晰,体现以人为本的服务理念	10	
	3. 创作规范,处理旅客问题的方式方法符合铁路客运服务标准,体现主动性、灵活性和礼仪素养要求	10	

续上表

项目(分值)	要求及评分标准	细分项目分值	得分
表演能力(40分)	1. 服务用语普通话标准,口齿清晰,使用铁路客运服务标准用语,语言生动、形象,富有感染力	10	
	2. 人物形象塑造到位,表演流畅,富有表现力,铁路客运服务人员动作和表情符合铁路客运服务规范,准确表达主题内容	15	
	3. 道具、背景音乐运用恰当合理,符合铁路客运服务场景和剧情发展的要求	5	
	4. 铁路客运服务人员妆容、服装造型符合铁路客运服务质量规范	5	
	5. 表演过程完整,表演结束有致谢,现场效果好	5	
表演时间(10分)	4~5分钟以内,满5分钟停止比赛,少时或超时30秒内扣10分	10	
合计		100	

模块 7　列车乘务服务礼仪

课前导读

铁路客运是服务性工作,铁路客运服务是由票务和多个站车服务环节等组成的流动、连续的过程。对广大铁路客运服务人员来说,规范优雅的服务礼仪能够展示员工的外在美和内在修养,能够更容易拉近与旅客的距离,提高旅客的满意度和忠诚度,提升铁路的企业形象,实现铁路优质服务品牌的增值。

单元 7.1　乘务礼仪

知识目标

1. 掌握列车乘务员的仪容仪表,以规范的着装服务旅客;
2. 掌握列车乘务员的行为规范;
3. 掌握各种服务用语。

能力目标

1. 能用良好的职业形象服务广大旅客;
2. 能用规范的服务用语服务旅客;
3. 表现出良好的职业素养。

素质目标

1. 全面了解各种规范的服务用语并学以致用;
2. 能在职业场合表现出良好的职业形象;
3. 每个同学务必认真练习服务用语,并分组进行情景模拟。

案例导学

曾经,中国铁路南宁局集团有限公司南宁客运段官方微博发布一则说明,就“女医生高铁上救人,结果却被索要医师证”一事致歉。

据介绍,3 月 17 日,D3563 次 3 号车厢一名男性旅客陈某突发疾病,列车工作人员紧急通过广播寻医，陈医生听到广播后第一时间赶到现场，对旅客进行积极救治，旅客转危为安。

南宁客运段称，为了留存与救治相关的资料，列车工作人员征询陈医生是否有医师资格证等证件，并对周围旅客、救治过程留下有关文字及影音资料。出示医师资格证并非规定的程序，留存联系方式和现场救治情况主要是便于后续医院更好的救治。

南宁客运段表示，在处置过程中，列车工作人员未向陈医生做好沟通解释，造成了误解，在社会上产生了不良影响，反映出对突发状况考虑不周、处置方式欠妥的问题。

对此，南宁客运段向积极参与救治的医生及广大医务工作者致歉。

[想一想]

南宁客运段为什么会向积极参与救治的医生及广大医务工作者致歉？其根本原因在哪里？

必备知识

铁路客运岗位分工明确，不同的岗位所负责的工作内容也不相同。但在礼仪方面大的方向还是一致的，各岗位人员需要在上岗前做好一切准备，佩戴职务标志和工号牌，做到仪表整洁、仪容端庄；工作中，态度和蔼，面带笑容，精神饱满，思想集中，业务熟练，工作有序，讲求效率。除此之外各岗位的礼仪规范在细节方面的要求还是有所不同的。

一、仪容仪表

仪容仪表主要包括列车工作人员的容貌、举止、姿态、风度等。在和旅客日常交往的过程中，列车乘务人员的仪容仪表最直接地呈现在旅客面前，不但会引起旅客的特别关注，而且会影响旅客对铁路的整体评价。在某种程度上，仪容仪表也是铁路职工的道德修养、文化水平、审美情趣和文化修养的外在表现，如图7-1所示。

图7-1　乘务员仪容仪表规范

在服务过程中，铁路客运服务人员的仪容仪表是一个不容忽略的重要因素。良好的仪容仪表能给人留下美好的第一印象，同时也是礼貌和自尊的表现。仪容受两个因素的影响：一是本人的先天条件；二是本人的修饰维护。

铁路客运服务人员在修饰与维护本人的仪容时，重点应放在面部修饰、肢体修饰、发部修饰、化妆修饰、着装等几个方面。

（一）面部修饰

铁路客运服务人员在自己的工作岗位上时，必须对自己面部的修饰予以高度的重视，要使之洁净、卫生、自然。

1. 洁净

铁路客运服务人员在当班时，要保持面部干净、清爽，养成勤于洗脸的良好习惯，切勿疏忽眼角、鼻孔、耳后、脖颈等处。

2. 修饰

(1)眉部：眉形要美观、优美，对残眉、断眉、竖眉、“八字眉”，或是过淡、过稀的眉毛要进行修饰。

(2)眼部：眼部要清洁，及时除去眼角上出现的分泌物。如果眼睛近视，上岗时应佩戴隐形眼镜。

(3)耳部：耳部要清洁，及时进行耳部的除垢，不要在工作岗位上掏耳垢。

(4)鼻部：鼻孔要清洁，避免当众以手去擤鼻涕，挖鼻孔，乱弹鼻垢，更不要用力将其吸入腹中。有鼻涕时，应避开人群及服务场所，用手帕或纸巾进行辅助清理，不要发出过大声响。

(5)口部：口腔要清洁，为防止口腔异味，工作前应当避免食用有刺激气味的食品（主要包括葱、蒜、韭菜、烈酒以及香烟等）；春秋季节要做好唇部修护，防止开裂、起皮，避免嘴角残留异物。男性乘务人员上班前要剃须，切忌留有胡须上岗。

（二）肢体修饰

1. 手臂的修饰

(1)不要蓄长指甲。

(2)不要涂彩指甲，或者在指甲上进行艺术绘画。

(3)不要腋毛外露。

2. 腿脚的修饰

(1)勤换袜子。铁路客运服务人员除了应勤洗脚外，还必须勤换袜子。

(2)勤换鞋子。在穿鞋子前，务必要细心清洁好鞋面、鞋跟、鞋底等处，使其一尘不染。

铁路客运服务人员应注意：不要光腿，不要光脚，不要露趾。

（三）发部修饰

为了确保自己的发部整洁，维护本人的完美形象，铁路客运服务人员必须自觉地对自己的头发进行清洗、修剪和梳理。

1. 女性铁路客运服务人员

(1)每天保持头发干净，有光泽，无头皮屑。

(2)短发最短不得短于两寸，长发最长不得过肩，刘海应保持在眉毛上方，禁止留奇异发型。

(3)任何一种发型都应梳理整齐,使用发胶、摩丝定型,不得有蓬乱的感觉。

(4)头发应保持黑色或自然棕黄色,不得使用假发套。

(5)发夹、发箍、头花应为无饰物黑色(见图7-2)。

2. 男性铁路客运服务人员

(1)每天保持头发干净,有光泽,无头皮屑。

(2)发型要得体,轮廓分明,头发应梳理整齐,使用发胶、摩丝等定型,不得有蓬乱的感觉。

(3)头发两侧鬓角不得超过耳垂底部,后部不长于衬衣领,不遮盖眉毛、耳朵,不烫发,不留胡须。

(4)不得剃光头、烫发和剪寸头。

(5)头发应保持黑色或自然棕黄色,不得使用假发套(见图7-3)。

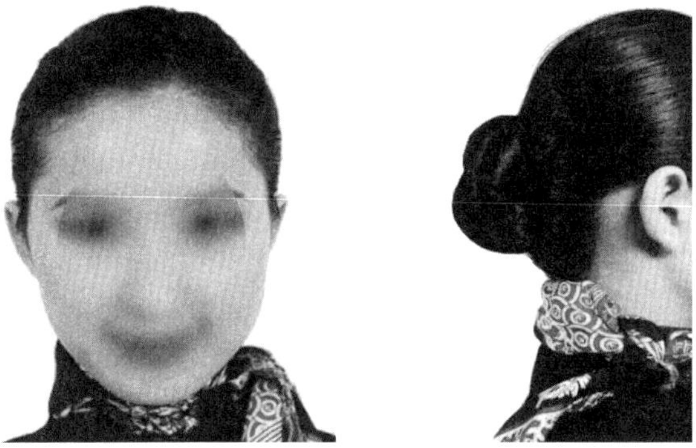

图7-2 女性乘务员发型

图7-3 男性乘务员发型

(四)化妆修饰

1. 化妆的基本原则

铁路客运服务人员在铁路客运服务工作中,一般都应适当地化妆,即"化妆上岗,淡妆上岗"。铁路客运服务人员化妆应遵循淡雅、简洁、适度、庄重和避短的原则。

(1)淡雅:要求铁路客运服务人员在工作时一般都应当化淡妆。淡妆即淡雅的妆容,亦即人们平时所说的自然妆。

(2)简洁:铁路客运服务人员的岗位化妆,应当是一种简妆,并非盛妆。

(3)适度:铁路客运服务人员的工作妆必须适合自己本职工作的实际需要,而且一定要切记化妆的度要适当。

(4)庄重:铁路客运服务人员的化妆应以庄重为主要特征。一些社会上正在流行的化妆方式,不宜为铁路客运服务人员在上班时所采用。

(5)避短:铁路客运服务人员在化妆时要扬长避短,弥补自己的不足。

2. 女性铁路客运服务人员

(1)当班前,必须按标准化淡妆,工作中保持妆容美观,端庄大方。补妆及时,应在洗手间或乘务间进行。不浓妆艳抹。

(2)唇线的颜色应与口红颜色一致,不得使用珠光色口红和不健康色的口红。

(3)眉毛应修剪秀丽、整齐,其颜色要与发色接近,眉笔应使用黑色、深棕色的。

(4)使用眼影,颜色应与制服颜色一致。

(5)画眼线时,颜色应使用黑色、深棕色。妆容如图7-4所示。

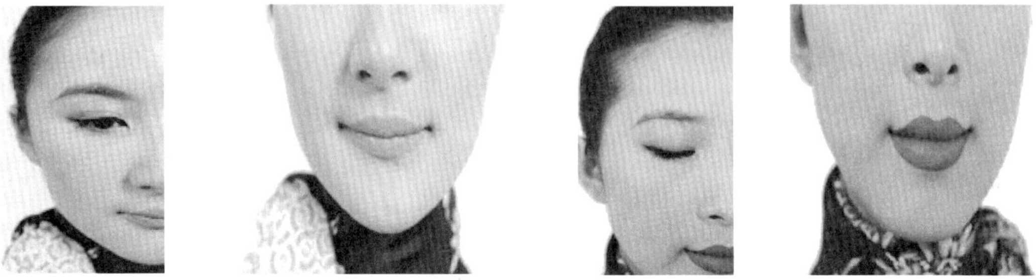

图7-4　女乘务员化妆要求

(6)使用香水时,以清香、淡雅型香水为限,不可过香、过浓。可喷口香剂保持口气清新。

(7)双手要保持清洁健康,指甲修剪整齐美观,长度不超过指尖2毫米,不染彩色指甲。

(8)可涂透明色指甲油,但不得有脱落现象。

3. 男性铁路客运服务人员

(1)不得留胡须。

(2)双手要保持清洁健康,手指不得有抽烟留下的熏黄痕迹。指甲应保持清洁,修剪整齐,无凹凸不平的边角,长度不超过手指尖2毫米。

(3)工作中始终保持手和面部的清洁。

(4)可喷口香剂保持口气清新。

(五)着装

1. 女性铁路客运服务人员

(1)基本要求

衣着合体,不得随意改变制服款式。制服应洗净,熨烫平整,无污渍、斑点、皱褶、脱线、缺扣、残破、毛边等现象。制服上下不得佩戴任何饰物;着制服当班时,必须佩戴职务标志。在非工作时间,除集体活动外,不得穿制服出入公共场合和乘坐列车。

(2)夏装着装要求

连裤袜的颜色应统一为肉色或浅灰色,不得出现破洞和抽丝等现象。统一佩戴领花或丝巾,制服上装每天都需水洗。不得将笔插放在衣兜内。

(3)春秋装、冬装着装要求

外套、上衣、裙子、裤子的纽扣和拉链等应扣好、拉紧。统一佩戴领花或丝巾。裤装必须干净、平整、有裤线,不可有光亮感。穿着风衣、大衣时,须扣好纽扣,系好腰带。穿着外套、风衣、大衣时,必须戴工作帽,但在车厢、室内、送餐时可不戴。

(4)穿着围裙要求

餐饮服务人员服务时应穿着围裙。穿着围裙的时间为服务餐饮之前;脱围裙的时间为收完食品包装物后。穿、脱围裙的时间必须一致。保证围裙干净、平整、整齐，穿戴完毕后应互相整理。围裙结一律系蝴蝶结状。

2. 男性铁路客运服务人员

(1)基本要求

衣着合体，不得随意改变制服款式。制服应洗净，熨烫平整，无污渍、斑点、皱褶、脱线、缺扣残破、毛边等现象。制服上不得佩戴任何饰物；着制服当班时，必须佩戴职务标志。袜子的颜色应统一为深蓝色或黑色。在非工作时间，除集体活动外，不得穿制服出入公共场合和乘坐列车。

(2)夏装着装要求

统一佩戴领带，衣领上的扣环必须扣好，上衣应束于裤内。裤子必须保持干净、平整、有裤线、不可有光亮感。制服必须每天清洗。

(3)春秋装、冬装着装要求

袜子每天更换。外套、上衣、裤子的纽扣拉链等应扣好、拉紧。统一佩戴领带，衬衣的衣袖不得卷起。穿着风衣、大衣时，须扣好纽扣，系好腰带。外露的皮带为黑色。穿着外套、风衣、大衣时，必须戴工作帽，但在车厢、室内时可不戴。

(六)佩戴职务标志要求

佩戴职务标志，胸章牌(长方形职务标志)戴于左胸口袋上方正中，下边沿距口袋1厘米处(无口袋的戴于相应位置)，包含单位、姓名、职务、工号等内容。佩戴臂章时，菱形臂章佩戴在上衣左袖肩下四指处。按规定应佩戴制帽的工作人员，在执行职务时戴上制帽，帽徽在制帽折沿上方正中。除列车长外，其他客运乘务人员在车厢内作业时可不戴制帽。(见图7-5)

图7-5 乘务员着装规范

(七)皮鞋

皮鞋款式应简洁朴素，不得有任何装饰物，保持光亮无破损。不赤足穿鞋，不穿尖头鞋、拖鞋、露趾鞋，鞋跟高度不超过3.5厘米，跟径不小于3.5厘米。

(八)饰物

(1)必须戴走时准确的手表，手表款式、颜色简单不夸张，宽度不得超过2厘米，不得系挂怀表。

(2)只可佩戴一枚设计简单的金、银或宝石戒指。

(3)女性铁路客运服务人员可佩戴发夹、发箍或头花及一副直径不超过3毫米的耳钉。不得佩戴耳环、耳坠等。

(4)男性铁路客运服务人员不准佩戴任何饰物。

(5)不歪戴帽子。

二、行为举止

(一)乘务员仪态的基本要求

1. 站姿

基本要求:挺胸收腹,双肩下沉,颈部要正,收下颚,身体自然挺直,面带微笑。

女性乘务人员:双脚并拢右脚略向后,脚尖分开成"丁"字形,双手四指并拢,交叉相握,右手叠放在左手之上,自然垂于腹前(见图7-6)。

男性乘务人员:双脚分开与肩同宽,脚尖略向外张,双手放在身后,左手半握拳,右手握左手手腕处(见图7-7)。

图7-6 女性乘务员站姿

图7-7 男性乘务员站姿

2. 坐姿

基本要求:入座前,腿与座椅应有30厘米的距离;就座后,上身挺直,略向前倾,不得斜肩、倾背、抱胸、曲腰或闭目,不得打趣、开玩笑和直接面对旅客整理个人仪容仪表,注意保持专业化坐姿和良好精神面貌。

女性乘务人员:右手轻抚后裙摆,手心向上游,左手自然放在身体一侧,坐下后右脚略向前移,左脚跟上,双膝、双脚并拢,大小腿之间成不小于90度的夹角,双手五指并拢自然放在腿上。

男性乘务人员：坐下后，双脚略分开，膝关节分开与之同宽，双手五指伸直或轻握拳放在双腿之上。

3. 行走

基本要求：挺胸收腹，颈部正直，目视前方，身体自然挺直，双臂自然摆动。女性乘务员常见的走姿为“一字步”，即双脚内侧在同一直线上行走(见图7-8)；男性乘务员常见的走姿是“平行步”。其要领是双脚各踏出一条直线，使之平行，步伐快而不乱，与女士同行时，男士步子应与女士保持一致。不左右摇摆，脚步不可过重、过大、过急(特殊情况除外)。

女性乘务员在旅客周围巡视时，双手可自然相握，抬至腰间。

行走要礼让，与旅客走对面时要主动停下，伸手示意让路，不与旅客抢道。

铁路客运服务人员集体进行出站时，要列队行走(见图7-9)，女士在前，男士在后，列车长或客运值班员在队列左侧中后部同步行走。

图7-8 女性乘务员走姿

图7-9 列队行走

携带箱包行走时，拎(背)包或拉箱时，应队列整齐，步伐统一，箱(包)应在同一侧。

4. 取拾物品

在较低位置取拾物品时，不得弯腰，必须下蹲(见图7-10)。

下蹲时，一腿在前一腿在后，女士双腿并拢，男士双腿可适度分开。腿高一侧的手轻扶在膝盖上，腿低一侧的手用来取拾物品，背部尽量保持自然挺直，轻蹲轻走，直蹲直起。

5. 上举

要求：手臂上举时要做到姿态优雅；必要时，可踮起后脚跟以增加身体的高度。(见图7-11)

6. 鞠躬

鞠躬时应面带微笑，双脚并拢，脚尖略分开，女士双手交叉相握，右手叠放在左手之上，男士双手贴于裤缝线，四指并拢，头颈背自然成一条直线，上身抬起时，要比向下弯时稍慢些；视线随着身体的移动而移动，视线的顺序是：旅客的眼睛—脚—眼睛。

(1)当与旅客交错而过时，应面带笑容，可行15度的鞠躬礼(见图7-12)，以表示对旅客的礼貌及打招呼。

(2)迎送客和还礼时,身体鞠躬为30度(见图7-13)。

(3)给旅客道歉时,身体鞠躬为45度(见图7-14)。

图7-10 取拾物品

图7-11 上举

图7-12 15度鞠躬

图7-13 30度鞠躬

图7-14 45度鞠躬

7.指示方位

指示方位时应五指并拢,小臂带动大臂,根据指示距离的远近调整手臂的高度,身体随手的方向自然转动,目光与所指示的方向一致(见图7-15);收回时,小臂向身体内侧略成弧线自然收回。切忌用单个手指指示方位。

8.面部表情

微笑时,嘴角微翘,嘴唇微启,表情直诚、自然。

女性铁路客运服务人员的微笑要甜美(见图7-16),男性铁路客运服务人员的微笑要亲切。

9.端拿递送

(1)服务时面带微笑,和旅客有适当的语言交流和眼神交流。

(2)端托盘时,双手端住托盘的后半部分,大拇指握紧托盘内沿,其余四指托住托盘底部;托盘的高度应在腰间以上胸部以下,托盘端平,微向里倾斜;托盘上放置的物品不应过高,以不超过胸部为宜(见图7-17)。

(3)拿东西时,应轻拿轻放。拿水杯时,应该一手握住水杯把(无把手水杯应拿水杯的下1/3处),一手轻托水杯底部。

(4)递送东西时,应站在旅客的正面与之成45度角的地方,双手递送;递送东西应到位,当对方接稳后再松手(见图7-18)。

图7-15　指示方位

图7-16　端盘

图7-17　微笑

图7-18　递送

(二)具体服务岗位礼仪的运用

1. 候车时的动作礼仪

着装规范统一,讲话声音要小,手势要少要轻,切记不可开玩笑打闹,站姿、坐姿要符合专业化形象标准,保持自己的良好形象,不得当着众人补妆或修饰面容,如需要应到卫生间或工作间进行。

2. 迎宾送客的动作礼仪

旅客登车或下车时,应在车厢门口相应的位置迎接或送别(见图7-19),常用的行礼方式有鞠躬礼(见图7-20)、挥手礼(见图7-21)等。

图7-19　立岗迎客

3.引导旅客的动作礼仪

引导旅客时应五指并拢,手心微斜,指出方向,而且应走在旅客一两步之前,让旅客走中央,自己则走在走廊的一边;上下楼梯、电梯时,引导旅客走在楼梯栏杆的一侧,自己应靠近墙壁走;乘坐电梯要让旅客先上,下电梯时,按完开门开关说声“请先走”,等旅客走出之后自己再下去;开门和关门时,用靠近把手的手拉门,站在门旁边开着门引导,自己最后进屋,转身把门关上。

图7-20　鞠躬礼

图7-21　挥手礼

三、服务用语

乘务人员使用服务用语时应遵循“态度热情、用语文明、表达准确清晰、使用普通话”的基本原则。

在服务时应注重语言沟通,尊重旅客,礼貌热情。讲话时应注意音量适当,用语准确得体,简洁清晰,根据不同的服务对象和服务场合使用适当的称呼。在服务用语上,车站客运服务人员要谈吐文雅、语言轻柔、语调亲切甜润,音量适中,讲究语言艺术。

在值乘时必须使用“请”“您好”“谢谢”“对不起”“再见”等文明用语;做到“请”字当头,“谢”字随口,讲普通话。

(一)汇报用语

在列车门口遇有领导时,应说“领导您好,欢迎检查指导”。乘务作业在车厢两头遇有领导时,必须进行一分钟汇报:“领导您好,欢迎检查指导,我是本车厢列车员,胸章号码××号,车厢标准定员××人,现有人数××人,重点旅客在×号,我已为他提供了重点服务;治安联防队员在××号座,到站为终点站;本车厢设施齐全完好。下面将按程序作业,请领导多指示。”

（二）开门用语

在列车门口要说好三句话，“您好”“欢迎乘车，请出示车票”“请勿带危险品上车，谢谢”。

（三）迎宾词

当列车开出后，乘务员要致迎宾词：“各位旅客，大家好，欢迎大家乘坐本列车，本次列车是由××开往××的列车，我是本车用乘务员，胸章号码××号，在旅途中我将服务在大家周围，旅客们有什么困难和要求，请向我提出，我会尽力帮助大家解决。本车厢为无吸烟车厢，需要吸烟的旅客请到车厢两头的连接处，旅客们对我们的服务工作有什么意见和要求，请您写在意见簿上，以便我们改进，更好地为大家服务，最后祝大家旅途愉快、一路平安。下面请大家把茶杯准备好，我们将为您送水泡茶，谢谢。”

（四）送水用语

旅客们，现在为大家供应茶水，需要开水的旅客请您把茶杯准备好。

（五）整理行李架及车帽钩时的用语

旅客们，为了大家旅途安全和车厢的美观，下面我将进行行李架和衣帽钩的整理，请大家予以配合，谢谢。

（六）检查危险品时的用语

旅客们，为了保证您的旅行安全，列车是不能携带危险品的，下面我们将进行危险品检查，请旅客们给予协助，谢谢。

（七）验查车票时用语

旅客们，我们为了了解大家的去向，更好地为大家服务，下面我们将进行去向登记和验查车票工作，请大家把车票准备好，谢谢。

（八）劝阻车内旅客吸烟用语

先生，对不起，我们车厢是不吸烟车厢，为了您和他人的身体健康，保持车内空气清新，请不要吸烟，谢谢。

（九）到站通报用语

旅客们，列车前方就要停靠××站，到××站时间为××：××，到××的旅客，请提前做好下车准备，谢谢。

旅客们，××站就要到了，请你们整理好行李物品，在车厢门口等候下车。

（十）清扫卫生宣传用语

旅客们，为了给您创造一个舒适、整洁的旅行环境，我将要进行卫生清扫工作，请大家给予协助，谢谢。

（十一）卧铺熄灯宣传用语

旅客们，晚上好，为了保证大家夜间充分休息，本车厢就要熄灯了，会客的同志，请回到自己的车厢或铺位去，请大家给予协助，谢谢。大家晚安！

（十二）选联防队员宣传用语

旅客们，为了更好地维护本次列车的治安秩序，保证大家的旅行安全，现在我们选本车厢的治安联防队员。请大家给予配合，谢谢。

（十三）终到宣传用语

各位旅客，列车前方站是本次列车的终点站××车站，请大家将行李物品准备好，不要将东西遗忘在车上。一路上大家对我们的工作给予了大力支持，我向大家表示感谢，欢迎下次再乘坐我们的列车。最后，请大家带着美好的祝福下车，把宝贵的意见留给我们。谢谢。

（十四）广播用语

列车广播应及时转播新闻联播，根据旅客编排的其他广播节目应符合旅行特点，健康、轻松、活泼、亲切。

课堂随练

一、填空题

1. 各岗位人员需要在上岗前做好一切准备，佩戴__________和工号牌，做到仪表整洁、仪容端庄。

2. 短发最短不得短于__________，长发最长不得过肩，刘海应保持在__________上方，禁止留奇异发型。

3. 客运服务人员的头发应保持黑色或自然棕黄色，不得使用__________。

4. 双手要保持清洁健康，指甲修剪整齐美观，长度不超过指尖__________，不染彩色指甲。

5. 胸章牌（长方形职务标志）戴于左胸口袋__________，下边沿距口袋__________处（无口袋的戴于相应位置）。

二、判断题

1. 在某种程度上，仪容仪表也是铁路职工的道德修养、文化水平、审美情趣和文化修养的外在表现。（　　）

2. 在非工作时间，除集体活动外，不得穿制服出入公共场合和乘坐列车。（　　）

3. 佩戴臂章时，菱形臂章佩戴在上衣左袖肩下三指处。（　　）

4. 迎送客时和行还礼时，身体鞠躬为45度。（　　）

5. 在较低位置取拾物品时，不得弯腰，必须下蹲。（　　）

单元7.2　列车乘务员服务礼仪程序及标准

知识目标

1. 掌握列车乘务员的发车准备作业程序；
2. 掌握列车乘务员的始发站作业标准；
3. 掌握列车乘务员的列车途中作业标准；
4. 掌握列车乘务员的终到及折返作业标准。

能力目标

1. 能用良好的职业形象服务广大旅客；
2. 能用规范的服务用语服务旅客；
3. 表现出良好的职业素养。

素质目标

1. 全面了解各种规范的服务用语并学以致用；
2. 能在职业场合表现出良好的职业形象；
3. 每个同学务必认真练习服务用语，并分组进行情景模拟。

案例导学

国航重庆乘务员做客铁路局　服务礼仪亲示范

空中乘务员和列车乘务员同属于交通运输行业的服务人员。据报道，受成都铁路局重庆客运段之邀，中国国际航空股份有限公司（Air China Limited，简称“国航”）重庆分公司客舱服务部青年文明号与成渝和谐号动车组40名列车员进行了面对面的交流，并对列车员的乘务礼仪进行了指导。

活动中，乘务员向列车员讲授了以“微笑服务，阳光心态”为主题的服务理念，并就客舱中的真实案例进行分析，向列车员们讲述了如何与旅客互动，如何有效化解矛盾等服务技巧。

此外，乘务员还向列车员们介绍了站、坐、蹲、走的仪态规范，化妆、着装等仪容仪表要求以及握手、鞠躬、问候、交谈等语言技巧，还现场做起了示范。

有着多年飞行经历和培训经验的乘务员魏某表示：“成渝和谐号动车组邀请分公司乘务员参加此次交流活动，旨在参照国航的服务标准，将成渝动车组乘务员打造成活力、热情的专业形象，这表明我们的服务得到了同行的认可。作为被参照的标准，也给我们自身的服务规范提出了更高的要求。”据了解，成渝和谐号动车组将于7月中旬开始运行，列车上乘务员的新式制服将和空姐制服非常相近。

[想一想]

铁路局为什么要参照国航的服务标准？该从哪些方面入手？

必备知识

列车乘务员的工作简单地说主要是将旅客平安地从 A 点运送到 B 点，其间提供与旅客购买车票相符的等级服务。列车乘务员的工作并不像人们想象的那么轻松，相反是很辛苦的。他们的工作繁杂而且要求工作中特别注意服务礼仪的运用和规范。列车乘务服务礼仪要求礼仪从上岗前开始。

一、发车准备作业

列车乘务员在上岗前要做好仪容仪表的自我检查工作，着统一服装，佩戴职务标志，做到仪表整洁、仪容端庄，女性乘务员应淡妆上岗。

二、始发站作业

（一）普速列车乘务员作业标准

列车乘务员始发作业服务礼仪包含的内容有：列车乘务员迎客礼仪、列车乘务员服务礼仪规范等。

1. 列车乘务员迎客礼仪

为了能为旅客创造一个舒适的乘车环境，列车乘务员要遵循一定的服务礼仪。旅客上车时，人群拥挤或者某些旅客还夹杂着些紧张不安，这时如果列车乘务员彬彬有礼地迎接旅客，并以语言与行动维持良好的秩序，能够给旅客带来温馨的感觉。

（1）整理着装

在旅客上车前检查整理个人卫生并按规定穿戴好制服、制帽，佩戴好路徽和服务标志，系好衣扣，做到“四不”：不穿高跟鞋，不歪戴帽子，上不翻出内领，下不露出衬衣。

（2）开门上岗

值班列车乘务员在列车广播预告放行旅客后，锁闭厕所，打开车门，抹净扶手，悬挂活动顺序号牌，面向旅客来向在车厢门外站立并向旅客致敬。

（3）迎客上车

列车乘务员在车厢门外组织验票和查禁危险品（主要查禁“三品”：易燃、易爆、有毒物品），迎接旅客上车。对老、弱、病、残、幼旅客进行搀扶，主动为旅客介绍座席、卧铺位置；引导旅客对号入座并安排好重点旅客。

（4）安排座次

当旅客上车后，值班列车乘务员应在车厢内做好服务工作，安排座席、卧铺，以保证旅客按号就座，协助旅客安放携带物品，保持良好的秩序。开车前 5 分钟通知、提醒送客人员或上错车的旅客下车。

(5)铃响站线

当发车铃响后停止上车，摘掉活动牌，放下脚踏板；车动锁门，并面向站台敬礼；列车出站台，四门检查，打开厕所门。

2.列车乘务员服务礼仪规范

发车铃响站线、铃停登车、取下车厢顺序号牌，翻起脚踏板，站立车门，观察站台动态。

车动锁门，面向站台致注目礼至出站。

开启厕所，自我介绍并致迎宾词。常用迎宾词为："各位旅客大家好，欢迎大家乘坐本次列车，本次列车是由××开往××的列车，我是本车厢乘务员，胸章号码是××，在旅途中我将服务在大家周围，旅客们有什么困难和要求，请向我提出，我会尽力帮助大家解决。最后祝大家旅途愉快，一路平安！"

整理车厢内行李架上的物品摆放秩序，提醒衣帽钩不要挂衣帽以外的物品。相应用语为："旅客们，为了大家旅途安全和车厢的美观，下面我将进行行李架和衣帽钩整理，请大家予以配合，谢谢！"

宣传禁烟规定。常用语是：本车厢为无烟车厢，需要吸烟的旅客请到车厢两头的连接处。旅客们对我们的服务工作有什么意见和需求，请您写在意见簿上以便我们改进，更好地为大家服务。

进行重点旅客登记。

为旅客送开水，送水礼貌服务用语为："旅客们，现在为大家供应茶水，需要开水的旅客请您把水杯准备好。"

(二)动车组列车乘务员作业标准

第一步：提前2小时到派班室报到，接受命令指示，确认当日承担乘务情况，整理仪容仪表，检查移动补票机、对讲机等设备、资料。具体内容如下：

(1)参加出乘任务布置会，接受列车长布置重点工作。

(2)检查携带物品情况。

(3)参加业务学习，接受列车长业务抽考。

(4)检查对讲机、补票机、站车无线交互系统等设备性能。

(5)整理制帽、胸卡、头饰、皮鞋、制服及乘务箱、车钥匙等。

(6)列队集合。

第二步：列车到达前15分钟列队由列车长带领到站台接车。在列车中部车厢列队接车，与对班班组办理交接。具体内容主要有：

(1)乘务员迅速将乘务厢按规定定位，一人负责四节车厢，对安全锤、灭火器、安全乘降梯、过渡板、耳机设备设施进行检查。

(2)检查灭火器铅封、指针、有效期。

(3)检查垃圾箱、卫生间、洗面间、座席下、行李架上、大件行李处。

(4)检查车内清扫备品、座便垫、消毒条、服务指南、清洁袋、洗手液等消耗品的配备数量和定型情况。

(5)整理头枕片、定型网袋内的杂志、服务指南、清洁袋等物品。

(6)整理、定型备品,存放处物品进行分类放置。

(7)发现问题通知列车长处理。

三、列车途中作业

(一)普速列车乘务员作业标准

列车行进途中作业服务礼仪包含内容有:列车行进中、列车到站前、列车到站停车、列车启动后、到达终点站等。

1. 列车行进中

向旅客提供应需服务,做好重点旅客的服务,及时送开水,做好车厢内的清洁工作。清扫卫生宣传用语为:“旅客们,为了给您创造一个舒适、整洁的旅行环境,我们将进行卫生清扫工作,请大家给予协助,谢谢!”

根据气温变化,调整空调车车厢内温度,确保车厢内温度适宜,创造舒适的乘车环境。

及时掌握车厢内的旅客情况,耐心解答旅客提出的问题。

协助查验车票。查验车票时的常用语是:“旅客们,为了了解大家的去向,更好地为大家服务,下面我们将进行去向登记和查验车票工作,请大家把车票准备好,谢谢合作。”

2. 列车到站前

及时向旅客通告站名、到达及开车的时间,提醒旅客不要忘记随身携带的物品,组织好旅客提前到门口等候下车。到站通报用语为:“旅客们,列车前方就要停靠××站了,到站时间为××点××分,到××站的旅客,请提前做好下车准备,谢谢!”“旅客们,××站就要到了,请您整理好行李物品,在车门口等候下车。”

提前3分钟冲洗厕所和锁闭厕所。

列车进站提前到达车厢门口,打开安全锁,面向站台致注目礼。

3. 列车到站停车

列车进站停稳后打开车门,悬挂好车厢活动顺序号牌,打开翻板,擦净扶手,车门立岗。

照顾旅客下车,礼貌地向旅客道别。

对上车旅客进行验票,引导旅客登车。

发车铃响站线、铃停登车、取下车厢活动顺序号牌,翻起脚踏板,站立车门,观察站台动态。

4. 列车启动后

车动关锁车门,面向站台致注目礼至出站台,放好车厢活动顺序号牌,检查车门锁闭情况。重新开启厕所,整理车容。

5. 到达终点站

提前进行车厢的全面清扫整理,并向旅客通告。终到宣传用语为:各位旅客,列车前方站是本次的终点车站,请大家将行李物品准备好,不要把东西遗忘在列车上。一路上大家对我们的工作给予了大力支持,我向大家表示感谢,欢迎下次再乘坐我们的列车。最后请大家带着美好的祝福下车，把宝贵的意见留给我们，谢谢！

按规定时间提前锁闭厕所。列车进站，提前到车厢门前等候，面向站台致注目礼。

列车进站停稳后打开车门，悬挂好车厢活动顺序号牌，打开翻版，擦净扶手，车门立岗。

照顾旅客下车，礼貌地向旅客道别。

旅客都离开后，再次进行车厢内务整理。

(二)动车组列车乘务员作业标准

1. 开车后列车员服务工作

(1)检查车门关闭状态及行李摆放情况，做好重点旅客服务

①列车出站检查车门关闭状态，按分工巡视车厢。

②广播致欢迎词，介绍列车设备设施、服务及沿途简况。

③检查行李摆放情况，提醒并协助旅客将大件行李及铁器、锐器等不适宜放在行李架上的物品放在大件行李存放处。

④安排重点旅客。

(2)根据售票信息核对座位

根据列车长提供的售票信息，对分管车厢从小号车厢起，核对空余座位，发现乘车条件不符的人员，通知列车长处理。

(3)车内卫生情况随时进行清理

及时检查卫生间及洗面间的洁净程度。检查督促、协助保洁人员做好卫生保持工作。具体要求如下：

①为重点旅客提供服务。

②对车内的小桌和垃圾随时进行清理。随时检查卫生间及洗面间的卫生情况、消耗品的使用情况，保证列车卫生纸和消耗品的使用。

③对车厢内的卫生随时进行整理。

④检查途中保洁作业情况，督促保洁人员保持卫生质量。

(4)巡视车厢时随时解答旅客的问询，协助餐服人员做好餐饮供应

①运行中每半小时巡视车厢一次，随时解答旅客问询，向旅客介绍设备设施的使用方法，适时对旅客进行安全提示、禁烟宣传。

②用餐时间协助餐服人员做好供应。

③遇有旅客点餐时要及时通知餐车服务人员。

2. 中途停车列车员服务工作

提前5分钟通告站名，提醒下车旅客。

协助重点旅客做好下车准备。

列车停车时按照始发立岗位置立岗，及时观察左右车厢旅客下车情况，遇有车门故障时，及时通知车长并组织旅客从其他车门下车。

观察旅客乘降情况，及时通知列车长。

开车后对上车旅客进行车票查验。

3. 列车终到前列车员服务工作

终到站前5分钟广播宣传,提醒旅客做好下车准备。具体工作内容如下:

(1)巡视车厢,唤醒休息的旅客。

(2)检查督促保洁人员全面恢复车厢卫生。

(3)协助重点旅客乘降。

(4)按照规定位置出场,列车进站面带微笑行注目礼。

四、终到及折返作业

(一)普速列车乘务员作业标准

(1)提前1小时进行终到作业,提前10分钟锁闭厕所。

(2)全面清理车内卫生,做到“三不带”。

(3)卧车到站前换发车票,收回卧铺牌。

(4)列车进站面向站台行注目礼,确认站台,试开车门(塞拉门除外,试开车门时开启车门缝隙不超过10厘米,确认车门状态良好后立即关闭),停稳开门,脚踏板卡簧入槽。高站台放置渡板、悬挂警示带,擦手把杆,帮助重点旅客下车。

(5)旅客下车完毕后按规定投放垃圾。

(6)检查旅客遗失物品,发现遗失物品交列车长处理。

(7)将使用后的卧具分别包好,放在指定位置。

(二)动车组列车乘务员作业标准

(1)列车到站后,向旅客道别。发现问题及时通知列车长。

(2)按照车厢分工,从上到下,迅速检查有无旅客遗失品。按照行李架、窗台、座位、书报袋、座席下、盥洗室、卫生间的顺序检查旅客遗失品。

五、退乘作业

(1)整理服务备品。

(2)办理交接。

(3)参加退乘会,听取列车长当趟乘务工作总结。

(4)在列车长的带领下列队退乘。

课堂随练

一、填空题

1. 列车乘务员在上岗前要做好仪容仪表的自我检查工作,着__________,佩戴职务标志,做到仪表整洁、仪容端庄,女乘务员应__________上岗。

2. “三品”是指易燃、易爆和__________。

3. 普速列车开车前__________分钟通知、提醒送客人员或上错车的旅客下车。

4. 动车组列车到达前__________分钟列队由列车长带领到站台接车。

5. 动车组列车运行中每__________巡视车厢一次，随时解答旅客问询，向旅客介绍设备设施的使用方法，适时对旅客进行安全提示、禁烟宣传。

二、判断题

1. 普速列车乘务员应根据气温变化，调整空调车车厢内温度，确保车厢内温度适宜，创造舒适的乘车环境。（　　）

2. 动车组中途停车时提前3分钟通告站名，提醒下车旅客。（　　）

3. 普速列车提前1小时进行终到作业，提前10分钟锁闭厕所。（　　）

4. 乘务员应及时掌握车厢内的旅客情况，耐心解答旅客提出的问题。（　　）

5. 乘务员应及时向旅客通告站名、到达及开车的时间，提醒旅客不要忘记随身携带的物品，组织好旅客提前到门口等候下车。（　　）

三、实操题

分组进行情景的模拟再现。每组任选以下情景中的任意一个进行现场演练。

情景一：始发作业服务程序及标准。

情景二：途中作业服务程序及标准。

情景三：终到及折返作业服务程序及标准。

单元7.3 车容礼仪

知识目标

1. 掌握设备设施应该达到的卫生标准；
2. 掌握服务备品应该达到的卫生标准；
3. 掌握库内车容整备标准；
4. 掌握车容整备质量要求。

能力目标

1. 能做好设备设施的卫生工作；
2. 能做好旅客车厢与餐车的卫生工作；
3. 能主动学习车容整备质量标准。

素质目标

1. 全面了解列车内各种设备设施的卫生要求；
2. 切实维护好列车干净整洁的卫生形象。

案例导学

武汉客运段开展列车卫生专项整治　不断提高列车卫生质量

干净、整洁的车厢是旅客上车后的第一印象，在服务旅客创先争优活动中，武汉客运段从列车卫生整治入手，着力抓好乘车环境这一服务基础性工作，努力为旅客营造良好的旅行环境。

该段及时组织客运乘务车间及保洁公司负责人召开列车卫生保洁专项整治工作会议，共同就库内、折返站、始发站、途中和终到站卫生保洁工作进行研究、讨论，明确保洁与车班之间的管理责任，制定出详细的考核标准，同时，对列车卫生工作进行全面的部署和安排，决定开展为期一个月的列车卫生专项整治活动，重点对保洁作业、贴身卧具更换、乘务员卫生清扫作业、卫生管理制度的落实等方面进行整治。

为确保整治活动取得实效，该段乘务科成立专项检查小组，分别前往武昌、汉口、武汉站、宜昌、襄阳、信阳各地，对库停、始发、途径、终到的各趟列车卫生质量进行明察暗访，提出整改意见，从凌晨4点开始到晚上11点，检查小组人员轮流值班，所属列车一趟不漏。

通过开展为期一个月的卫生专项整治活动，进一步规范了各项卫生管理制度的落实，从源头上解决了该段目前各次列车卫生质量不高的问题，力求达到列车环境卫生得到较大提升，确保实现"五消灭、四做到、一实现"，即消灭途中车厢垃圾成堆、消灭厕所异味和积便、消灭三间一档的烟头和垃圾、消灭终到列车带垃圾入库、消灭空调和通风口污渍；做到列车出库卫生质量100%达标、做到列车本地出库卧具100%更换、做到列车出库卫生100%鉴定和交接、做到异地终到折返卫生100%基本达标；实现各次列车卫生质量基本达标。

[想一想]

武汉客运段为什么要开展列车卫生专项整治活动？成效如何？车容整理时又该以什么样的标准进行？

必备知识

一、设施设备

(一)旅客车厢设备设施

车厢内：四壁、顶棚、空调通风口、各类标志干净，无灰尘；衣帽钩、行李架干净，无灰尘；茶几、桌面无垢、无灰尘，清洁干净；果皮盘、无杂物、无垢、无灰尘；车窗玻璃、窗框、车窗端门玻璃、车内灭火器(座)、暖管罩、紧急制动阀、安全锤、温度计、镜框边沿、报架干净无灰尘。

地面：干净无垃圾、无粘胶痕迹、死角无积垢、无积水；地毯干净，表面和下部无杂物。

连接处：地面干净、无积水，两车厢间的缝隙无杂物；风挡、扶手干净，烟灰盒倾倒干净、外部干净，无灰尘。

通过台：四壁干净，无灰尘、边角无积垢；地面金属压条明亮、见本色，无积水；车门翻板干净，翻板下无杂物。

盥洗间：四壁、顶棚干净，镜框玻璃干净、光洁；盥洗间地面冲洗干净，无杂物；洗漱台、洗脸池干净、无积水。

揭挂备品：各类安全标志牌干净，无灰尘；区间牌、内外顺序号牌干净，无污垢，无掉漆，纸质区间牌粘贴规范、平整、不歪斜；揭示镜框边沿干净无灰尘、无积垢；报架干净无灰尘。

卫生间：门窗、顶棚、四壁干净，无污垢；洗手盆干净，见本色；便池冲刷干净，无尿垢，无异味；地面冲刷干净，无污垢。

铺位及边坐：铺位套、边座套干净，平整，铺缝无杂物；底部、托座干净，见本色，无污垢；上、中、下铺靠背板壁、铺壁顶板、卧铺扶梯、脚踏板、扶手、铺腿、底脚干净，无污垢。

（二）餐车设备设施

长途旅客列车一般在卧铺车与硬座车之间编挂有餐车。餐车分为餐厅、厨房和储藏室三部分。餐厅内设有活动餐桌12个，双面四人式固定餐椅10把，单面两人式固定餐椅4把。定员为48人。厨房设备主要有电冰箱、冰柜、炉灶、烤箱、锅炉、煤箱、洗碗池、碗柜、储料箱等。储藏室分别用来存放烟酒、糖茶、米面蛋、干鲜蔬菜以及其他食品等。餐椅下部为柜式落地，坐垫可掀起，放下时可上锁，可供贮藏餐料之用。

餐厅顶部为两条光带照明，两侧饰带板上装有壁灯，光线明亮柔和；中部为铝型材格栅出风口，美观大方，便于装拆清洗。两侧墙上装有衣帽钩24个，并设吸尘器插座两个。墙板为浅色格纹柔光塑料贴面板，顶板及饰带板为白色玻璃钢板。地板为景蓝色橡胶地板革，走道上铺设紫红色化纤地毯，配以暖色调的餐桌、餐椅，烘托出一种舒适高雅的用餐环境。餐厅一位端设样品橱两个，二位端设商品陈列柜一个。二位端还设有餐具桌、存放柜各一个，厨房间壁处设有递菜口。餐厅两端间壁上方还设有电子信息显示屏各一块。

二、服务备品

（一）旅客车厢

窗帘：列车始发窗帘必须定位挂放，出库前，列车员必须对窗帘进行整理定位，并做到左右帘折向相对，定位在窗框两边窗帘钩上。白色纱窗帘折叠后放置在靠餐车方向一端。

茶几：茶几台布平整、前侧呈三角形下垂约30厘米，用套绳固定。

卧具：枕头放棉被上，摆放整齐。硬卧下铺不摆放棉被，中、下铺棉被统一摆放在中铺，靠窗两床棉被与板壁平行，开口朝外，靠走廊一侧棉被与靠窗棉被成T字形摆放，开口相对；上铺棉被摆放于靠走廊一侧，与铺边平齐，开口朝外，呈一字形摆放。硬卧床单、被套、枕套等卧具原则上应全部装在洁净卧具袋内或装入消毒袋内存入卧具柜。

卫生间：卫生间内专用清洁用具定位在厕所门后，在离地面60厘米左右位置设挂钩，挂放后扫把离地5厘米左右较为合适，扫把把手上必须有“厕所专用”字样。厕所内手纸应放入手纸盒，手纸前端露出5厘米左右，折叠成三角形。

安全渡板：安全渡板因车型不同由车队统一规定摆放位置。

果皮盘：擦抹干净，摆放到位，硬卧车放于铺位间茶几中间靠窗户位置，字样朝过道方向。

（二）餐车

（1）餐桌布置台布、座椅套、商品价目表，做到质地良好整洁，美观大方。

（2）咖啡、茶、酒具、托盘，统一价格，无破损。

（3）电子点餐系统，作用良好。

三、车容整备标准

（一）库内车容整备

（1）与库内保洁人员按整备出库标准逐项进行鉴定验收。

（2）落放车窗，整理窗帘，茶具消毒。

（3）整理卧具，铺茶几台布，摆放列车服务指南、果皮盘、灌满开水的暖水瓶（配防倒架，直供电车开车水开后灌水）、不锈钢杂物桶、衣架、拖鞋。

（4）整理清扫工具、备品及业务台账资料。

（5）洗面间摆放洗手液（皂），厕所摆放芳香球、卫生纸、坐便器一次性坐垫，坐便器按规定消毒；锁闭厕所。

（6）接受列车长出库整备鉴定。

（7）列车出库前锁闭车门。

（二）车容整备质量要求

（1）车厢卫生达标，窗明几净，四壁无尘，无死角，边座椅套无污迹。顶棚、洗脸盆洁净。厕所洁净无异味，通风口无灰尘，面镜光亮无尘。垃圾桶洁净、套袋定位，通过台、连接处无污迹。锅炉间、工具柜内无杂物。茶桌腿、铺位腿无污垢。门框、窗框洁净，烟灰盒无烟头、烟灰。暖气管无积灰，清扫工具干净。

（2）全程铺地毯，揭示牌干净正确；卧具完整、清洁、铺放平展、折叠摆放整齐统一；水开瓶满；茶具消毒合格。

（3）备品摆放一致；清扫工具齐全，隐蔽定位，工具柜、卧具柜加锁；资料台账完整有效，填写清楚。

课堂随练

一、填空题

1. 长途旅客列车一般在卧铺车与__________之间编挂餐车。

2. 餐车分为餐厅、厨房和__________三部分。

3. 茶几台布平整、前侧呈三角形下垂约__________厘米，用套绳固定。

4. 列车始发窗帘必须定位挂放，出库前，列车员必须对窗帘进行整理定位，并做到左右帘__________，定位在窗框两边窗帘钩上。

5. 车容整备质量要求：备品摆放一致；清扫工具__________，隐蔽定位，工具柜、卧具柜__________。

二、判断题

1. 列车出库前应锁闭车门。（　　）
2. 安全渡板因车型不同由车队统一规定摆放位置。（　　）
3. 白色纱窗帘折叠后放置在靠卧铺车方向一端。（　　）
4. 硬卧车的果皮盘应放于铺位间茶几中间靠窗户位置，字样朝过道方向。（　　）
5. 车厢地面干净无垃圾、无粘胶痕迹、死角无积垢、无积水。地毯干净，表面和下部无杂物。（　　）

三、实操题

情景模拟：旅客车厢和餐车服务备品的准备。

每组以抓阄的形式选取旅客车厢或餐车进行服务备品的准备，要求严格按照服务标准进行，组员之间进行互评，然后教师再点评和总结。

单元7.4　餐车礼仪

知识目标

1. 掌握餐车服务规范；
2. 掌握餐车提供的商品种类；
3. 掌握餐车服务礼仪标准。

能力目标

1. 能严格按照餐车的服务规范服务广大旅客；
2. 能熟记餐车的商品种类，并进行实时促销；
3. 能以餐车服务礼仪标准严格要求自己。

素质目标

1. 全面了解餐车的服务规范，并按规范要求做好餐车服务；
2. 切实维护好餐车工作人员的礼仪形象；
3. 熟记餐车商品的种类，在旅客问询时能准确无误地提供促销服务。

案例导学

列车餐车工作人员贴心待旅客　真诚服务感动外地来兰老太

春节过后，70多岁的吴老太太独自搭乘从太原开往兰州的1095次列车。路途遥远，车上人多再加上腿脚不便,吃饭就餐成了很大的问题,餐车工作人员得知情况后将老人扶到餐车,并煮了可口热乎的面条,老人感动地流下了眼泪并感激地说:“你们真是铁路的好服务者!”

自从铁路系统开展服务旅客创先争优活动以来,太客1095次列车第二包乘组餐车工作人员为给旅客提供优质的服务,人人争先,干劲十足地努力工作。“我们的工作就是让来餐车就餐的每一名旅客吃得饱,走得好。”餐车工作人员合理分工,严把饭菜的卫生关,餐具的卫生关,把好消毒关,保证旅客安全用餐。

“就餐环境宾馆化,饭菜品种多样化,优质服务家庭化,饭菜价格实惠化”,这是1095次列车餐车工作人员为响应创先争优活动,自己提出的口号,也将它作为努力实现的工作目标。五个人负责全车几千人的饮食供应,春运期间,激增的旅客数量更是加大了工作人员的工作量,但是旅客满意的笑容和称赞不断激励着他们为更高标准的服务而努力。

[想一想]

吴老太太为什么会被感动?1095次列车有哪些服务措施值得提倡?

必备知识

一、餐车服务的规范

(一)礼节礼貌

(1)词语选择:以适当的词语迎接旅客、与旅客交谈、为旅客服务、向旅客道别,让旅客感到与服务人员的关系不是简单的商品买卖关系,而是一种有人情味的服务与被服务关系。

(2)餐车人员要谈吐文雅、语言轻柔、语调亲切,音量适度,讲究语言艺术。

(3)微笑服务。

(4)行动敏捷、轻快、优美、举止大方、不卑不亢。站立、行走要训练有素,符合要求。

(5)餐车工作人员在为旅客服务时,不允许出现下列不文雅的举止:吸烟、修指甲、剔牙、抠鼻、抓痒、挠头皮、打呵欠、伸懒腰和吃零食等。

(二)迎接、让座、斟茶

(1)旅客进入餐厅,服务员应主动迎接,根据不同时间用“您好”“早上好”“欢迎您就餐”等话语问候,辅以请坐手势,安排就座,并说“请坐”。

(2)旅客入座后,送上一杯开胃茶,斟茶时右手执壶,左手自然下垂或托盘,杯中茶水一般斟八分满为宜。

(三)介绍菜单、协助点菜

点菜时,主动送上菜单,热情介绍菜肴,必要时介绍菜肴的原料、配料、烹调方法及口味,或所属菜系,然后介绍菜肴的价格。旅客点菜完毕后,要逐一复诵,并询问旅客是否还有什么需要,开好点菜单,一联留给旅客,一联送厨房,一联作为存根。

如遇客多繁忙，无暇接待后到的旅客，要热情打招呼，做到人未到声先到，并说“对不起，请稍等，马上就来”，使旅客走进餐厅就感到亲切温柔。

（四）上菜

（1）上菜一律使用托盘，端托的方法为：左手掌伸平，五指分开伸直，指尖用力托起托盘后，将托盘的一角搁在小臂上，借助小臂的力量将托盘托平。

（2）上汤时主动为客人分汤，上带壳的食品要跟毛巾和洗手水。

（3）上菜时要报菜名，从客人就座的空隙处上，切不可从客人的头顶上越过。

（4）上菜要及时，不能让旅客久等，一般在点菜后 15 分钟送出第一道菜，30 分钟内上齐。旅客等候就餐时，要及时加茶水。

（五）用餐时服务

旅客用餐时，服务人员要注意斟水、换骨碟和烟灰缸，并主动询问是否要加菜、加酒水、加饮料。主动照顾好重点旅客和特殊旅客。做到有问有答，态度和蔼，语言亲切。

（六）送客

（1）旅客用餐完毕，服务人员要礼貌送别，诚心征求意见，对服务不周之处表示歉意。

（2）旅客离座时，要提醒不要遗落物品，并说“谢谢，欢迎您再来”“再见，欢迎您再次光临”等客气话。

（3）如因事不能抽身相送，也要打个招呼或招手注目致意，以示相送，切不可置之不理。

（七）善后

旅客走后服务人员应先看是否有旅客物品遗落，如有应立即交还旅客；如旅客已经离去，交列车长处理。清理桌面时，动作要轻、稳，尽量不发出大的声响，以免影响邻座旅客就餐。

地面清扫应等最后一批就餐旅客离开餐厅后再进行，扫地、拖地必须每餐后进行一次，扫拖完毕后将桌椅摆放原处，铺好台布。

二、餐车提供的商品

酒水类：啤酒、饮料、矿泉水等。

零食类：瓜子、花生、方便面、八宝粥等。

饭菜类：有盒饭，也可自行点餐。

面食类：各类面、粉。

各类特产：不同的线路销售的特产有差别。

另外，随着互联网技术的发展，各地铁路局会根据运营线路，与沿线的餐饮企业合作，在固定的站点由合作企业送上列车。

三、餐车服务礼仪

（一）餐车工作人员仪容仪表

（1）仪容标准：精神饱满、仪容整洁、举止大方，表情自然。

（2）穿着规定的服装，职务标志佩戴一致。

(3)不歪戴帽子,不卷裤脚,不敞胸露怀,不赤足穿鞋,不穿高跟鞋、钉子鞋、拖鞋,不戴首饰,不留长指甲,不染彩色指甲和头发。

(4)女性乘务员(售货员)出乘必须化淡妆。做到发不过肩,长发挽于颈后,以头饰束发,发式统一。

(5)男性乘务员出乘前必须整理仪容、刮须、不烫头发、不留鬓角、不剃光头。

(6)行走、站立姿态端正,举止稳重。不背手、叉腰、抱臂、插兜,不高声喧哗、嬉笑打闹、勾肩搭背,不在旅客面前吃零食、剔牙齿和出现其他不文明不礼貌动作。

(二)服务语言

使用普通话,不讲土语俗语、粗言秽语。语调柔和,语速适中。表达规范、准确,口齿清晰。运用"请、您好、谢谢、对不起、再见"等文明用语。餐车长、服务员、售货员要努力掌握外语接待技能。对旅客称呼得体。统一称呼为"各位旅客",个别称呼为"同志""小朋友""先生""女士"等。

讲究服务技巧,使用语言做到:语言要亲切,用词要准确,音量要适宜,称呼要恰当。

与旅客说话时姿势端正,态度热情。听旅客讲话时要注意倾听,不打断旅客讲话;回答旅客问话做到有问必答,答必得当;不得用质问、讽刺、含糊和不耐烦的口吻和旅客讲话;做到"四声"(来有迎声、问有答声、收菜单与上菜有复唱声、走有送声)。

(三)服务礼貌

坚持"人民铁路为人民"的宗旨和"全面服务好,重点照顾到"的原则,对旅客主动热情、文明礼貌、诚恳周到、态度和蔼,做到"四心"(接待旅客热心、解答问题耐心、接受意见虚心、工作认真细心)、"五勤"(眼勤、耳勤、嘴勤、手勤、脚勤)、"五主动"(主动迎送、主动问候、主动让座、主动介绍、主动征求意见),让旅客满意,无不良反应。

对不同种族、国籍、民族的旅客应一视同仁,尊重各民族习俗和宗教信仰。

接班前和工作中不准吃带有刺激性气味的食品,避免口腔散发出异味。

在旅客多的地方行走时要先打招呼,不与旅客抢道、并行,与旅客走对面时要主动示意让路。

工作中,对旅客的配合和支持应表示谢意;工作失误之时,应向旅客表示歉意。

夜间行车时,做到作业轻,走路轻、说话轻、开关门轻,减少对旅客的干扰。

课堂随练

一、填空题

1. 旅客入座后,送上一杯开胃茶,斟茶时__________执壶,左手自然下垂或托盘,杯中茶水一般斟__________满为宜。

2. 旅客点菜完毕后,要逐一__________,并询问旅客是否还有什么需要,开好点菜单,一联留给旅客,一联送厨房,一联作为__________。

3. 上菜一律使用__________,端托的方法为__________手掌伸平,五指分开伸直,指尖用力托起托盘后,将托盘的一角搁在小臂上,借助小臂的力量将托盘托平。

4. 上汤时主动为客人分汤,上带壳的食品要跟__________和洗手水。

5. 客人走后服务员应先看是否有旅客遗落的物品,如有应立即交还旅客;如旅客已经离去,交__________处理。

二、判断题

1. 餐车人员要谈吐文雅、语言轻柔、语调亲切,音量适度,讲究语言艺术。（　　）
2. 上菜时要报菜名,从客人就座的空隙处上,切不可从客人的头顶上越过。（　　）
3. 餐车地面清扫应做到"一客一扫"。（　　）
4. 对旅客称呼得体。统一称呼为"各位旅客",个别称呼为"同志"、"小朋友"、"先生"、"女士"等。（　　）
5. "五勤"是指眼勤、耳勤、嘴勤、手勤、脚勤。（　　）

三、实操题

情景模拟:餐车服务规范。

每组准备一个餐车服务的小剧场,根据角色进行任务的分配。要求动作规范,服务礼仪符合行业的要求。

模 块 小 结

本模块主要介绍了列车乘务员的仪容仪表及行为举止规范,重点阐述了乘务员的服务礼仪程序与作业标准。对列车的设施与整备标准及餐车服务规范、服务内容也做了详细的介绍。

达标检测

一、多项选择题

1. 夜间行车时,做到(　　),减少对旅客的干扰。
   A. 作业轻　B. 走路轻　C. 说话轻　D. 开门轻
2. 旅客服务要做到"四心",是指(　　)。
   A. 接待旅客热心　B. 解答问题耐心　C. 接受意见虚心　D. 工作认真细心
3. 餐车工作人员在为旅客服务时,不允许出现下列哪些举止?(　　)
   A. 吸烟　B. 剔牙　C. 打呵欠　D. 打招呼
4. 餐车提供的商品有(　　)。
   A. 啤酒　B. 方便面　C. 烟　D. 特产
5. 对餐车服务人员服务语言的要求是(　　)。
   A. 使用普通话　B. 语速适中　C. 语调柔和　D. 口齿清晰

二、填空题

1. 按规定应佩戴制帽的工作人员,在执行职务时戴上制帽,帽徽在制帽折沿上方__________。

2. 鞋跟高度不超过厘米__________,跟径不小于__________厘米。

3. 女性客运人员可佩戴发夹、发箍或头花及一副直径不超过__________的耳钉。

4. 当与旅客交错而过时,应面带笑容,可行__________的鞠躬礼,以表示对旅客的礼貌及打招呼。

5. 给旅客道歉时,身体鞠躬为__________度。

6. 指示方位时应__________,小臂带动大臂,根据指示距离的远近调整手臂的高度,身体随手的方向自然转动,目光与所指示的方向__________。

7. 讲究服务技巧,使用语言做到:语言要亲切,用词要__________,音量要适宜,称呼要__________。

8. 端托盘时,__________端住托盘的后半部分,__________握紧托盘内沿,其余四指托住托盘底部。

9. 动车组列车终到站前__________分钟广播宣传,提醒旅客做好下车准备。

10. 普速列车车动锁门,面向站台致__________至出站。

三、判断题

1. 上菜要及时,不能让旅客久等,一般在点菜后15分钟送出第一道菜,45分钟内上齐。（ ）

2. 旅客等候就餐时,要及时加茶水。（ ）

3. 旅客用餐时,服务员要注意斟水、换骨碟和烟灰缸,并主动询问是否要加菜、加酒水、加饮料。（ ）

4. 递送东西时,应站在旅客的正面与之成60度角的地方,双手递送。（ ）

5. 用餐服务时做到"四声"是指来有迎声、问有答声、收菜单与上菜有复唱声、走有送声。（ ）

四、简答题

1. 简述具体服务岗位礼仪的运用。

2. 动车组列车乘务员始发站的作业标准有哪些?

3. 动车组列车中途停车时列车员服务工作有哪些?

4. 餐车服务规范主要有哪几个方面?

技能训练

列车客运服务礼仪

1. 训练目的

(1)通过实训更好地掌握本单元的理论知识。

(2)提高运用相关知识解决实际问题的能力。

(3)提高对铁路列车客运服务工作重要性的认识。

(4)提升个人礼仪素养。

2. 训练内容

(1)分小组设置情景,自行编排礼仪情景剧,要能反映铁路不同等级列车服务的真实工作情境,体现岗位服务技能及服务礼仪规范的要求,并能够针对不同情况的重点旅客,根据其需求及时提供服务(如重病旅客、残疾旅客、独自带小孩的乘客及老年乘客等),充分体现出铁路客运"人文关怀"和创建"和谐铁路"的精神要求。

(2)出场后先由同学介绍剧情及设计思路;实际演练过程中,老师可以临场发挥,如增设模拟角色或任务;演练结束后,老师可以与全体同学一起对小组的演练情况进行评论。

3. 考核标准

根据实训要求,采取学生和师生共同评分的办法,根据每次实训的成绩积分,得出最后成绩。该分数主要在综合实训结束时体现,记入最后学期考核中。

(1)实训考核共分为三部分综合评价:

①态度(20%):参与的积极性、主动性等。

②知识的掌握(30%):对各种日常交往礼仪的礼仪规范的掌握程度。

③知识的迁移(50%):运用相关理论解决实际问题的能力。

(2)列车客运服务礼仪考核评分表见下表。

礼仪情景剧表演评分细则

项目(分值)	要求及评分标准	细分项目分值	得分
剧本要求(20分)	1. 主题突出,反映铁路客运列车服务工作特色	5	
	2. 内容丰富,涵盖列车上三个及以上服务工作环节(至少包含一个特殊重点旅客服务环节)	10	
	3. 基调积极,彰显铁路客运人性化服务要求,具有一定的感召力	5	
剧情设计(30分)	1. 编排完整,兼有铁路客运常规服务和特殊服务,体现服务效果	10	
	2. 设计合理,符合铁路客运列车服务工作实际,情节紧凑、逻辑清晰,体现以人为本的服务理念	10	
	3. 创作规范,处理旅客问题的方式方法符合铁路客运服务标准,体现主动性、灵活性和礼仪素养要求	10	
表演能力(40分)	1. 服务用语表达普通话标准,口齿清晰,使用铁路旅客运输服务标准用语,语言生动、形象,富有感染力	10	
	2. 人物形象塑造到位,表演流畅,富有表现力,铁路客运服务人员动作和表情符合铁路客运服务规范,准确表达主题内容	15	
	3. 道具、背景音乐运用恰当合理,符合铁路客运服务场景和剧情发展的要求	5	
	4. 服务人员妆容、服装造型符合铁路客运服务质量规范	5	
	5. 表演过程完整,表演结束有致谢,现场效果好	5	
表演时间(10分)	4~5分钟以内,满5分钟停止比赛,少时或超时30秒内扣10分	10	
总分合计		100	

参考文献

[1] 刘克芹. 现代社交礼仪[M]. 北京:经济科学出版社,2010.
[2] 徐行. 客户服务礼仪[M]. 北京:中国铁道出版社,2010.
[3] 张岩松. 现代服务礼仪[M]. 北京:北京交通大学出版社,2010.
[4] 李嘉珊,刘俊伟. 实用礼仪教程[M]. 北京:中国人民大学出版社,2016.
[5] 潘自影. 高速铁路客运服务与礼仪[M]. 成都:西南交通大学出版社,2019.
[6] 宋玉佳. 铁路客运服务与礼仪[M]. 成都:西南交通大学出版社,2018.
[7] 石瑛. 铁路客运服务礼仪[M]. 北京:人民交通出版社,2016.
[8] 李一平. 铁路客运服务礼仪[M]. 上海:上海交通大学出版社,2017.
[9] 姜慧芳. 铁路客运服务礼仪[M]. 上海:上海交通大学出版社,2019.
[10] 崔鸿嵘,李明佳,王晶晶. 铁路客运服务礼仪[M]. 2 版. 北京:中国铁道出版社,2016.02.
[11] 卢春华,刘颖异. 铁路客运服务礼仪[M]. 北京:北京理工大学出版社,2018.
[12] 张英姿. 高速铁路客运服务礼仪[M]. 北京:北京交通大学出版社,2017.
[13] 韩宁,赵伟华,闫骏. 高速铁路客运服务礼仪与形象塑造[M]. 北京:中国建材工业出版社,2019.
[14] 董正秀. 高速铁路客运服务礼仪[M]. 北京:中国铁道出版社,2019.
[15] 陈伟国. 列车长乘务工作手册[M]. 北京:中国铁道出版社,2013.